本书为2020年度教育部人文社会科学研究青年基金项目“人机交互视角下算法新闻的价值观传播偏向与纠偏研究”（20YJC860011）最终成果。

人机交互视角下
算法新闻的价值观
传播研究

Value Communication of
Algorithmic News From the Perspective of
Human-computer Interaction

黄鸿业◎著

中国社会科学出版社

图书在版编目（CIP）数据

人机交互视角下算法新闻的价值观传播研究／黄鸿业著．—北京：中国社会科学出版社，2022.2

ISBN 978-7-5203-9188-7

Ⅰ.①人… Ⅱ.①黄… Ⅲ.①新闻学—传播学—研究 Ⅳ.①G210

中国版本图书馆 CIP 数据核字(2021)第 187621 号

出 版 人　赵剑英
责任编辑　黄　晗
责任校对　王玉静
责任印制　王　超

出　　版　中国社会科学出版社
社　　址　北京鼓楼西大街甲 158 号
邮　　编　100720
网　　址　http://www.csspw.cn
发 行 部　010-84083685
门 市 部　010-84029450
经　　销　新华书店及其他书店

印　　刷　北京明恒达印务有限公司
装　　订　廊坊市广阳区广增装订厂
版　　次　2022 年 2 月第 1 版
印　　次　2022 年 2 月第 1 次印刷

开　　本　710×1000　1/16
印　　张　17
插　　页　2
字　　数　282 千字
定　　价　98.00 元

前　言

随着人工智能、大数据、5G 等技术高度嵌入传媒业，以算法新闻为代表的智能化新闻生产和传播现象为学界和业界所高度关注。中共中央政治局 2019 年 1 月 25 日就全媒体时代和媒体融合发展举行第十二次集体学习，习近平总书记提出“要增强紧迫感和使命感，推动关键核心技术自主创新不断实现突破，探索将人工智能运用在新闻采集、生产、分发、接收、反馈中，用主流价值导向驾驭‘算法’，全面提高舆论引导能力”。国家《新一代人工智能发展规划》提出“做好舆论引导，更好应对人工智能发展可能带来的社会、伦理和法律等挑战”。

算法新闻生产和传播衍生的一系列社会问题已经显现，从社会个体层面的价值观生成和认同受到误导，到社会宏观层面的数据伦理失调、隐私侵权行为、网络意识形态阵地受到负面影响，都足以让我们警醒算法新闻内含的价值观是否符合社会和公众对人文精神的需求和期盼。

作为一种社会化实践的媒介技术，算法新闻必定渗透了人类的价值观，对价值观的传播也会有自己的偏向。算法新闻对价值观的良性传播需要在“人文 + 技术”的框架内实现，人文价值为算法改良提供依据，算法为人文价值观的传播提供技术助力，两者的有效结合是我国网络意识形态阵地建设的保障。因此，研究算法新闻的价值观传播偏向及其纠偏对策，能够服务国家意识形态阵地的建设，为媒体运用算法和智能技术引导舆论健康向善发展提供借鉴，为优化算法新闻的生产和传播机制提供人文价值层面的软技术支持，为个体在算法新闻环境下调适自身的价值认知模式提供思路。本书正是在此背景下完成。

人机交互领域涉及面较广，研究综合运用了新闻传播学、心理学、应用数学、思想政治学、社会学等多学科的理论和方法；在具体实施中，应用了扎根理论研究法、自我民族志研究法、问卷调查法、数理分析法。本书第一章交代了研究的背景和意义。第二章对人机交互、算法新闻、价值观等关键概念进行内涵的梳理。第三章探讨了算法新闻与价值观传播偏向的关联逻辑。第四、第五、第六章是全书的重点和精华，分析了算法新闻在个体自我感知、环境认知、网络行为三个层面导致的价值观传播偏向，总结了其中的关键影响要素。第七章提出算法新闻价值观传播偏向的纠偏对策。

本书努力从以下方面实现创新：一是提出人机交互是算法新闻的“元传播”环节，人机交互不是传统意义上的人类拥有对机器的绝对支配权，人类与机器的关系更趋向于在信息传播环境中的“共生”和相互扶持。二是提出算法作为一种技术，与价值观传播的偏向具有高度关联，并以认知心理学为切入点，建立了两者关联的理论框架。三是在算法新闻人机交互的框架内，初步建构了自我感知、环境认知、网络行为三个层面的价值观偏向评测回归模型，为基于社会主义核心价值观引领的算法程序设计提供了理论和实践的参考。

对于本书的完成，我要感谢我的爱人马燕，她照顾家庭，把家里打理得井井有条，担负了绝大部分教子的重任，为我得以深入钻研提供了最坚实的保障；同时要感谢我的儿子黄雨泽，他是我们这个小家庭未来的希望，也是我和他妈妈奋斗的动力。

感谢中国社会科学出版社的黄晗编辑，没有她的鼎力相助，就没有本书的问世。

本书是我主持的2020年度教育部人文社会科学研究青年基金项目“人机交互视角下算法新闻的价值观传播偏向与纠偏研究”（20YJC860011）的最终成果。

限于本人的学术水平和写作精力，本书还有许多不足之处，我诚恳地接收广大读者的指正和建议。

黄鸿业

2021年4月8日于广西南宁

目　　录

第一章

绪　论

2018 年，电影《神奇女侠》的主演盖尔·加多出现在“羞于见人”的小视频中，让人大跌眼镜，不少年轻人深受黄色信息的毒害，而这是某网友故意利用基于算法的智能图像技术，将加多的脸移花接木所致。2018 年，安徽池州市贵池区某教师向“贵池区人民政府发布”官方微信平台发送了一条咨询信息，却收到了“你不说话没人把你当哑巴”“我仿佛听见了一群蚊子在嗡嗡嗡”的回复，引发舆论哗然。该社交媒体认证主体池州市贵池区信息办公室的回应是“人工客服权限被掐断，转为自然语言智能识别交互软件‘小黄鸡’托管”。微软公司在 Twitter 上线的聊天机器人 Tay 也曾由于算法决策的疏忽，在与网民对话的过程中使用了含有性别和种族歧视的话语。

诸如此类以智能算法作为技术支撑的信息产品衍生的传递错误价值理念的案例屡见不鲜。在新闻传播领域，以大数据和算法作为引领的算法新闻日益渗透到新闻生产和传播的整个过程①，为传媒业构建了新的景观，不容忽视的信息价值观问题也随之而来，这引发了世界范围内的探讨。欧盟就于 2018 年发布《欧盟人工智能》和《人工智能时代：确立以人为本的欧洲战略》，强调了算法价值观向善发展的重要意义。中国众多学科领域的专家和学者对算法衍生产品带来的价值观偏向也开始警醒。

全程媒体、全息媒体、全员媒体、全效媒体迅速发展，由算法推动生成和传播的新闻信息无处不在、无所不及、无人不用，算法新闻生产与传统新闻生产最大的区别就是人类主体的卷入程度，人与人、人与符

---

① 张杰：《算法新闻发展迅速》，《中国社会科学报》2019 年 3 月 8 日第 2 版。

号的协作更多地转向人机协作，媒介技术环境的嬗变引发了信息传播的偏向，而这在信息内含的价值观方面表现得尤为突出，其表象就是舆论生态和媒体格局发生了深刻变化，新闻舆论工作面临新的挑战。

习近平总书记提出的“使主流媒体具有强大传播力、引导力、影响力、公信力，形成网上网下同心圆，使全体人民在理想信念、价值理念、道德观念上紧紧团结在一起，让正能量更强劲、主旋律更高昂。”[①] 这始终是媒体融合的目标，该目标在算法新闻日益发展、意识形态传播阵地革新的趋势下显然是值得研究的崭新话题。

第一节 研究的背景和意义

一 研究的现实背景

在宏观层面，以智能媒体为代表的传播形态深刻改变着中国的媒介生态和信息传播秩序，由此引发的舆论生态变迁正渗入网络世界的各个角落。习近平总书记提出“要增强紧迫感和使命感，推动关键核心技术自主创新不断实现突破，探索将人工智能运用在新闻采集、生产、分发、接收、反馈中，用主流价值导向驾驭‘算法’，全面提高舆论引导能力。”[②] 从大局来看，在中国特色社会主义“五位一体”总体布局中，“社会主义核心价值体系是兴国之魂，决定中国特色社会主义发展方向，必须使之深入人心”，明确指向了核心价值观传播体系建设。2018 年全国宣传思想工作会议提出“意识形态工作是党的一项极端重要的工作”“坚持培育和践行社会主义核心价值观”；国家《新一代人工智能发展规划》提出“做好舆论引导，更好应对人工智能发展可能带来的社会、伦理和法律等挑战”。

算法新闻生产和传播衍生的一系列社会问题已经显现，从用户遭遇“信息茧房”的困扰、机器人水军恶意诱导舆论、算法新闻对敏感摄影图片的难以识别、智能“换脸”算法之下部分网民对自我认知的偏差、聊天机器人由于数据和算法错误引发的“胡言乱语”等，到社会宏观

① 习近平：《加快推动媒体融合发展 构建全媒体传播格局》，《求是》2019 年第 6 期。

② 习近平：《加快推动媒体融合发展 构建全媒体传播格局》，《求是》2019 年第 6 期。

层面的数据伦理失调和隐私侵权行为，都足以让我们警醒算法新闻内含的价值理念是否符合社会和公众对人文精神享受的需求和期盼。无论是宏观层面的舆论引导和价值观传播，还是个体层面的价值观生成和认同，都已沉浸在以算法新闻为代表的智能传播环境中。在人工智能驱动的算法新闻掀起传媒领域革命的背景下，从国家的顶层设计出发，在智能化引领的全新传播环境下融入社会主义核心价值观，以应对衍生的社会问题，从而推动智能媒体时代网络舆论和意识形态治理极为重要。

算法新闻发展的重要背景是党和国家对新闻舆论工作的高度重视。党的十八大以来，以习近平同志为核心的党中央把新闻舆论工作摆在重要位置，习近平总书记多次深入考察调研和主持召开重要会议，亲自谋划、亲自部署、亲自推动媒体融合发展。在一系列加快传统媒体和新兴媒体融合发展部署的支持下，加之科学技术的飞速进步和文化消费的个性化需求日益增长，算法新闻产品应运而生。近年来，中国新闻媒体在体制机制、采编管理、人才技术等方面大胆创新，打造融合类新闻产品，一系列基于算法的新闻作品和智能应用为舆论生态的焕新打开了局面。如机器人新闻、新闻推荐和分发、新闻核实、智能图像应用、VR/AR 新闻等推动了融合传播矩阵的创新，“军装照”、国庆阅兵“智能云剪辑”等爆款算法新闻产品甚至引发了强烈的社会效应，对良性舆论生态的建构助力可见一斑。可见，新一轮的传媒业变革早已上演，运用大数据、人工智能、云计算等信息革命成果，推动媒体融合纵深发展和算法新闻向善发展，做大做强主流舆论，是新的舆论生态下媒体发挥意识形态引领功能的应有之义。

在媒体融合的时代大背景下，舆论生态的快速变迁是大势所趋，算法新闻和智能传播是把握全媒体战略的必然路径，国家在推进深度媒体融合的过程中，必然会关注算法新闻在其中的角色定位以及对舆论生态可能产生的影响，并对以算法为主体提升新闻传播主流阵地影响力的媒体技术实践加大研究和应用的投入。这关系到主流媒体是否能在新闻舆论新气象中赢得未来，为实现“两个一百年”奋斗目标、实现中华民族伟大复兴的中国梦提供强大的精神力量和舆论支持。

二 理论意义

（一）为算法新闻的价值观传播提供富有解释力的理论支撑

媒介技术变革是社会历史变迁的重要动因，每当媒介技术发生变革之时，就是重新认识当下媒介重要意义的最好时机。毫无疑问，作为媒介技术的算法嵌入新闻的生产和传播，在一定程度上推动了信息环境的变革，身处信息环境嬗变过程中的人类个体不可避免受到全方位的影响，其中包括了自我认知、环境认知、人际社交、网络行为的模式，而这些要素均与个体价值观的生成和衍变息息相关。这在算法分发和推荐导致的诸如“信息茧房”“回音壁”等现象中已有明证，部分社会受众的价值理念在富有偏向性的环境中遭受错误诱导，严重者甚至做出错误的行为。因此，在算法新闻驱动的传播环境中，个体的自我认知、环境认知、人际社交、社会行为等模式发生变迁的机理是怎样的？何以量化描述价值观的偏向？怎样通过人类主体性和技术层面协同纠正价值观的偏向？这些问题都需要从理论上给予阐释。

本研究的立足点是基础理论的建构，同时不乏对实践问题的观照和回应，力求综合交叉学科的理论和方法，以充分解释算法新闻传播价值观的客观规律。在具体的研究中，以传播偏向理论、符号互动理论、编码/解码理论、场域理论、媒介仪式观、交往行为理论、马斯洛需求层次理论为基础，辅以科学技术哲学和思想政治教育学，将算法新闻生产中的人机交互与信息价值观勾连起来，能够扩大这些支撑理论的适用范围，为后人研究提供借鉴。

（二）从“人机交互”的元传播层面为算法新闻的研究提供增量性成果

从跨学科的路径分析算法新闻生产和传播过程中的价值观传播现象，以利于为现有的算法新闻和智能传播研究提供增量性的成果。伴随人工智能、大数据、机器学习、生物传感、5G 等技术的兴起，算法越来越深入地嵌入传媒业的整个工作流程，以算法新闻为代表的智能传播景观成为新闻传播学科领域内的热点。对算法新闻的研究目前集中于前景展望、传播效果、内容分析、媒介伦理等领域，对于作为技术主体的算法技术主体和作为媒介使用主体的“人”的研究并不充分。算法新闻是运用智能算法工具自动生产新闻并实现商业化运营的过程、方法或系统，包括信息采集、储存、写作、编辑、展示、数据分析及营销等业务的自动化实现，其本质是人的行为数据化及其与机器的文本交互。对此，本研究将视角定位于算法新闻实现的元传播环节——“人机交互”，观察人在与算法新闻进行信息交互的过程中思维和行为发生了怎样的衍变，力图从相对具体的现象入手，在基础理论的层面上分析人在崭新的信息传播环境中的主体性，回应媒介技术何以重构社会文化价值这样的宏大哲学式追问。

（三）为新闻传播学界和计算机科学界在基础理论层面的对话提供研究视角

算法新闻生产和传播的实质是对大数据、算法、人工智能、机器学习等技术的应用和持续优化，而数据的重要来源是用户的媒介使用行为，用户在与各类算法平台进行信息交互的过程中积累了大量数据，这些数据经由算法的发掘和利用，被反馈于用户的后续媒介使用行为中，此过程周而复始。怎样的算法开发和如何利用数据成为算法新闻传播效果的关键，用户媒介使用行为的数据化、算法工程师对算法的建构、新闻工作者对新闻价值的选择等元素无不带有天然的价值取向，这成为算法新闻传播产生价值观偏向的根源。可见，对算法新闻的学术关怀不应局限于人文价值领域的思考，还应探索如何将人文价值内化于算法本身，注重可操作性和可持续性改良，帮助算法新闻根据价值观传播效果不断调适自身的生产和传播机理。这为新闻传播学界与计算机科学界在学理和实践上的双重勾连提供了可能性。

因此，算法新闻对价值观的良性传播需要在“人文＋技术”的框架内实现，人文价值观为算法改良提供依据，算法为人文价值观的传播提供技术助力，两者的有效结合是中国意识形态新阵地建设与发展的保障。以人机交互为切入点，以基础理论的交流为对话内容，这就为新闻传播学界与计算机科学界的跨学科合作提供了路径。

三 实践意义

（一）服务国家意识形态阵地建设的现实需要

在算法新闻的驱动下，新闻产品的生产和传播生态格局发生了深刻的变化，价值观引领的内涵和要求也有了本质的提升，新闻舆论和意识形态引领工作也将面临全新的挑战，在推动媒体融合发展、算法新闻内嵌价值理念向善发展方面，媒体有义不容辞的责任。习近平总书记2019年在中共中央政治局第十二次集体学习时强调，“推动媒体融合发展、建设全媒体成为我们面临的一项紧迫课题。要运用信息革命成果，推动媒体融合向纵深发展，做大做强主流舆论，巩固全党全国人民团结奋斗的共同思想基础，为实现‘两个一百年’奋斗目标、实现中华民族伟大复兴的中国梦提供强大精神力量和舆论支持。”① 算法新闻、智能传播是媒体融合发展的应有之义，在推动媒体融合的同时做强主流舆论成为国家意识形态阵地建设的要求，实现这一目标必须“运用信息革命成果”，算法新闻和人工智能在其中将扮演重要角色。本研究的基本导向是为国家新闻舆论工作提供一个基于“通过算法优化价值观在用户群体中的传播”的治理视角，拓宽运用先进技术引导舆论的工作思路。

（二）为媒体运用算法和智能技术引导舆论健康向善发展提供借鉴

当前算法新闻已经显现了一部分引发社会和学界关注的负效应，如“信息茧房”、数据伦理、隐私泄露、影像造假、恶意舆论诱导等，这或多或少与媒体机构尚未能有效理解、驾驭算法和智能技术有一定关系。尤其在舆论引导领域，媒体将新闻生产和传播的部分权利移交给算法，却未能对算法新闻引发的价值观传播偏向有充分的预警，应对机制也远未达到完善的地步。对此，探索算法新闻生产和传播过程中价值观传播偏向的根源，从人机交互的机理中寻求媒体对算法新闻的合理介入和人为干预，从而能够对新闻信息产品的用户进行正向引导，这是引领舆论健康向善发展的基础。

（三）为优化算法新闻的生产和传播机制提供人文价值层面的软技术支持

算法新闻价值观传播的优化，最终的落脚点还是算法的不断改良。在现阶段，精准定位和匹配用户的现实需求是算法工程师构建算法结构最重要的目标，在人文价值的追求方面还未有明显的体现，归根结底，人文学科与计算机科学之间还是比较缺乏软技术层面的交流。怎样在“满足用户需求”和“体现人文价值”之间找到平衡，实现经济效益和社

① 习近平：《加快推动媒体融合发展 构建全媒体传播格局》，《求是》2019年第6期。

会效益的有效整合，也是传媒业在国家媒体融合大背景下对算法新闻生产和传播的追求。从当前算法新闻生产和传播过程中人机交互的效果和理论溯源切入，以话语文本分析、数据分析、影响模型建构的方法，找到人机交互过程中个体的哪些属性对算法敏感，自我认知、环境认知、网络行为等价值观组成要素如何受到算法新闻的影响，通过理论假设和验证，探索人机交互中的各项静态和动态要素体现在具体算法搭建中的可能路径，从而为优化和纠偏算法新闻的价值观传播提供软技术支持。

（四）为个体在算法新闻环境下调适自身的价值认知模式提供思路

本研究将基础理论建构的切入点置于“人机交互”，认为作为算法新闻生产和传播的元传播环节，“人机交互”方式和效果的衍变是算法新闻价值观传播产生偏向的重要根源，与算法结构本身一同决定了算法新闻信息传播的价值内涵。因此，算法新闻价值观传播的纠偏可以从两个层面展开，其一是有针对性地优化算法，寻求新闻产品内容的用户需求与人文价值精神的有机统合，其二是用户个体改变自身的媒介接触和使用行为，并经此调适价值认知的模式，使之与外部信息环境相契合，达成国家对“让社会主义核心价值观深入人心”的期盼。个体价值观的发展包含对自我的认知、对环境的认知以及具体的行为表现，从社会发展的宏观层面来看，人需要与信息环境实现和谐共生，并在曲折的发展过程中对有可能出现的技术伦理问题有清醒的预知和应对预案；从个体发展的微观层面来看，算法新闻产品是个体与外部信息环境进行交互的重要途径，人需要利用信息技术实现自我的生存和发展。从这两点来看，个体在算法新闻环境下调适自身的价值认知模式，极大可能在未来一个时期成为提升媒介素养的要求和必经之路。

第二节　国内外研究综述

一　国外研究

国外对算法新闻的研究涵盖了对人文价值的反思、在新闻生产领域的效应以及相应的批判性思考。在宏观层面，欧盟于2018年发布《欧盟人工智能》和《人工智能时代：确立以人为本的欧盟人工智能战略》，强调了算法价值观向善发展的重要意义。

（一）算法新闻的应用和发展

Lewis 和 Gale 提出序列算法可以应用于文本分类的训练，将定序的文本组合成具有特定意义的信息，这可以视作机器新闻写作的原理。① Da 和 Shin 研究了算法在写作中的深层次应用，提出跨领域的融合（如计算领域与股票、金融等领域的融合）是算法应用的发展趋势。② Manyika 等认为，大数据技术将成为信息创新和生产的前沿，推动相关产业的竞争和资源的分布，其中新闻信息的分发就是一个重要的领域。③ Nechushtai 和 Lewis 提出算法在一定程度上扮演了“看门人”的角色，但或多或少导致了碎片化、过滤气泡化的信息传播，算法需要从多维度去规范。④ Kanda 和 Ishiguro 探讨了社交机器人应用当中的人机交互行为，提出未来的信息将具有强烈的交互特征，而这不仅体现在分发和推荐，信息的生成、嵌入、反应都会根据人机交互的效果而定。⑤ Chen 等提出在大数据的交互式分析处理中，人与机器的交互通过文本话语得以实现，用户的意识能够通过特定的算法，反映于一定的信息输出中，这一技术在一些交互式的信息传播中必定得到广泛应用。⑥

（二）算法与价值观传播的融合

DeVito 研究了 Facebook 中各类新闻源对故事的选择，发现新闻价值的标准之一是价值观，无论是传统编辑的把关，还是算法的应用，均体现了这一特质，从这点来看，算法不外乎编辑价值观的延续。⑦ Jones 提

---

① D. D. Lewis, W. A. Gale, “A Sequential Algorithm for Training Text Classifiers”, *International Acm Sigir Conference on Research & Development in Information Retrieval*, No. 2, 1994, p. 177.

② Da, H. S., & Shin, S. J., “Implementation of Algorithm to Write Articles by Stock Robot”, *The International Journal of Advanced Smart Convergence*, No. 4, 2016, p. 40.

③ J. Manyika, M. Chui, B. Brown, J. Bughin, R. Dobbs, C. Roxbrugh, A. H. Byers, “Big Data: The Next Frontier for Innovation, Competition and Productivity”, *Analytics*, No. 2, 2011, p. 75.

④ Nechushtai E., Lewis S. C., “What Kind of News Gatekeepers do We Want Machines to be? Filter Bubbles, Fragmentation, and the Normative Dimensions of Algorithmic Recommendations”, *Computers in Human Behavior*, No. 9, 2019, p. 298.

⑤ Kanda T., Ishiguro H., *Human - Robot Interaction in Social Robotics*, Boca Raton: CRC Press, 2013, p. 226.

⑥ Y. Chen, S. Alspaugh, R. Katz, “Interactive Analytical Processing in Big Data Systems”, *Proceedings of the Vldb Endowment*, No. 12, 2012, p. 175.

⑦ DeVito, “From Editors to Algorithms: A Values - based Approach to Understanding Story Selection in the Facebook News Feed”, *Digital Journalism*, No. 6, 2017, p. 753.

出了人与机器在交流过程中，借由算法实现了自身与记忆之间的关联，显然这有着强烈的人文特质，算法为人们在实现中塑造文化提供了更多的可能性。[①] Lea 和 Spears 提出在以计算机为中介的传播中，元语言的应用和用户的价值感知、社会感知将会被深刻影响。[②]

（三）对算法新闻的人文价值思考

Dubois 和 Blank 认为，算法新闻塑造的“回声室”效应被夸大了，在人们的政治旨趣和多元化的媒介选择之下，“回声室”实质上是有所缓和的，媒介传递的政治价值观并不能对人们起“超乎想象”的作用[③]。Floridi 提出，在第四次工业革命的背景下，整个信息传播将重塑人类的现实，人类对人文价值将有全新的思考和认定，如果人类不能将智能技术赋予的信息环境整合能力加以正确引导，可能会陷入新的信息幻象中。[④] Moller 等认为对于算法不应过多地苛责，他们在一项关于多推荐系统及其内容多样性影响的实证评估中，发现算法并未体现对人文价值的破坏。[⑤] Zuiderveen 等反思了算法推荐导致的“过滤气泡”，但也指出对“过滤气泡”的过度焦虑是没有必要的，对信息的选择权在于用户的主动需求。[⑥]

二　国内研究

（一）智能应用中的人机交互

崔中良、王慧丽从梅洛·庞蒂心理学的视角探讨了人工智能研究中

---

① Jones S., “People, Things, Memory and Human - Machine Communication”, *International Journal of Media and Cultural Politics*, No. 3, 2014, p. 245.

② Lea M., Spears R., “Paralanguage and Social Perception in Computer - Mediated Communication”, *Journal of Organizational Computing*, No. 2, 1992, p. 321.

③ Dubois & Blank, “The Echo Chamber is Overstated: The Moderating Effect of Political Interest and Diverse Media”, *Information, Communication & Society*, No. 5, 2018, p. 729.

④ Floridi L., *The 4th Revolution: How the Infosphere is Reshaping Human Reality*, Oxford: Oxford University Press, 2014, p. 108.

⑤ Moller J., Trilling D., Helberger N., et al, “Do not Blame it on the Algorithm: An Empirical Assessment of Multiple Recommender Systems and Their Impact on Content Diversity”, *Information, Communication & Society*, No. 7, 2018, p. 59.

⑥ Zuiderveen Borgesius F., Trilling D., Moller J., et al, “Should We Worry About Filter Bubbles?”, *Journal on Internet Regulation*, No. 1, 2016, p. 401.

实现人机交互的哲学基础。[①] 周爱保认为视听整合将是人机交互界面的新方向。[②] 范俊君等探讨了人机交互的心理学模型、交互设计原则等核心问题。[③] 刘烨等建构了以人类认知机理和心理规律为基准的人机交互心理模型。[④] 李思琪调研了民众对人机交互未来的期待，法律制度的保障成为众望所归。[⑤] 张兴旺等发现人机交互技术体系可通过信息隐喻的方式，将用户心理、行为及状态转换成彼此理解的关联知识。[⑥]

（二）对算法新闻的预测

吕尚彬提出用户行为的互联网智能化、核心内容生产智能化、平台智能化等正推进传媒的智能化发展。[⑦] 陈昌凤、仇筠茜认为算法技术能够通过加深“个性化”来有效增强“多样性”。[⑧] 喻国明、杜楠楠认为算法推荐不会一成不变，“有边界的调适”是算法信息分发迭代的规律，这对其适应度和合法性都是一种增强。[⑨] 喻国明、耿晓梦认为在未来的新传播图景下，算法媒介运作的核心逻辑将向“价值关系”转变。[⑩] 彭兰提出传播秩序在未来迎来新的格局，其中基于算法的新闻分发对专业媒体产生

---

① 崔中良、王慧丽：《人工智能研究中实现人机交互的哲学基础——从梅洛·庞蒂融合社交式的他心直接感知探讨》，《西安交通大学学报》（社会科学版）2019 年第 1 期。

② 周爱保：《视听整合：人机交互界面的新方向》，《中国社会科学报》2019 年 5 月 21 日第 5 版。

③ 范俊君、田丰、杜一、刘正捷、戴国忠：《智能时代人机交互的一些思考》，《中国科学：信息科学》2018 年第 4 期。

④ 刘烨、汪亚珉、卞玉龙、任磊、禤宇明：《面向智能时代的人机合作心理模型》，《中国科学：信息科学》2018 年第 4 期。

⑤ 李思琪：《当前公众对人机交互的体验与期待》，《人民论坛》2019 年第 11 期。

⑥ 张兴旺、赵乐、葛梦兰：《人工智能时代数字图书馆智能化人机交互技术分析》，《图书与情报》2018 年第 5 期。

⑦ 吕尚彬：《媒体融合的进化：从在线化到智能化》，《人民论坛·学术前沿》2018 年第 24 期。

⑧ 陈昌凤、仇筠茜：《“信息茧房”在西方：似是而非的概念与算法的“破茧”求解》，《新闻大学》2020 年第 1 期。

⑨ 喻国明、杜楠楠：《智能型算法分发的价值迭代：“边界调适”与合法性的提升》，《新闻记者》2019 年第 11 期。

⑩ 喻国明、耿晓梦：《算法即媒介：算法范式对媒介逻辑的重构》，《编辑之友》2002 年第 7 期。

巨大冲击。[①] 翟秀凤认为算法是社会领域的一种支配性力量。[②]

（三）对算法新闻价值观传播的风险的警醒

陈昌凤认为智能算法同时存在工具理性和价值理性。[③] 陈昌凤、霍婕反思了算法使权力从公共机构迁移到资本驱动的风险。[④] 张志安提出如果新闻媒体不能积极地开发出能够影响算法的解决方案，那么“以核心价值观驱动”将永远无法完全实现。[⑤] 彭兰认为算法的偏见会以“幸福的名义”对人们进行无形操纵。[⑥] 严三九认为算法推送的媒介运行技术将遭遇传播伦理困境。[⑦] 郭小平从技术哲学的视角提出智能算法从“工具论”向“价值论”转变。[⑧] 方师师认为算法新闻已然对传统的新闻价值观造成冲击。[⑨] 聂静虹、宋甲子提出算法的偏见导致健康信息被泛化，难以满足个性化需求，同时其可信度偏低误导了公众。[⑩] 许向东、王怡溪认为算法偏见背离了新闻职业规范的公平公正原则，甚至还会引发舆论风险。[⑪] 林爱珺、刘运红认为算法存在偏见，并且挑战了用户的信息选择权和知情权。[⑫] 范红霞、叶君浩认为，在算法的驱动之下，信息环境和网络议程的

---

① 彭兰：《未来传媒生态：消失的边界与重构的版图》，《现代传播》2017 年第 1 期。

② 翟秀凤：《创意劳动抑或算法规训？——探析智能化传播对网络内容生产者的影》，《新闻记者》2019 年第 10 期。

③ 陈昌凤：《让算法回归人类价值观的本质》，《新闻与写作》2018 年第 9 期。

④ 陈昌凤、霍婕：《权力迁移与人本精神：算法式新闻分发的技术伦理》，《新闻与写作》2018 年第 1 期。

⑤ 张志安：《人工智能对新闻舆论及意识形态工作的影响》，《人民论坛・学术前沿》2018 年第 8 期。

⑥ 彭兰：《假象、算法囚徒与权利让渡：数据与算法时代的新风险》，《西北师大学报》（社会科学版）2018 年第 5 期。

⑦ 严三九：《融合生态、价值共创与深度赋能——未来媒体发展的核心逻辑》，《新闻与传播研究》2019 年第 6 期。

⑧ 郭小平：《智能传播的风险治理：技术创新观与人文价值观的平衡》，《青年记者》2018 年第 22 期。

⑨ 方师师：《算法机制背后的新闻价值观——围绕“Facebook 偏见门”事件的研究》，《新闻记者》2016 年第 9 期。

⑩ 聂静虹、宋甲子：《泛化与偏见：算法推荐与健康知识环境的构建研究》，《新闻与传播研究》2020 年第 9 期。

⑪ 许向东、王怡溪：《智能传播中算法偏见的成因、影响与对策》，《国际新闻界》2020 年第 9 期。

⑫ 林爱珺、刘运红：《智能新闻信息分发中的算法偏见与伦理规制》，《新闻大学》2020 年第 1 期。

建构机理都发生了变化。①

（四）对算法新闻环境下人类主体性的思考

杨保军、李泓江探讨了算法新闻的主体性问题，认为在人机主体结构的新闻生产传播中，人依然是唯一主体。② 常江认为算法破坏了传统新闻网站超链接文化下用户阐释、探索新闻的主体性。③ 靖鸣、娄翠认为算法新闻可能会带来新的传播伦理失范，新闻偏见、新闻失衡难以被控制，公众的舆论监督主体功能被削弱。④ 杨洸、佘佳玲认为用户和算法之间的关系不是彼此孤立的存在，而是始终处于相互响应、相互发展的状态。⑤

（五）为算法新闻的价值观传播提出决策参考

喻国明、曲慧强调智能型算法的价值观，为沉浸式产品植入必要的干预机制。⑥ 喻国明等从人机交互的方向重构新闻专业主义的伦理逻辑。⑦ 匡文波、张一虹提出从政府、用户、企业、技术四方面管理算法。⑧ 彭兰提出优化算法和平台，改进供给侧改革，从而破解信息茧房。⑨ 郭小平、秦艺轩提出从立法层面规范算法并建立问责机制。⑩ 陈昌凤、师文提出智能算法应在识别虚假新闻、核查新闻有效性中发挥作用。⑪ 张志安、汤敏建议积极运用算法技术，对新闻传播人工智能化、算法推送的负面效应

① 范红霞、叶君浩：《基于算法主导下的议程设置功能反思》，《当代传播》2018 年第 4 期。

② 杨保军、李泓江：《论算法新闻中的主体关系》，《编辑之友》2019 年第 8 期。

③ 常江：《生成新闻：自动化新闻时代编辑群体心态考察》，《编辑之友》2018 年第 4 期。

④ 靖鸣、娄翠：《人工智能技术在新闻传播中伦理失范的思考》，《出版广角》2018 年第 1 期。

⑤ 杨洸、佘佳玲：《新闻算法推荐的信息可见性、用户主动性与信息茧房效应：算法与用户互动的视角》，《新闻大学》2020 年第 2 期。

⑥ 喻国明、曲慧：《“信息茧房”的误读与算法推送的必要》，《新疆师范大学学报》（哲学社会科学版）2020 年第 1 期。

⑦ 喻国明、杨莹莹、闫巧妹：《算法即权力：算法范式在新闻传播中的权力革命》，《编辑之友》2018 年第 5 期。

⑧ 匡文波、张一虹：《论新闻推荐算法的管理》，《现代传播》2020 年第 7 期。

⑨ 彭兰：《导致信息茧房的多重因素及“破茧”路径》，《新闻界》2020 年第 1 期。

⑩ 郭小平、秦艺轩：《解构智能传播的数据神话：算法偏见的成因与风险治理路径》，《现代传播》2019 年第 9 期。

⑪ 陈昌凤、师文：《智能化新闻核查技术：算法、逻辑与局限》，《新闻大学》2018 年第 6 期。

实施必要矫正，促进新时代的意识形态治理。[①] 吕新雨认为算法技术逻辑背后是人的价值观，完善价值指向的判断和选择过程是非常必要的。[②] 毛湛文、孙曌闻提出将新闻透明性纳入算法设计的常规，在调整人与算法的关系时更强调"对话"。[③] 张超提出运用"算法—利益相关者"协同治理模式去治理社交平台的假新闻。[④]

（六）媒介技术对价值观引领的量化研究

李恺和陶辛[⑤]、包双成[⑥]调研了微信对高校大学生核心价值观的影响，构建了相应的影响模型。匡艳丽[⑦]、陈光辉和刘世华[⑧]、金炜玲[⑨]通过数据调研，分别研究了受调查者在国家、社会、个人层面的核心价值观倾向。李晓虹[⑩]、刘利琼和朱晓婷[⑪]通过调研和数据分析，探讨了新媒体环境下价值观培育的实效性。

三　研究现状述评

宏观层面的研究集中于对算法新闻在传媒领域的功能应用、发展路

---

① 张志安、汤敏：《论算法推荐对主流意识形态传播的影响》，《社会科学战线》2018 年第 10 期。

② 吕新雨：《生存，还是毁灭——"人工智能时代数字化生存与人类传播的未来"圆桌对话》，《新闻记者》2018 年第 6 期。

③ 毛湛文、孙曌闻：《从"算法神话"到"算法调节"：新闻透明性原则在算法分发平台的实践限度研究》，《国际新闻界》2020 年第 7 期。

④ 张超：《社交平台假新闻的算法治理：逻辑、局限与协同治理模式》，《新闻界》2019 年第 11 期。

⑤ 李恺、陶辛：《新媒体环境下大学生社会主义核心价值观培育研究——基于微信载体的实证调查》，《广西社会科学》2016 年第 3 期。

⑥ 包双成：《微博、微信对大学生社会主义核心价值观教育的影响及对策》，《内蒙古师范大学学报》（教育科学版）2016 年第 12 期。

⑦ 匡艳丽：《新媒体时代大学生主流价值观培育认同的技术路径》，《中国广播电视学刊》2018 年第 9 期。

⑧ 陈光辉、刘世华：《社会转型期大学生功利化倾向及教育防范》，《思想教育研究》2016 年第 4 期。

⑨ 金炜玲：《亚洲青年国家认同的影响因素分析——基于 2013 年亚洲大学生价值观调查数据》，《中国青年研究》2018 年第 3 期。

⑩ 李晓虹：《新媒体环境下大学生思想政治教育实效性研究》，博士学位论文，大连理工大学，2016 年，第 69 页。

⑪ 刘利琼、朱晓婷：《国际化视野下的大学生社会主义核心价值观培育实效研究》，《江淮论坛》2016 年第 5 期。

径、人文价值的梳理和展望；中观层面的研究集中于对算法新闻衍生具体现象的探讨。成果中媒介功能主义和社会责任考察的研究氛围较浓。

目前研究成果解决的问题包括：一是明确了以算法新闻为代表的智能应用的意识形态属性；二是梳理和总结了算法新闻可能衍生的价值观传播具体问题，包括舆论生态、新闻伦理、用户权益等方面；三是部分学者从政策规制、媒体规范、媒介素养教育等外部环境的视角提出规范算法新闻的对策，以体现对价值观的引领。这些成果为今后的相关研究和决策奠定了基本方向。

尚待探索的领域包括：一是从微观层面切入，聚焦算法新闻生产和传播过程中的人机交互机理和夯实基础理论，充实算法新闻意识形态引领在基础理论假设和验证方面的成果；二是搭建计算机学科与新闻传播学科之间的对话桥梁，在人机交互行为数据生成、反馈、优化等基础上建构算法技术模型，得出技术层面的具体、可操作的价值观纠偏对策。

从总体上看，研究框架尚缺乏多学科的融合与交叉；在研究方法上，出现了更多针对个案的实证研究，基于文献法和比较法的定性分析还是主流。从未来一个时期来看，随着5G技术和标准逐步普及，传媒业态可能会迎来新一轮的变革，算法新闻的内涵和载体必定会更加丰富，人机交互的外延会增加，与之相关的研究还需要从诸多方面去完善。

第三节　研究目标和研究内容

一　研究目标

对当前算法新闻的应用进行深层次剖析，全面、客观地总结人机交互的情境，结合经验研究和逻辑思辨，遵循“人工智能和算法—新闻应用—人机交互—自我认知、环境认知、行为模式—社会文化价值理念场域变迁—价值观传播效果”的脉络，对算法新闻的价值观传播偏向进行理论范畴的探索，最终将落脚点置于算法新闻人机交互过程中价值观偏向的影响因素、机制和效应，基于主要变量抽象出相对完整的影响模型，力图从个体调适、算法优化技术实现等方面提出针对算法新闻价值观传播偏向的纠偏对策。

二　研究内容

（一）人机交互视角下算法新闻价值观传播偏向的文献和理论梳理

人机交互的历史沿革：对人机交互技术进行发展史的纵向回顾和功能的横向比较，分析其在新时代智能传媒产业中的应用实际，从科学技术哲学的视角观察其意识形态属性，考察其对社会文化价值理念变迁的理论意义和现实影响。

算法新闻影响价值观传播的总体理论框架：将算法新闻建构的信息场景作为影响价值观传播偏向的关键要素，以人机交互为切入点，运用社会认知心理学理论，构建算法新闻与价值观传播偏向关联的一般性理论框架。

（二）人机交互视角下算法新闻价值观传播偏向的实证研究

人机交互视角下的自我感知：人机交互基础上的人内传播是算法新闻影响价值观传播的基本环节；借助编码/解码、符号互动、马斯洛需求层次、主我和客我等理论，探索算法新闻如何影响个体的自我感知，以及其中价值观生成模式的偏向。

人机交互视角下的环境认知：个体建构新的环境认知模式是算法新闻目前最主要的效果显现；借助媒介情境论、拟态环境理论、认知失调理论等，辅以话语文本分析，探索算法新闻如何为个体搭建与外界的信息交流环境，客观世界的镜像偏差又是如何导致个体价值观的衍变和偏向。

人机交互视角下的网络行为：网络行为是算法新闻影响下价值观偏向的最直接体现；借助准社会交往理论、交往行为理论、公共领域理论等，总结算法新闻如何影响个体在网络社交、议政等方面的行为价值取向，反思其与传统核心价值观在态度、主观规范、知觉、意向等方面的偏离。

（三）人机交互视角下算法新闻影响价值观传播偏向的影响模型

配合深度访谈和文本分析，在合理采集实验样本的基础上，对算法新闻涉及的人机交互设定变量，检验各个变量对价值观传播效果的影响，通过相关性分析和多元线性回归，构建能够总揽价值观传播偏向规律的模型。

（四）人机交互视角下算法新闻的价值观传播偏向的纠偏对策

在算法新闻的价值观传播效果模型的基础上，把握算法新闻人机交互的本质，从主体认知和行为、技术纠偏的视角提出在算法新闻的环境中优化社会主义核心价值观传播效果的对策，为将来科学技术界完善智能算法、人类个体自我调适提供相对精准的科学依据。

四大研究内容定位分别如下：

“人机交互视角下算法新闻价值观传播偏向的文献和理论梳理”为研究定下理论框架和整体思路。

“人机交互视角下算法新闻的价值观传播偏向”是研究的重点，重在发现问题，采用扎根理论研究方法，探索算法新闻中人机交互的本质，在经验观察和思辨分析的基础上归纳算法新闻何以影响价值观的有效传播，初步明确人机交互行为的主体评价要素，为之后的实证分析夯实理论根基。

“人机交互视角下算法新闻影响价值观传播偏向的机理”是实证研究，运用大量的问卷调查、焦点小组访谈和数据分析，探索人机交互行为的哪些要素导致算法新闻价值观传播的偏向，其权重如何，构建影响要素的数学模型，为最终的对策研究提供依据。

“人机交互视角下算法新闻的价值观传播偏向的纠偏对策”重在提出解决问题的办法，是对之前取得理论和实证成果的针对性策略研究，体现了研究的实际应用价值。

研究逐步深入，力求体现更多的思辨、创新和学理深度，为智能传播和算法新闻生产的基础理论研究添砖加瓦。

第四节　研究思路、研究方法和创新点

一　研究思路

将算法新闻的价值观传播置于人机交互的微观视角下，按照“问题定义—文献梳理—理论框架—质性思辨研究—实证研究—逻辑、数据分析—对策分析”的基本思路开展研究，由递进的阶段性工作组合而成，具体思路如图 1－1 所示。

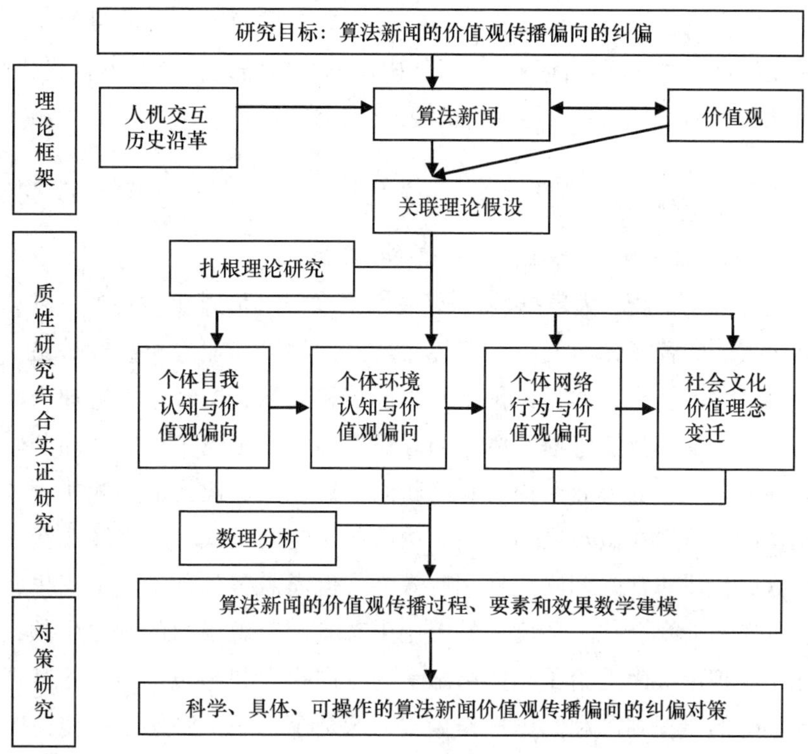

图1-1　总体研究思路

二　研究方法

扎根理论研究法：在系统收集文献资料和经验证据的基础上，探索算法新闻生产、传播过程中人机交互的本质，通过深度访谈，以及对交互行为数据量化的分析，抽象出适用于描述算法新闻价值观传播偏向的基础理论。

自我民族志研究法：日常大量接触算法新闻，长期、深度、近距离地参与和观察，做好定期观察和体验记录，形成系列文本资料，客观、真实地存储人机交互各项指标测评数据。

问卷调查法：遴选算法新闻的主要用户群体为调研样本，从自我感知、环境认知、网络行为三个人机交互的社会认知心理层面，对价值观的偏向进行问卷调查。

数理分析法：对回收的问卷进行数据化处理，通过相关性分析，探索个体在自我感知、环境认知、网络行为三个层面价值观度量的正、负相关变量；通过多元线性回归分析，构建算法新闻人机交互下自我感知、环境认知、网络行为三个层面价值观的计算模型。

三 研究的创新之处

（一）在微观层面上丰富基础理论研究成果

随着人工智能、大数据、5G 等技术高度嵌入传媒业的发展，以算法新闻为代表的智能化新闻生产和传播现象为学界和业界所高度关注。近年来众多学者将研究的目光聚集于智能传播领域，产生了大量成果，研究对象中包括了智能传播环境下的意识形态和舆论生态。但大部分研究并未在基础理论的层面上探讨算法新闻对意识形态建构的影响机理、人类个体的价值观在微观层面上受算法新闻影响的范式。加之算法新闻对价值观的传播非常强调实践性和有效性，但尚需得到理论上的支撑，目前国家对新的媒介技术环境下的舆论生态有了宏观层面的理论引领，学界在中观理论层面上给予总体措施上的方向指引和参考，尚缺乏微观理论层面上的原理溯源和具体操作探索，这是今后一个时期智能传播舆论生态研究的重要方向之一。

对此，本研究将算法新闻生产和传播的元传播环节“人机交互”作为基点，构建基础理论视角之下的算法新闻生产和传播规律，充实中国舆论生态建构的基础理论性研究成果。

（二）搭建新闻传播学与计算机科学对话的桥梁

大多数学者从宏观的层面论述了算法新闻对价值观的传播具有重要影响，舆论生态因算法的融入而发生了改变，即明确了“以算法新闻为代表的智能产品具有意识形态的属性，算法是有价值观的”，解决了“应该致力于强调算法的价值取向”的方向性问题。一部分学者则提出解决这一问题的总体思路，如“为算法植入价值观”“培养受众适应智媒时代的媒介素养”“媒体生产充满人文情怀的新闻”等，但在新闻传播学界，对于“在构建算法时怎样才能真正融入核心价值观”还未有明确的回应。

要做到将核心价值观植入算法，实施的主体必然是计算机科学家和算法工程师，而如何引领价值观、建设意识形态传播阵地理应是新闻传播学者的研究指向和使命担当，这需要新闻传播学领域搭建与计算机科学领域的“可对话”桥梁，努力促成理论和技术层面的合作。因此，怎样把新闻传播学界的研究真正与计算机科学界的实践勾连起来，简单点说，如何将人文社会科学的研究成果体现在算法工程师对算法构建的技术实践中，是本研究致力探索的话题。

第 二 章

人机交互、算法新闻与价值观传播概述

第一节 人机交互

一 核心概念

国际计算机学会 ACM（Association for Computing Machinery）于 1992 年给出了人机交互的定义：Human-computing interaction is a discipline concerned with the design，evaluation and implementation of interactive computing system for human use and with the study of major phenomena surrounding them。可见，人机交互（Human-Computer Interaction，HCI）是一个计算机术语，泛指的是用户与具有计算能力的系统之间的信息和行为互动。随着计算机技术的不断进步，人机交互中“机”的外延也在迅速拓宽，近十年普及的智能手机、可穿戴设备、虚拟现实、遥控机器人、语音输入、图像识别、云计算等应用，均为人机交互增添了新的场景。

人机交互的属性决定了其必然涉足交叉学科，最早是计算机学科（Computer Science）与人因学（Ergonomics）的交叉，研究人类在计算机技术构建的环境、产品以及服务影响下的身体和心理状态。随着科技的不断发展，认知心理学、社会学等逐渐被引入人机交互的研究中。如今，人机交互的外显和内涵越来越丰富，更多的领域开始以交叉学科的视角对其开展跨学科研究。

二 人机交互的情境变迁

人机交互的进化史实质上就是交互情境的变迁史。人机交互情境是将人与机连接起来的媒介，在不同的技术条件下，用户通过不同的情境与计算系统进行交流。从历史纵向来看，人机交互的情境变迁总体呈现从厚重到轻便、从烦琐到简洁、从单一感官到多元感官、从“人帮助机器理解”到“机器主动理解人”的特征。

早期人机交互的典型是人与计算机的互动，人类必须面向庞大的机器，要想实现特定的计算功能，必须手动输入指令，且指令烦琐，人类是人机交互的绝对主体，是交互行为的发起者和决策人。一直到DOS操作系统时期，人机交互的情境变得更为精练，特定计算功能对应的指令也已经大大精简，人机交互的效率有了一定提升。

微软推出的基于视窗的Windows操作系统让人机交互进入一个新的天地。与之前的人机交互相比，Windows的最大特征就是“所见即所得”，人机交互的媒介不再是一大堆让人难以识记的指令，而是鼠标指针、图形、图像、文字，显然这大大降低了人机交互的门槛。人机交互的便利推动了计算机在民众中的迅速普及，用户不需要具备专业的计算机知识，也能够很容易学会常用的操作技能，人与机器的交互不再是高、精、专的标配，更多的普通用户得以参与人机交互。

接下来人机交互进入互联网时代。移动互联、触摸屏手机进一步促进人机交互向更便捷、更直观的趋势发展。然而，不管是Windows的图像情境，还是手机移动互联的“指尖上的互动”情境，人机交互的主动权依然牢牢把持在用户手中，用户发号施令、机器遵照执行的人机交互方式仍是主流；反映在信息传播领域，就是用户必须去主动获取信息，机器不能主动向用户提供信息服务。

直至算法和大数据引领的人工智能时代的到来，人机交互的情境开始有了质的转变。

随着人工智能、大数据、生物传感等技术的应用，人机交互的情境已经发生了巨大变革。2016年，Google旗下DeepMind开发的AlphaGo击败人类顶尖围棋手，引得举世瞩目。2017年10月，《自然》发布消息，升级的AlphaGo Zero能在无任何人类输入的情况下迅速自学围棋，棋力让人叹为观止。智能时代的人机交互已经迈过“命令—行为”的以人作为控制主体的阶段，人机共生、机器在一定条件下的主动思考不再是天方夜谭。

基于现实的交互（Reality-based Interaction，RBI）是新一代人机交互的典型特征，常见的典型应用包括虚拟现实技术（Virtual Reality，VR）、增强现实技术（Augmented Reality，AR）、文本感知计算、感知和情感计算、语音交互等；如虚拟现实游戏，就为用户提供了基于视觉和触觉的交互情境。Windows10 的智能语音助手“微软小娜”（Cortana），能够通过记录用户的使用习惯，利用云计算和非结构化数据分析，从而理解用户的语义，实现有效的语音理解。新闻聊天机器人将情感识别技术运用于分析用户在阅读新闻、广告、杂志时的感情变化，从而精准识别各类文本信息对用户的即时影响。谷歌眼镜、智能手环等可穿戴设备能够利用数据交互、云端交互等强大功能，时刻记录用户处于某种行为状态时的各类参数。

相比之前的人机交互，智能技术下人机交互的属性向着认知、创造力、个性化的更高层次转变，用户界面不必“可见”，机器的交互和学习过程在潜移默化中就能完成，机器向用户提供舒适的应用情境和愉悦的体验。这种自然交互技术的发展更多涉及人在生理、认知、情感等方面的属性，在深度和广度上都超越了以人为交互主体的水平，用户可以更好地感受人机交互对自身深层次需求的满足，以及机器施予的“自然人”对话体验。①

总之，在第四次工业革命的浪潮下，智能技术已经融入人类生活的各个领域，人机交互的频率也越来越频繁。移动互联让用户随时在线，触屏让人机交互变得无障碍，人工智能让机器更好地理解用户的意图，从而提升人机交互的有效性。

可以预见，面向智能时代的人机交互的目标必定是更为和谐、自然的人机共生，这迫切需要人类的认知机理、心理规律、行为范式等与计算机的内置算法深度互联，智能算法可以解释、预测并且良性引导用户的行为，在各个领域的智能应用和人机交互中辅助人类实现更好的社会效益。

---

① 范俊君、田丰、杜一、刘正捷、戴国忠：《智能时代人机交互的一些思考》，《中国科学：信息科学》2018 年第 4 期。

三　认知心理学与人机交互的高度关联

认知心理学（Cognitive Psychology）是20世纪50年代在西方兴起的一种心理学研究方向，在广义上是研究人类的知觉、表象、记忆、创造、思维等认知层面的高级心理过程，在狭义上则是从信息加工的视角研究人类认知事物的过程。可以说，从信息加工的角度研究人类认知过程是现代认知心理学的主流，从总体上看，认知心理学将人视作一个信息加工的系统，认知的本质就是对信息的处理和加工，对信息输入进行编码、有条件地进行贮存和有目的性地提取是认知的主要环节。①

人机交互的过程与认知心理产生的过程是高度一致的。从认知心理学的视角看，人机交互可以分为一系列阶段，每个阶段都是人与计算机进行信息交互的环节，人从信息交互中获得对事物的知觉并产生表象，在长期的交互后形成记忆，并逐渐在人机交互中试图创造性地进行信息再生产和利用，在实践后形成具有自我特色的思维模式。人与计算机在每个阶段都会进行信息的特定交互，双方会根据彼此的反馈做出下一阶段信息的决策行为，互动即这一系列阶段的构成主体，人机交互中信息加工系统的各个阶段之间以某种方式相互联系着。可见，人机交互在一定程度上就是认知心理的过程。②

从仿生学的角度，计算机对信息的感知、记忆和处理的过程实际上是在模拟人对信息的感知、记忆和处理的过程。计算机对人输入信息的感知必须符合人的既有认知，例如，在DOS的环境下，用户输入“Format”指令，计算机能够判断是要进行格式化操作，输入“Dir”指令，能够判断是要进行查看目录操作。在Windows环境下，用户对可执行文件做出“鼠标双击”的操作，计算机能够识别出用户需要执行该程序的意图。计算机能够辅助用户对信息进行记忆和存储，如Windows的文件夹、文字资料归档和保存、图片（视频）制作和存储等，而这些载体都

① ［美］马特林：《认知心理学：理论、研究和应用》，李永娜译，机械工业出版社2016年版，第8页。

② 刘烨、汪亚珉、卞玉龙、任磊、褟宇明：《面向智能时代的人机合作心理模型》，《中国科学：信息科学》2018年第4期。

是对用户生理舒适感的延伸。人机交互的重要目标是减轻人的工作负荷，从笨重的台式机到笔记本电脑，再到如今的各类移动终端，无不如是。伴随第四次工业革命而来的人工智能、大数据、机器学习等技术，则可以让计算机中的智能程序更“懂得”用户，实现信息功能的定制和自动过滤，将用户的思维和行为能力延伸至计算机程序中，对此，麦克卢汉早已有“媒介即人的延伸”的生动描述。

从仿生角度开发的人机交互应用会更多地出现在新闻传播领域，如新闻推送就是各类应用平台在模拟用户对新闻信息的选择，VR 新闻把用户的视觉和听觉带到尽可能逼真的遥远现场，“微软小娜”能够为用户提供基于语音的交互情境，而智能穿戴设备则让用户的情感需求能够与计算机智能应用直接关联起来，生物传感的人机交互情境不再只是科幻题材。

从认知心理学的角度看人机交互的表象和变迁史，可以发现其实质就是人与计算机之间相互感知、知觉、理解的进化史，传统的“以机器为中心”向“以用户中心”转移。在传统的人机交互情境中，用户必须调适自身的各项能力，如计算基础、编程能力、数理知识等，以适应计算机对用户的能力需求。随着科学技术的发展，人机交互的情境逐渐向“计算机适应用户”迁移，计算机慢慢变成用户的伙伴甚至是“知心人”，用户不必再通过繁杂的指令或一系列烦琐的操作才能让计算机为自己服务，而是计算机能够主动感知用户的交互意图，推演用户潜意识下的意愿和情感，并“贴心”地提供用户可能需要的各类服务。

归根结底，将认知心理学应用在人机交互的研究中，实际上就是创新、想象和预测用户是如何与计算机系统交互的，怎样的人机交互界面和情境才是高效、友好的，最终指导人机交互的设计者设计出用于适配用户情感、认知需求的人机交互系统。

第二节　算法新闻

一　核心概念

“算法”并不肇始于新闻传播领域，而是来源于应用数学的实践领域，指代解决某类具体数学问题的普适方法。随着计算机在社会各个领域的迅速发展和普遍应用，算法从纯数学应用进入社会科学领域，尤其近年来人工智能在决策服务方面的出色表现，“算法”成为网络的热议词。简单点说，算法在用户和信息之间构建了一个适恰的逻辑，目的是帮助用户更轻易地获取最有意义、最有价值的信息。例如，聚合类新闻客户端、短视频平台推荐用户感兴趣的信息产品；用户在网络购物时，APP 推荐符合用户意向的商品；用户在使用打车软件时，APP 规划的路线和计费预估；用户在浏览网页时，网页上推荐的各类广告；等等。

在移动互联网、大数据、生物传感等技术的推动下，以大数据为支撑、以算法为引领、用户与计算机实现高度数据交互的算法新闻正在传媒业获得越来越高的重视，诸多媒体机构急切地进入算法新闻领域，以图尽早占据智能新闻应用的前沿阵地。算法、大数据和人工智能等技术正驱动媒体变革：新华社的快笔小新、腾讯 Dreamwriter 新闻写作机器人平均出稿速度 0.5 秒；采用算法推荐的今日头条 APP 已经拥有 1.4 亿活跃用户；南方财经全媒体舆情服务平台能在 2 分钟内获取各类敏感数据、动态展现舆情；京东方的基于深度学习的图像处理算法“16 倍超分算法技术”，能够对低分辨率新闻图片和视频进行 16 倍数级清晰度提升；在判断虚假新闻、新闻情感分析等方面，算法能够帮助新闻工作者省去大量重复性高、效率低下的人工审核工作。

从狭义上来说，算法新闻是指通过算法生产完成的新闻产品。但在实际的应用过程中，算法在新闻生产领域的嵌入已经不仅仅局限在“生产”的环节，对原始数据的接收和判断、对信息的传递、与用户的交互等环节均广泛运用了智能算法技术。可以说，从广义上讲，算法新闻是运用智能算法工具自动生产新闻并实现商业化运营的过程、方法或系统。①

伴随算法的不断优化改良和大数据的海量积累，“算法新闻”的内涵不断延伸，其自身的定义和说法也在更迭。比较常见的表述有“机器人新闻（Robot Journalism）”“自动化新闻（Automated News）”“算法新闻（Algorithmic Journalism）”，“机器人新闻”强调了新闻生产的主体区别于

---

① 吴锋：《发达国家“算法新闻”的理论缘起、最新进展及行业影响》，《编辑之友》2018 年第 5 期。

传统的新闻工作者，“自动化新闻”强调了新闻生产的过程机制，“算法新闻”则强调了这一创新性的新闻生产的本质，是由算法程序驱动新闻生产流程的变革。

近年来，中国越来越多的学者采纳了“算法新闻”的概念，并接受了以下定义：“运用智能算法工具自动生产新闻并实现商业化运营的过程、方法或系统，它包括信息采集、储存、写作、编辑、展示、数据分析及营销等业务的自动化实现”①。该定义超越了从狭义上界定算法新闻是一种产品的视角，算法新闻不仅指代新闻产品，还涉及智能算法嵌入新闻线索发现、新闻生产、新闻传播、用户消费、舆情监测和反馈的全过程。该定义从广义上去界定“算法新闻”，为其赋予更多的内涵和外延，并随着科学技术和媒介技术的发展，尽可能保证其定义的适用性、可拓展性、灵活性，在当前的技术环境下相对更准确地揭示了算法新闻的本质特征和基本规律。因此，本研究为规范相关的理论和实践研究，对“算法新闻”的定义是广义上的。

二 算法新闻的应用领域

新闻信息推荐和分发：这是算法新闻的典型应用领域。算法在一定程度上取代了由编辑决定新闻分发的传统新闻信息传送路径，算法通过对用户接收信息行为大数据的分析，在既定程序的框架内自主向用户推荐和分发新闻，而获得推荐的新闻实现了精准连接信息内容与用户兴趣，将用户的需求与新闻内容的个性化结合起来。像国内的今日头条、一点资讯、天天快报等 APP，就是典型的新闻推荐和分发平台，今日头条多次声称“没有采编人员，不生产内容，没有立场和价值观，运转核心是一套由代码搭建而成的算法”。

写稿机器人：算法通过分析和整合即时数据，将数据与新闻报道模板进行对照，并为模板嵌入合适的数据和话语，在短短数秒内就能自动生成条理清晰的新闻稿件，并推送至各类信息平台。目前，写稿机器人在以数据为核心要素的新闻领域获得了普遍应用，如体育赛事报道、金

---

① Da, H. S. & Shin, S. J., “Implementation of Algorithm to Write Articles by Stock Robot”, *The International Journal of Advanced Smart Convergence*, No. 4, 2016, p. 40.

融分析报道、突发自然灾害新闻、天气新闻等。早在 2014 年，美联社就与 Automated Insights 公司合作，利用基于算法的程序 Wordsmith 进行财报新闻的写作；在中国，新华社的“快笔小新”（现在又有了新华智云）、腾讯的 Dreamwriter、今日头条的张小明（Xiaomingbot）、微软的小冰等写稿机器人，都能够利用数据和算法，快速搜集、分析、聚合新闻内容。

新闻信息数据分析：这是涉及大数据分析、知识图谱、语义辨识、内容理解、情感分析等一整套系统性的算法技术，对新闻传播过程中积累的数据进行再挖掘和开发。新闻信息数据分析的重要应用之一是虚假新闻识别，即利用算法模型，对信息的文本、配图、用户特征等进行多模态内容分析，从而判断其真伪。网络各类平台中的文、图、视频等都可能滋生虚假信息，如果被媒体广泛转载和传播，就会成为虚假新闻，对社会秩序带来严重危害。《科学》就曾发文指出 2016 年美国总统大选期间，平均每个选民每天要接触 4 篇假新闻。

目前，国内已有针对虚假新闻识别的竞赛，例如，中国科学院计算技术研究所、北京智源人工智能研究院就共同举办过互联网虚假新闻检测挑战赛。部分国外媒体已经运用算法辅助新闻线索和社区评论的监测，例如，美联社的 NewsWhip 能够对社交媒体上的讨论进行追踪和预测，通过特定算法，预测趋势和情感，给编辑部提供实时观测和预警，以便记者和编辑能够更精准地把握新闻线索，辨别假新闻。《纽约时报》的 Editor 通过识别语义，提取关键信息，提供可靠的新闻事实核查功能；同时能够帮助编辑们处理每天高达 1.1 万条的读者评论，这涉及情感分析和数据过滤。

数据可视化新闻生产：数据可视化是非常高效的向用户展示新闻内容核心要素的方式，通过数字和图表，直观、对比式地呈现关键内容，有利于用户快速阅读和理解新闻的价值。对于新闻媒体而言，数据可视化新闻是吸引用户的创新途径。算法能够在后台提供快速访问数据和生成数据比对的能力，帮助采编人员生产形式更丰富、内容关联度更佳的信息。例如，央视在春节期间制作的春运迁徙图，每年全国“两会”期间的“数据看‘两会’”等，就是典型的数据可视化新闻生产的应用。

聊天机器人：聊天机器人目前是算法新闻发展的着力点，聊天机器人嵌入新闻报道页面中，利用算法，实现对用户信息需求的归纳，分析用户聚焦的主题、人物或报道类型，用户能够通过文字、语音等方式，与聊天机器人实现人机交互。《卫报》就推出了适用于 Facebook 入口的聊天机器人，能够每天在后台通过 Facebook Messenger 向用户推送精选的新闻报道，借助文本分析和语音识别，与用户即时交互。

智能视频和图像应用：算法在图像边缘检测、图像分割、图像识别、图像匹配、图像分类等领域广泛应用，衍生出一系列新闻产品。例如，2017 年建军节人民日报客户端策划的“军装照”，就运用了腾讯开发的智能图像捕捉和深度学习技术；为庆祝中华人民共和国成立 70 周年，人民日报客户端推出京东云提供技术、基于 AI“换脸”功能的首部全民定制国庆献礼片《70 年，我是主角》，让用户也能够自己“演电影”。

可见，算法新闻的核心在于更好地为新闻媒体赋能，在某类有固定范式的新闻生产环节减轻记者和编辑的工作，帮助新闻工作者提升报道的效率和质量，对新闻业和意识形态领域的信息传播产生了极重要的影响。

三 作为“技术”的算法新闻

杜威（John Dewey）对技术充满了积极和乐观，他认为技术具有生产的属性，人类总会使用技术去应对自然界和生活中的困难，既然带有目的性，那技术就必定不会是价值中立的。这也是技术如此令人着迷的原因，人类会用技术去探究，反过来，技术则推动了人类社会的变迁。

在杜威看来，技术的内涵很广泛，人们通常上理解的“工具”理所当然是技术，而人类的思考能力、探究行为也是技术，只要是人类主动去控制、克服自然界或社会上的障碍，涉及的实物或努力都在技术的范畴之内①。因此，人类的观念、意识、技艺、思辨、创新同样都是技术，我们不能纯粹以物理意义上的“物件”来理解杜威的技术哲学思想，这为从“技术”视角理解算法新闻指明了方向。

① ［美］拉里·希克曼：《杜威的实用主义技术》，韩连庆译，北京大学出版社 2010 年版，第 15 页。

在杜威的技术哲学观下，算法新闻何以能被视作一种“技术”？根据以上分析，可以从人类观念和物理功能去分别理解。首先，算法新闻的理念内在是人类意识的物化。例如，稿件推荐和分发来源于算法对用户大数据的深度分析，是用户新闻价值观的客观反映；写稿机器人融入的是新闻工作者的新闻生产技巧，而这类技巧源于长期经验的集合；新闻对话机器人的技术反应机制是人类的日常话语，而这些话语来源于意识的表达。算法本质上是一种未经利用的技巧（按杜威的说法也可理解为技术实现的“原材料”），将其植入新闻产品的生产和传播，就被赋予了信息传递和反馈的属性，而不再是那一串毫无意义的0和1。

其次，技术是具有实用价值的，其天然的属性之一是人类为了实现某个目标而付出的劳动（包括体力劳动和脑力劳动）实践，正如铁矿在未被开采之前，只属于自然界的“原材料”，当被用于制成各种器械和工业产品，才具备了技术的属性。而算法新闻的载体是各类智能终端，如智能手机、移动计算机、传感器、VR设备等，算法在这些终端的应用延伸了原媒介的功能，以及在一定程度上实现了对包括人类交往方式、认知方式等在内的社会文化的改变。可见，对于算法新闻来说，人类的智慧和意识是本质，新闻产品则是载体。

可以说，在算法新闻发展的过程中，人类将技术作为实现创新和发展的工具以及对未来美好可能性的探究，与由此衍生的社会文化变迁交相辉映，这是技术对人类主观意志和社会发展客观规律的反映。

算法新闻为产业创新提供了无限的畅想，依托智能算法、大数据等技术支持，越来越多基于算法的应用服务于我们的生活。例如，新闻分发帮助用户节省了搜索感兴趣的新闻的时间，VR新闻让视觉上的现场参与感更进一步，智能图像识别和更迭、语音识别等拓展了社交应用，等等。这些技术在不断的修正和完善中赋予我们生活新的方式。

正如基于算法的机器人写作就是解决用户对新闻时效的极致追求与新闻写作的非即时完成的矛盾，这是算法作为一种工具被赋予的意义，同时更是对传统新闻生产模式的创新和重构。这为我们理解人类在面对自然和社会时做出的努力提供了积极的研究取向，工具的目的就是以积极的态度重整经验，从而克服现状与预期的不协调。

四 人机交互：算法新闻的元传播环节

（一）何谓“元传播”

美国社会科学家格里高利·贝特森（Gregory Bateson）于1951年创造了“元传播”（meta-communication）一词，meta作为前缀置于抽象概念之前，表示该概念的进一步抽象。贝特森根据这一构词法，将“元传播”指代为人际互动中“关于传播的传播”现象，即所有被交换的涉及编码（codification）及传播者之间相互关系的线索和命题。[①] 元传播概念的提出为我们理解和创新性地解释人际传播提供了一个思考的路径。在人际传播的过程中，个体通过对信息采取富有个人特色的编码，将外界的信息转化为自我可理解的模式，在与他者的互动过程中建立起与自我、他者、社会的联系，人际关系形成的基础是相互关联过程中的信息编码和传播。基于这样的哲学思考，元传播成为一个重要的理解人际传播的理论概念。

元传播是认识论的基点。个体要认知现实的性质和存在于现实中的知识，就必须通过传播的通道，将外界的事物转变为内在讯息，这包括与他人的交互，并建立起与自身内部、他人、环境的联系，在这个过程中，个体的意识和社会关系就形成了。个体的自我认知与外部世界的现象时常存在明显差异，这时就需要个体对外界讯息进行“解码”和“翻译”，将重新编码后的讯息存储到自己的认知系统中。我们可以将之理解为个体内在的精神活动对外部世界的“映射”，并转化为自己的观念和认知。因此，如何对外界事物“解码”和“编码”就格外重要，这涉及后续的信息交互和反馈，并有可能决定人际关系的走向，以及人际间的共通意义是否能够形成。

元传播可以用来分析社会公众之间以公共事务为核心的关系形成，例如，在全国“两会”期间，某高校教师以此重大政治事件为契机，在微信朋友圈发表关于高等教育改革的话题，可能会涉及提建议、发牢骚、表明态度、呼吁关注、批评某类群体或个人等倾向的信息。对其朋友圈可见的微信用户会以不同的方式对该教师发布的内容进行解码，并将解

---

① 王金礼：《元传播：概念、意指与功能》，《新闻与传播研究》2017年第2期。

码后的信息与自我的价值理念、对该名教师的认知结合起来，从而决定该以怎样的方式回应（赞同、反对、默不作声），或通过点赞、评论、发朋友圈回应、去论坛发帖等方式表达观点。双方之间经由此条朋友圈信息，引发了关系互动，这一过程涉及自我情感的表达、对他人的认知、反馈行为，信息传播包含了内容意义和关系意义，影响着人际后续的交往。如果该位教师的朋友圈信息含有隐喻、幽默、反讽等艺术性表达或其他并不明朗的话语形式，解读讯息的意义则成为此次元传播的核心。

综上所述，我们可以对元传播的意指有明确的认知。元传播是一个能够解释人际交互和社会实践的概念，它描述和解释了人的意识和人际关系的形成，而在人际传播和人际关系的形成过程中，包括了许多意义清晰、逻辑显而易见的信息，也可能会充满了隐喻、玩笑、语境、艺术化表达、表情等需要根据不同情境去理解的信息，这些信息的内容与意义是融合在一起的，即促进人际关系和社会关系形成的“元讯息”，构成了对原始讯息编码的依据。元传播指代的就是这些元讯息的传播。通过元传播的视角，可以从人的意识、感知、认知等内部层面理解人际传播的形成，获得比较合理的人际交互行为理论解释，并借此实现进一步的基础理论创新。

（二）人机交互为何是算法新闻生产和传播的元传播环节

在计算机科学界，科学家和设计人员将人与计算机的交互类比为人与人的交互，因为两者具有相似的规律，尤其在大数据和人工智能时代，计算机更多地被人类赋予“认知”和“理解”的功能，信息处理的过程不再是人类发出指令之后，计算机被动接受和执行指令的单向线性信息传递，而是人与计算机作为共同的主体，在同一话语体系内借由经验、知识、理解和反馈完成信息交互。

在人机交互的信息传播过程中，感知、认知和行为三个功能模块构成了信息处理系统，各个模块在完成信息接收、处理、加工、存储、反馈等功能的基础上，为其他模块提供信息的输入并作为其他模块信息的输出口。人类和计算机在统一规范下构建和完善自身的感知、认知和行为模块，在大数据和人工智能的技术支持下，算法新闻的感知、认知和行为模块的功能日趋与用户接近，算法让计算机在理解和预测用户的兴趣、意图和情感时更有科学依据。

算法新闻下的人机交互是并行的，用户和算法应用会同时接受来自各个信道的信息输入，感知和判断对方的意图，在既有经验（对于计算机而言是固定算法）的帮助下存储、记忆和提取信息，并更新对交互情境的认知，经过多层筛选和过滤的信息最终会汇聚于决策系统，用户和算法决策后将信息向对方反馈，或做出相应的行为。在智能技术广泛应用和大数据传播无处不在的技术背景下，人机交互的流程持续进行和更新。

例如，写稿机器人、数据可视化新闻与记者编辑存在最直接的人机交互，足球赛事、财经新闻、自然灾害播报、突发公共事件民间舆论调查等涉及数字和文本采集的新闻生产，预设了机器获取数据的接口和处理模式，包括最后的新闻分发平台的选定，都是由特定的算法实现的，这个算法背后的逻辑就是记者和编辑们的专业认知，包括新闻写作的技巧、文本内隐情感的判断方法、核心数据的选取、关键节点（如以“小时”为时间单位的舆论走向）的设定等。经由算法，记者和编辑的认知得以与机器交互。聊天机器人更是趋近于日常的人际交互，在海量文本和算法的支持下，机器人以“虚拟人”的方式存在，与用户在对话的过程中实现了内容意义和关系意义（如用户是否信赖聊天机器人、从人机对话中获得的满足感、决定是否升级和继续使用聊天机器人等）的交互。

可见，算法新闻生产和传播的前提是人机交互，这决定了如果要从微观上审视算法新闻，人机交互是绕不过的一个关键点。

首先，算法不是凭空产生的，而是科学家知识和经验的产物。只有科学家借助计算机，运用一系列函数、公式、命令符，将数据的表象与事物的本质联系起来的时候，算法才真正称得上具备了自然意义和社会意义。通过科学家与计算机之间在知识和认知层面的人机交互，算法才得以诞生，算法被植入各类新闻生产和传播平台后，算法新闻才得以成为用户与计算机交互的路径和成果。

其次，算法新闻依赖于新闻工作者与计算机的交互。算法新闻的生产环节离不开新闻工作者的参与，在机器人新闻的算法和程序输入环节，离不开记者的参与，记者的专业知识和技能确保算法最后的生成品符合新闻规范和伦理，此时的算法本质上是记者对新闻创作的理解。而在算法新闻的传播方面，算法新闻以怎样的形式与用户见面，是智能图像应用、H5、数据可视化新闻，还是沉浸式的 VR 新闻，都取决于编辑的决策。

最后，算法新闻依赖于用户与计算机的交互。算法新闻的传播必须借助海量的数据，而大数据不是凭空产生的，其中很重要的一部分数据的直接来源就是广大用户，如“春运大数据”“‘两会’大数据”等数据可视化新闻产品的内容就直接来源于用户大数据。智能影像应用更是需要用户主动与机器交互，如“军装照”“我的前世青年照”“70 年，我是主角”等智能应用，就需要用户上传自己的头像图片，经过智能算法的处理后，生成个性化的图像和影像。另外，当人机交互发生时，并不是纯粹的信息传输，同时还存在兴趣、意图、情感等隐喻，比如在智能舆情分析应用中，部分公众话语存在正话反说、反讽、代号等现象，这种人机交互就超越了传统计算机处理的能力，需要通过机器学习，不断更新算法，以适配特殊的情境。

可见，人机交互是算法新闻生产与传播过程中的基本关系构成，不是传统意义上的人类拥有对机器的绝对支配权，人类与机器的关系更趋向于在信息传播环境中的“共生”，两者相互扶持。人机交互是算法新闻内容生成的前提，人类与智能算法交互的进步推动了媒介环境的变革，两者共同构建了新的网络文化场域，信息生态也随之衍变，这也反过来推动算法的自我更新和人机关系的改良，以实现更有效、更合理的人机交互。

因此，可以将人机交互视作算法新闻生产和传播的元传播，此研究视角借鉴了传播学当中的人内传播和人际传播，有利于从本质上分析与算法新闻有关的传播现象，并最终从微观层面上探讨算法新闻与人类的关系生成和变化。

第三节　技术论视角下的价值观

一　价值观与技术价值观

价值观一直以来都是意识形态领域的重要关注点。价值观是基于人的一定的思维感官之上而做出的认知、理解、判断或抉择，也就是人认定事物、辨定是非的一种思维或取向，从而体现出人、事、物一定的价值或作用[①]。价值观并没有系统的、适用于所有领域的统一评价标准，其可以体现在国家治理、社会发展和个人道德等层面。因此，对价值观的研究遍布各个学科，是人文社会学科关注的一个问题，哲学、心理学、社会学、传播学、教育学、社会学等均有对价值观不同角度的探索[②]。如中国社会科学院社会学研究所“当代中国青年价值观念演变”课题组（1993）关于价值观的分类，就包括了生活价值观、自我价值观、政治价值观、道德价值观、职业价值观、婚姻和性价值观。

哲学由于其历史渊源，对价值观的探讨成果最为丰富，其中就包括了技术价值观。技术是否负载价值，在怎样的意义上负载价值，技术导致的社会变迁与人文价值如果存在冲突，其矛盾的根源是什么，等等，都是技术价值观力图揭示的问题。

在关于技术的全部问题中，马克思对技术价值最为关心。马克思对技术的理解从封闭的“技术本体”扩展到广阔的文化空间，技术作为一种历史、存在和人类的活动形式，其终极价值在于文化形式，人的价值与技术、文化的价值是统一的，都有“求真”“求善”“求美”的文化使命。技术中所蕴藏的价值理念应该是人的自由[③]。

如果只是将技术的价值理解为增加物质财富、减轻劳动强度，是非常肤浅的，这些都是技术的手段实现的，技术的目的是人不受自然需求的困扰，增加依据自己兴趣开展自由创造的时间。技术价值观的出发点是人，从技术的实用功能来看，技术是人类生存和谋发展的工具，是人的活动的表征，技术的真正价值在于其承担的人的价值。对此，马克思将技术价值观总结为真理价值、道德价值、审美价值和人类自由价值。

算法新闻作为一种技术，理应得到技术价值观层面的思考。同时，还要结合当前中国的社会价值体系，即社会主义核心价值观，在此基础上对其进行本土化的解读。

二 技术价值观之中性论

在中国轰动一时的“快播案”中，被告方“技术中立”的辩词引发

---

① 袁贵仁：《价值观的理论与实践》，北京师范大学出版社 2013 年版，第 128 页。

② 李德顺：《价值论》，中国人民大学出版社 2013 年版，第 205 页。

③ 《马克思恩格斯文集》（第七卷），人民出版社 2009 年版，第 357 页。

了社会各个层面和学术领域内的反思：技术到底有没有承载价值观？关于技术是否存在价值观，长期以来在学术界是存在颇多争议的话题，由此衍生了技术中性论和技术价值论之争。技术中性论者认为技术在服务社会方面是有影响力的，但技术本身是中性的，技术不存在好与坏，其具备怎样的价值，完全是由使用它的人所决定；技术只是人改造自然的手段和技术无善无恶，构成了技术价值观中性论的基本内涵。技术价值论者则认为，脱离技术的发明和运用去看待技术本体是不科学的，技术本身负载了人类的价值观念，是价值驱动着技术的发展。

技术中性论和技术价值论既对立又统一。从主体论的视角来看，技术显然是价值中立的，技术作为一个工具，本身当然不存在什么错误，支持这一论断的最典型技术哲学理论是技术中性论（Value-Neutral）。雅斯贝尔斯（Karl Theodor Jaspers）认为，技术在本质上既非善，也非恶，既可为善，也可为恶，因为技术是不包含价值观念的，既无尽善尽美的思想，也无毁灭一切的恶魔般思想，只有人才能赋予技术意义和价值①。技术的性质是一种为达到特定目的的手段，具有工具的属性，技术把一切都转化为数量和关系，是知识合理化的体现，是人类以自然力来抵抗自然力，技术生成的过程是客观的。

技术中性论认为技术本身并不承载价值观的属性，技术不过是一种人类为达到目的的手段，梅塞纳（E. Mesthene）就指出技术为人类的生产和生活创造了新的可能，但这种可能性天然就是不确定的，技术的具体应用、产生的影响都不是技术的本质属性，而是取决于人用技术的目的②。这也是技术中性论者的理论根基。“技术是价值中立的”的典型例证，就是刀既可用来救死扶伤，也可拿来伤人，这取决于刀的使用者是行善，还是作恶。

技术中性论者把技术当作纯粹的“自然物”，在他们眼中，“技术本体”只是自然规律和科学的体现，是不负载价值观的；尽管技术是人创造出来的，也具有社会属性，但技术的应用没有明显的目标指向和倾向，

① K. Jaspers, *Origin and Goal of History*, New Haven, Conn: Yale University Press, 1953, p. 77.

② 吴致远：《有关技术中性论的三个问题》，《自然辩证法通讯》2013 年第 6 期。

也就是说，从应用目的来看，技术也是中立的。可以看出，技术“中性”论立论基础是“技术本身”，这样就把“技术的应用”从技术本体中剥离了。

持技术价值观非中性论的学者们显然并不这样看。

三 技术价值观之非中性论

技术价值的非中性论认为，从历史的实践来看，人类选择和运用技术，必然会受到社会文化价值观、人的主体需要、社会规范等要素的影响；从人类意识的角度来看，技术和价值观是两种不同的认知方式，人类以技术物为介质探索事物的客观规律，以人文价值观追求自身与社会环境的适配，两者的侧重点尽管不同，但在精神实质上是相通的，即都是为了追求自身的个性解放。既然技术和价值观均为人类认知世界的方式，两者必然是相互渗透的，技术根本不可能剥离价值观而存在。许多哲学家都对技术价值论增添了诸多解释。可以说，技术价值论的理论根基是“技术没有价值观，但是技术可以塑造价值观”，因此技术是具备价值观属性的。

（一）马克思技术哲学观

马克思技术哲学是一种倡导技术实践的哲学，技术实践的本质是社会、文化、技术三者的相互调适，实践本身就内含了人类的主体性参与，人类会将解决技术问题的内在精神和价值理念注入实践行动中，技术实践与个体的价值观念息息相关，个体看待技术和世界的标准，以及受怎样的价值观支配，就决定了怎样的价值观会被注入技术。因此，技术天然就带上了人类价值观的属性。

在马克思看来，技术是人性、人的价值、人的本质的展现，而人的本质是丰富的，视觉、听觉、嗅觉、味觉、触觉、思维、感觉、愿望、活动，等等，决定了人的价值在整个社会体系中的多维性。如果技术价值只是单维度地发挥作用，所展现出来的必定是人类价值观的单向度发展。技术就是“一本打开了的关于人的本质力量的书”①。

马克思认为，人类社会技术体系的转换与价值观念的变迁是不可剥

---

① 《马克思恩格斯文集》（第三卷），人民出版社 2009 年版，第 306 页。

离的。一方面，技术来源于人类改造经济生活和社会生活的价值观念，另一方面，人类要适应新的技术体系，就必须学习新知识，重建自身的价值规范[①]。技术作为生产力最活跃的要素，社会文化必然会为之改变，社会层面会产生新的价值观念。在大工业生产的时代，自然科学理论的创新造就了唯物主义、启蒙思想和政治革命理论，近代西方社会的思想价值观念、社会规范等与技术的生产和大规模应用密不可分。恩格斯说："没有机器生产就不会有宪章运动。"[②] 甚至是钟表的发明，让生产的秩序被划分为每天 24 个小时、每个小时 60 分钟、每分钟 60 秒，由此而诞生的时间价值理念，都是技术体系的产物。

在马克思看来，每一种新的技术都代表着一种文化价值，向人类社会灌输新的价值观念。这引发了众多学者对技术与文化关系的思考。

（二）技术与文化价值理念

英国技术哲学家阿诺德·佩斯（Arnold Pacey）在马克思技术实践观的基础上，将技术哲学延伸至文化的深层次。佩斯认为从实践的观点来看，价值观作为深层次的文化意识，对技术在实践中的走向有巨大的指导意义。佩斯在其代表作《技术文化》中，指出技术本体根本无法摒人类的文化价值观于外，技术的创造、应用、普及、创新过程完全被人类的文化价值观所覆盖。在佩斯看来，隐藏在技术背后的是人类的复杂经历，人类的文化价值观念会渗入各种具体的技术实践中，体现主体自身不同的动机和对社会挑战的回应[③]。例如，客运火车就被人们寄托了家庭成员团聚、连接不同地区文明、获得个人发展机会以帮助提升家庭生活水平的价值观念，是对亲人相思之苦、外部世界神秘感、当前生活条件不如意的挑战。如果脱离社会应用看技术的价值，意义不大。

海德格尔（Martin Heidegger）对技术持文化"拯救"的关怀。在他眼中，技术一定承担着让人类价值得以彰显的角色，即价值观的发生方

---

① 《马克思恩格斯文集》（第四卷），人民出版社 2009 年版，第 412 页。

② 《马克思恩格斯文集》（第四卷），人民出版社 2009 年版，第 386 页。

③ ［英］阿德诺·佩斯：《技术文化》，黄发玉等译，广东人民出版社 2012 年版，第 97 页。

式[①]。技术的本质不仅是人与自然界的交往改良，更是渗透了人类世界的文化，并且影响着人类环境，人类的文化创造不得不屈服于技术，技术的内在价值观一定程度上反映了人类文化的损坏、扭曲和丧失。技术的文化价值一直在发展和演变，并渗入各个领域的文化之中，社会的文化图景逐渐衍变为被技术同化的文化，道德滑坡和文化庸俗是最明显的技术对人和物的遮蔽和异化。

海德格尔对技术带来文化渗透的观点呈现一定的悲观色彩，但同时他也启示了人们要从技术价值观来对待技术化的文化，以“沉思”来对抗技术的“限定”。海德格尔发现，要解决技术带来的文化变异，根本在于推动技术文化更理性地发展，技术在整个文化领域中的渗透应该朝向一种柔和化的方式，通过合理技术文化来矫正异化的技术文化。

可见，海德格尔并不是要完全否定技术，他的主要意图是通过追问技术可能存在的危险，来提醒人们做好克服技术缺陷的必要准备，学会冷静地对待技术，他的立意是“拯救”而不是“控诉”或“抛弃”[②]。海德格尔的技术文化观透露出一种批判精神，体现了对人的技术化生存状况的忧虑，更体现了对技术命运及其终极价值的人文关怀。

持技术价值观非中性论的学者们将技术的价值看作科学精神和人文价值的融合，技术的科学价值推动经济发展，同时技术蕴藏的人文价值观又是十分丰富的精神资源，不把两者割裂开来，才能走出纯粹技术主义和工具论的误区，推动技术为健全人类自身的精神涵养服务。

当回顾“快播案”，“技术中立”已经成为苍白无力的辩词，技术一方面固然要致力于为用户提供尽可能优良的体验，另一方面还要引导用户的价值观走向积极、正面的方向，而不是利用用户在人类天性上的缺陷，呈现信息负面、恶性的非理性一面。从本体上看，技术虽然没有价值观，但是机器算法背后的设计思想却是设计者的价值观的某种体现，一项好的技术在方便用户的同时，应该背负的其实是更大的社会责任。

---

① 吴国盛：《海德格尔的技术之思》，《求是学刊》2004 年第 6 期。

② 黄漫、刘同舫：《现代技术文化之拯救与超越——以海德格尔的技术文化观为基点》，《自然辩证法通讯》2010 年第 3 期。

四　技术价值观传播的溯源：技术的社会属性

如果要为技术价值观传播中性论找立论的根基，毫无疑问会认为技术是关于自然界知识体系的物化，是人类对自然界规律、真理的探索和认知的产物，技术所依托的基本定律和理论都独立于人类的价值观念，因此，技术是价值中立的。但这一立论只看重了技术的物质价值，即技术如何应用于社会的各个领域并产生了积极、正面的社会功能，着眼于技术在人类生产环节上的推动力、经济效益的实现和产业结构的变革，这些都是人类实实在在能够看到或体验到的成果，具有显性的效果。

然而，技术不仅有物质价值，还同时兼具社会人文价值。安德鲁·芬伯格（Andrew Feenberg）的技术批判理论继承了法兰克福学派的基本思想，同时借鉴了当代社会科学研究的新成果，阐释了价值观如何借助社会实践渗入技术的发展。他认为技术的来源是“技术代码”，经过代码编织的技术又形塑了社会的价值观。在《技术理性批判》中，芬伯格提出了“技术代码”（Technical Code）的概念，他认为技术代码就是在技术设计过程中占主导地位的价值和信仰，是最基本的规则，组织为了存在，必须将他们的价值基础转换成代码，这些价值观的沉淀体现了技术主体的“霸权”，决定了技术的最终特征①。

芬伯格认为，现代技术体现了工业文明的价值观，特别是因掌握技术而获得社会话语权的管理者们，他们总是在有意无意中就将价值观和利益诉求沉淀到技术产品和工艺中，技术设备在特定的历史环境下被赋予了某个阶层的价值理念。占主导地位的社会管理者会以“技术代码”的形式规范技术主体的活动，技术主体的行为存在于一定的社会组织结构内，他们从事的技术活动被严格地限定在某类社会意义中，从而符合特定群体的社会价值观。

技术代码反映着社会的兴趣，有时候，技术决定了我们生活的各种方式，如怎样交流、怎样娱乐、看到怎样的新闻、接受怎样的教育……不同的群体会有不同的技术价值观，而技术的创造和发展主体是多元化的，

---

①［加］安德鲁·芬伯格：《技术批判理论》，韩连庆、曹观法译，北京大学出版社2005年版，第46页。

因此，技术代码在一个多元化的社会环境下并不遵循统一的规范①。当以往处于主导地位的技术代码不再能够代表社会的普遍价值观念时，来自其他阶层的价值观就会试图植入新的技术代码，这种迭代根植于技术社会实践中的设计者和参与者的共同参与，可以说，各类主体在技术实践活动中嵌入了自己的价值观。芬伯格举了一个例子，电视这一技术让电视评论员和政客得以大肆传递他们的价值观，但电视的使用者们可以通过遴选技术，改变他们对新闻信息的接收方式，如选择报纸、换台等，从而将自己的技术代码和价值观移入新的技术活动中。

技术中性论者大多忽略了技术兼具的物质属性和社会属性。物质属性表明了技术要遵循自然规律，而社会属性则表明了技术是作为实现人类需求的手段而产生和发展的。技术的目的是被人所赋予的，在此过程中，人特别是技术的创造主体和规范主体的价值观取向会融入技术之中。技术的发明、改进、应用无不是人类对自我需求的一种表达，在实践中，技术又会根据其所反映的人的价值尺度，向外传递特定的价值关系和社会价值理念。芬伯格强调技术文化价值的流变性，技术代码不是一成不变的，而是能够适应社会的变化，自上而下或自下而上的改变都有可能发生，并作为理想或价值融入社会的技术代码中，呈现不一样的技术文化。

对此，可以回顾我们国家“老三件”的技术变迁史，充满了技术传播社会价值观的历史痕迹：20 世纪 70 年代的“手表、自行车、缝纫机”代表了对生活基本需求的向往，80 年代的“冰箱、电视机、洗衣机”则代表了休闲和脱离一部分沉重劳动，而时下的“新三件”衍化为“房子、车子、票子”，毫无顾忌地表达了对物质利益和奢华生活的追求。技术反映的社会价值观在作为技术主体的“人”身上获得了淋漓尽致的表现，传统时代人们的单纯和朴素，与当今时代人们物化的价值观产生了强烈的反差，而这些价值观会渗入人们的实践活动中，个体的生产劳动、爱情交往被裹挟在技术传递的价值体系内，甚至演化为深刻的社会问题。尽管各个时代的“老三件”都反映了人们追求物质的价值观，但在精神

---

① ［加］安德鲁·芬伯格：《技术批判理论》，韩连庆、曹观法译，北京大学出版社 2005 年版，第 107 页。

追求的层面是截然不同的，技术作为价值观的载体，从其诞生起就被赋予了特定的社会意义，浸润了某个时代特定社会阶层的价值和道德理想，即这个时代的“技术代码”。

可见，技术价值观中性论忽略的正是物质价值的另一面，即人文价值。技术实现价值的载体必定是社会实践，没有经过社会实践的技术只能作为“技术物”而独立于人类社会之外。技术社会实践已经全方位深入人类的社会生活，生产、休闲、社交、联络、文化、教育、医疗、管理等实践活动无不借助技术的力量而存在，这些活动催生了人类思维方式和价值观念的变迁，从而构成了技术对人类主体施加的价值观传播。这与技术物质价值的体现是相生相伴的，共同影响和推进人类文明的进步。

总之，如果我们只看重技术的基本定律和理论，那么技术价值观传播的中性论或许是成立的，但技术不可能脱离人类实践，技术必定是人类改造社会和自然界的力量，它必然会渗入人类的价值理念，技术不再是一个认知和建造的过程及知识和技能的体系，而应承载着人类的价值理念。技术的人类价值理念属性已是其内涵中的应有之义。

在本章中，明确了人机交互、算法新闻、价值观等核心概念的内涵。从认知心理学的视角来看，人机交互是算法新闻生产和传播的元传播环节。从内在理念和物理特性来看，算法新闻是一种社会实践性很强的“技术”。长期以来，技术的价值观属性得到广大哲学家的认同，这为本研究确立“人机交互—算法新闻—价值观传播偏向”的思路奠定了深厚的理论基础。那么，算法新闻如何与价值观传播偏向联系起来？将两者联系起来的核心要素是什么？其中的关联逻辑又是什么？这些将是下一章探讨的重点。

第 三 章

算法新闻与价值观传播偏向的关联逻辑

作为一种社会化实践的技术，算法新闻必定渗透了人类的价值观，对价值观的传播也会有偏向。那么，算法新闻的价值观传播偏向会遵循怎样的规律？在这一点上，哲学家们对技术价值观传播偏向的论述能给予研究非常大的启迪。同时结合人机交互的研究视角和认知心理学的理论模型，能够总结出算法新闻影响价值观传播偏向的总体脉络。

第一节　媒介价值观传播偏向的界定

一　媒介价值观传播偏向论的溯源

媒介环境学派的代表人物之一、加拿大传播学者哈罗德·伊尼斯（Harold Innis）在其论著《传播的偏向》（*The Bias of Communication*）中提出了媒介具有偏向。伊尼斯认为，任何一种媒介的物理和符号特性决定了其带有特定的偏向，媒介会在空间和时间的范畴内对信息的传输产生重要的影响，而这种影响会被植入社会文化之中，从而出现意义的偏向（Bias of significance）①。例如，在印刷时代之前的陶土和石块，它们能将信息保留很长一个时期，是时间偏向的媒介，而纸张则属于空间偏向的媒介，因为加载于其中的信息更容易被传递和再次利用。

隐藏在媒介时间、空间偏向之后的是社会的价值观念和秩序。在伊

---

① ［加］哈罗德·伊尼斯：《传播的偏向》，何道宽译，中国传媒大学出版社 2018 年版，第 29 页。

尼斯眼中，时间偏向媒介背后的价值理念是信仰、礼仪、道德秩序，空间偏向媒介背后的价值理念则是科学、不受拘束的文化。人们会对经过长久保存的文化带有尊崇和敬意，就像通过壁画、雕刻等沿承下来的文字和图案带有天然的神圣感，能够使得人们在其面前保持肃穆，这是一种对文化力的恭谦。而纸张、电子媒介等空间偏向技术的进步，使得现代社会的文明出现了忽视道德传统的非理性价值观，喜欢以扩张和占有来解决社会事务。

伊尼斯希望通过媒介偏向论来给倚重空间扩张的西方文明敲响警钟，看到自己的技术给文明带来了怎样的偏向，从而以理性的态度来对待自己所将要延续的文明。他的媒介技术研究带有很强的人文现实关怀，通过对媒介技术空间和时间的偏向，说明技术是人类价值观和思维的延伸，特定历史时期媒介的偏向总会体现当时的人文思潮和文化价值导向。对于印刷、电子媒介等技术的进步，伊尼斯担忧它们的空间偏向会让人们忽略了传统道德价值，将眼前利益和驯化征服作为价值取向。

继伊尼斯之后，马歇尔·麦克卢汉（Marshall McLuhan）也提出了媒介的偏向属性，他将媒介技术的偏向性定位于不同的感官，即媒介技术延伸了人体的特定器官或生理属性，文字和印刷媒介延伸了人的视觉，广播延伸了人的听觉，电视则综合延伸了人的视觉、听觉和触觉，“今天和未来的数字媒介则是人的意识的延伸”①。可以说，麦克卢汉将媒介的偏向与人类本体结合起来理解，拓展了“偏向”的内涵。

麦克卢汉与其他媒介环境学派学者持稍有不同的观点，在于他认为技术与人类文化价值是一个螺旋式相互影响的进程，而不单是技术对社会和文化的影响，媒介技术带有感官偏向，人类在陷入一系列偏向行为后，技术会接收人类的反馈并从中习得如何更好地去感知和满足需求。正如电视信号技术和电视机性能的不断优化，都是对人类享受需求的不断满足。对于人类价值观在媒介技术的浸入，麦克卢汉认为媒介技术对人体的延伸有三个阶段，其中最后的阶段是意识和价值观的技术模拟阶段，在这个阶段，人类创造感知和知识的过程将被技术习得，并延伸至

---

① ［加］马歇尔·麦克卢汉：《理解媒介》，何道宽译，译林出版社 2011 年版，第 89 页。

社会信息和劳动的创造，就如同之前对人体功能的延伸一样①。

雅斯贝斯也注意到了技术的工具属性向政治属性的偏向。他认为，假如技术的意义只是在于为人类盲目的发展确定同一性，那么偏离注定会产生，即技术由解放人的手段变成阻碍人的恶魔，从技术生产到消费，从国家集权到批量生产和商品化严重的文化泛滥，从大都市的进化到人与自然关系的失调，技术异化了②。

二 媒介技术变迁及其价值观偏向

事实上，人们从未停止过对智能科技下人类价值观的想象。英国作家阿道司·赫胥黎（Aldous Huxley）在《美丽新世界》中描写了高度发达工业技术下被庸俗文化和虚假情感统治的世界，家庭、个性、道德、情感等价值理念被科技无情粉碎。迪士尼电影《机器人总动员》想象了人类完全在智能机器人“服务”下的荒诞：臃肿不堪的体型，居住在一起却从不交谈，毫无社交能力。

回到我们当前的世界，当“夜深人静，我们关掉灯，躺在床上，心满意足地刷着抖音，沉浸在自我空想的世界中”成为人与社会信息交往的重要仪式，我们就不得不警惕媒介给我们社会带来的文化价值观偏向。

玛格丽特·米德（Margaret Mead）为我们展示了媒介文化价值观变迁的图景，将文化时代分为“前喻”“并喻”“后喻”，分别指代长辈主要向晚辈授业、知识在同辈人间传递、长辈主要向晚辈学习③。从媒介形式对价值理念变迁的具体影响来看，口语传播主导的文化决定了长者在社会阶层中的权威地位，“家有一老，如有一宝”就是最好的阐释，此时是“前喻文化”。当印刷媒介出现，文字的抽象性决定了人们必须多加阅读和思考，而阅读的习惯一旦形成，辨识、判别、见解的能力渐涨，参与的热情和能力就会体现在社会文化的建设中，此时是“并喻文化”。当电子媒介普及，年轻一代拥有与年长者同样接触知识的机会，甚至体现出吸收知识的高效优

---

① ［加］马歇尔·麦克卢汉：《理解媒介》，何道宽译，译林出版社 2011 年版，第 243 页。

② ［德］卡尔·雅斯贝斯：《历史的起源与目标》，李夏菲译，漓江出版社 2019 年版，第 133 页。

③ ［美］玛格丽特·米德：《文化与承诺：一项有关代沟问题的研究》，周晓虹、周怡译，河北人民出版社 1987 年版，第 35 页。

势，他们打破了原有的知识垄断，于是社会文化向他们倾斜，话语权在一定程度上转移。电子媒介不仅改变了人们接受信息的形式，更重要的是改变了子辈对待父辈的态度和他们自身的价值观念，并借此创造新的文化，此时社会进入“后喻文化”时代。

媒介技术之所以具有价值观的偏向性，在于它能够催生新的生产方式、生活方式和文化观念。在农耕时代，男耕女织是主要的生产方式，在以小家庭作为劳动单位的生产文化下，尊崇祖先、父母慈、儿孙孝成为主流价值观，此时媒介技术的价值观是偏向“家族本位”的。工业革命席卷全球的时候，媒介技术迫使人们从事社会化的劳动，工厂和企业代替农地，成为人们的主要劳动场所。由此社会结构和社会关系发生更迭，人们的生产和生活向集中化、专业化、社会化转型，形成了不同于传统社会的文化圈层，生活态度和价值观念为之改变。此时的媒介技术价值观更偏向“社会本位”，即以社会生产作为衡量价值得失的标准。到了电子媒介时代，人类生活“媒介化”的程度愈深，尤其是移动互联网技术、智能手机的普及，更是让技术嵌入人们生活的各种空间。媒介如同德里克·德克霍夫（Derrick de Kerckhove）所述的“文化肌肤”一般，在潜移默化中塑造人类的文化：“它（电子媒介）爱抚着我们，并在我们的肌肤之下揉擦着其意义，为我们提供一种心智和精神的现实，改造我们的价值心理。”①

总结过往研究经验，若要对技术进行本体论、认识论、价值论等方面的研究，就应该将技术纳入社会价值观的领域来观照。一方面，从技术本体来看，技术的发明、创造、生产均伴随着人类价值观，技术发展趋势与人类诉求有着必然联系；技术的生成带来了自然物质价值，其参与社会实践又被赋予了人文价值，可以说，技术从被创造出来的那一刻起，就决定了其必定负载双重价值属性。技术对价值观的传播体现在自然、社会和人本三个层面，只要技术进入社会实践领域，其必定承接自然物质的特性，同时面向人传递价值理念，不论是正向价值，还是负面价值，技术对社会主体的价值观影响是技术人文价值属性的体现。

因此，人类要探索技术本体也好，或是探讨技术的社会价值也好，都

---

① ［加］德里克·德克霍夫：《文化肌肤：真实社会的电子克隆》，汪冰译，河北大学出版社1998年版，第37页。

不能回避对其自然属性和人文属性的融合式研究，将技术与人充分结合起来，将社会语境与时代背景结合起来，这样才能更辩证地看待技术到底怎样影响了我们人类的物质生活和思想观念，社会价值观在其中产生了怎样的偏向。

总之，传播的偏向并不是一个带有贬义的词汇，其重在阐明媒介技术在某些方面对社会文化变迁产生的影响，以及此种影响的发生机理和可能的后果。这样的思路为研究算法新闻对价值观的传播偏向奠定了扎实的理论基础。算法新闻作为一种在传媒产业领域获得广泛应用的技术，与算法工程师、媒体从业者、广大用户等社会主体均有着密切的联系，并且已经高度嵌入人们日常对信息的获取与处理行为之中，毫无疑问具备社会实践属性，并在一定程度上影响了人们的文化价值理念。

因此，有必要回顾媒介技术影响价值观传播的理论，从技术本体、人类个体、社会实践等维度综合思考，这对研究算法新闻的价值观传播偏向具有重要借鉴意义。

第二节　媒介技术对价值观传播偏向的影响范式

在早期的哲学研究中，就有对技术影响价值观的重要论述，这主要集中于“技术削弱了传统文化观念”。如苏格拉底对文字的抱怨，认为文字削弱了人的记忆力，面对面的互动被消解，交流的灵魂被剥夺；卢梭认为科学技术导致安逸和奢侈；弗洛伊德将孩子千方百计离开家乡怪罪于铁路和船的发明。对媒介技术价值观传播的研究，主要体现在批判和辩证的视角。

一　批判视角下的媒介技术价值观传播

技术的社会实践属性决定了其必定会对人类社会造成一系列效应，众多学者从“社会危害”的视角描述技术的负效应。一是对物质文明的破坏，如破坏生态、污染环境、物种危害、能源危机等，造成了人类生存环境的恶化；二是对精神文明的破坏，主要表现为对人类传统的异化以及由此引发的社会道德沦陷。针对第二点，众多学者从批判的视角审视了技术对社会人文价值观的影响。

在科学技术革命及其衍生的一系列社会功能变动的背景下，20 世纪就有众多学者思考了科学技术发展趋势以及其传递的社会价值理念。在批判的视角方面，以法兰克福学派的科学技术思辨理论最富代表性，该学派以犀利的批判性反思，引领了当代西方科学技术哲学的一方思潮，给予世人警醒，这对人们采用自我反思的形式追问科学技术的本质和社会文化发展的前景起到重大的推动作用。

可以说，批判视角下的技术价值观传播是“冲突式”的，这表现在技术的内在价值与外在价值之间往往会存在众多的不和谐，技术的外在价值在很大程度上背离了技术本身的初衷，背离了人性、生命、道德、文化的美好，人文价值观遭受技术的侵害。

（一）法兰克福学派的技术价值观批判

早在 20 世纪 30 年代，法兰克福学派的主要创始人马克斯·霍克海默（Max Horkheimer）和西奥多·阿多诺（Theodor Adorno）非常强调技术在西方社会起到的意识形态功能，这也成为众多法兰克福学派学者们的共识。赫伯特·马尔库塞（Herbert Marcuse）为了说明技术的价值观传播功能，在《爱欲与文明》中提出了“真实需求”和“虚假需求”的概念。真实需求指未被支配的需求，包括对物质和精神的需求，如在精神上对自由的追求。虚假需求则是由外部力量施加的、个人难以控制、夹杂着社会特殊利益强加性质的个人需求，这种需求服从于资本追求利润的价值观，这种价值观会把人们引向消费领域并沉醉其中。这些虚假的需求让人们的价值理念遭遇侵略和不公，忘记了追求自由的精神价值，进而逐渐失去批判资本和社会的能力，整个社会坠入统治阶级构建的价值场域之中。[①] 这意味着技术已经成为一种控制人的价值观念的意识形态工具。

艾里希·弗洛姆（Erich Fromm）认为，在科技高度发达的工业社会，人的本性被技术不断磨灭和压制，“自然的人”不再，遍地是“没有思想和感情的机器”（指代异化的人），人是被动的、病理的、软弱的，价值观异化成为普遍症结。[②] 技术割裂了人的社会交往和联系，技术社会中的人们越

---

① ［美］赫伯特·马尔库塞：《爱欲与文明》，黄勇、薛民译，上海译文出版社 2018 年版，第 25 页。

② ［美］艾里希·弗洛姆：《健全的社会》，孙恺祥译，人民文学出版社 2018 年版，第 40 页。

来越不自由，人格分裂，价值观空虚，生活失去目标且无意义。

在法兰克福学派的众多学者看来，技术在社会各个领域的应用导致了人类道德的败坏和价值观的沦丧，人类在表面上越能控制自然，实质上就越成为卑贱价值观念的奴隶，现代技术工业与人文价值衰退之间的关联是显而易见的，是无可争辩的事实。

从总体上看，法兰克福学派观察技术价值观传播的视角是人文主义的，该学派众多学者对技术本质及其人文价值在社会宏观层次上给予了深刻思考，这为我们反思技术的价值观传播特性提供了借鉴。但许多学者将科学精神与人文价值精神置于对立面，将资本主义制度下的消极社会后果也归罪于技术，断言技术天然执行着资本主义意识形态的职能，似乎显得稍有偏激。

（二）媒介环境学派的技术价值观批判

与法兰克福学派诸多学者表达对媒介技术的担忧类似，媒介环境学派的众多学者也批判了媒介技术对人类社会价值观传播的负面影响。尼尔·波兹曼（Neil Postman）就多次指出媒介技术在思想、感知、价值、内容、政治等方面的偏向，围绕技术对社会文化的影响，他用“技术垄断”（Technopoly）这一概念控诉了技术对人类思维方式和生活方式的塑形，因为“人类每一件工具里实质上都隐藏着意识形态上的偏倚，人类的价值观和世界观在接触、使用技术的每一刻都被裹挟其中，思考、辨识、判断、选择的能力与传统产生错位，可以说，我们的价值观和今天的生活被技术施加了特殊控制，最典型的就是人类价值判断从‘普遍需求’向‘个体需求’的转变，思维方式在技术禁锢下变得更为自我。”[①] 他旗帜鲜明地抨击电视，对电视给予了最严厉的批判，认为电视的内容有很严重的情绪偏向，只注重个体浅层次的情感满足，把人类引向文化的反面（娱乐），电视天生就是为人类腐靡堕落的“恶之心”而设，人类的潜意识就是享受和妥协，“娱乐至死”是咎由自取。[②]

刘易斯·芒福德（Lewis Mumford）则提出“王者机器”的概念，指代

---

① Neil Postman, *Technopoly: The Surrender of Culture to Technology*, New York: Vintage Books, 1992, p. 12.

② ［美］尼尔·波兹曼：《娱乐至死》，章艳译，广西师范大学出版社2011年版，第134页。

有别于多元技术、关怀技术的一元化专制技术，将统治阶级的价值观强加于普通民众，其目标是利用控制实现权力。① 雅克·埃吕尔（Jacques Ellul）持“技术自主论”思想，提出技术异化已经远远超出了人类价值观支配的范围，技术越发达，对人类自由反对的程度越高，此时，人类无论是在价值观念上，还是在实际行动中，都处于消极被动的位置，任由技术摆布。② 林文刚（Casey Man Kong Lum）借鉴芒福德的概念提出了“王者媒介”，用于解释以电子媒介为主导的力量何以嵌入人类的社会价值观塑造，而我们又如何只能被动地用自己创造的媒介迎合肤浅、非启蒙的后现代文化。③ 沃尔特·翁（Walter J. Ong）等都认为，文字和口语之间存在断裂，并导致人类感知和价值理念的变异。④

实际上，新闻业界已经表达了对算法新闻带来的人文价值理念更迭的担忧。消息写作由机器算法完成，新闻工作者的学科背景、人文道德、职业素养被置于一旁，无人关怀，新闻价值发生偏向：强调统一模式、生产效率，却去个性化、标准逐渐弥散。美国学者 Neil Thurman、Konstantin Dorr 和 Jessica Kunert 与来自 BBC、CNN、路透社的记者进行访谈，部分记者认为机器算法写作让他们感到沮丧，他们难以在工作中体现自身能力，并且担心在新闻采编中自我角色的弱化会导致新闻业标准的退化，从而沦为其他行业的笑柄。

二　辩证视角下的媒介技术价值观传播

相比批判技术导致社会价值观的异化，以辩证视角看待技术价值观的观点则缓和许多。并不是所有的法兰克福学派和媒介环境学派学者都对技术传播价值观持否定和悲观的态度，法兰克福学派的第二代旗手尤尔根·哈贝马斯（Jürgen Habermas）就对技术持部分乐观的态度，哈贝马斯虽然

① Lewis Mumford, *The Myth of the Machine Ⅱ: The Pentagon of Power*, New York: Harcourt Brace Jovanovich, 1970, p. 167.

② Jaques Ellul, *The Technological Order*, The Free press, 1983, p. 247.

③ ［美］林文刚：《媒介环境学：思想沿革与多维视野》，何道宽译，中国大百科全书出版社 2019 年版，第 118 页。

④ Walter Ong, Orality and Literacy, The Technologizing of the Word, London: Methuen, 1982, p. 71.

也承认技术的意识形态属性，但他强调技术的进步并不必然导致对人们价值观的奴役，反而推动了人们的行为必须承载起相应的道德责任。许多对技术呈悲观态度的学者也并未对技术绝望，而是将矫正价值观传播的希望寄托于技术本身。芒福德认为，人们如果要在阻力重重的技术文化中生存，必须使技术回归生命的价值和意义，这样才有利于培养能够对抗压抑的价值观。[①] 波兹曼尽管对电子媒介持极度悲观态度，但他也指出媒介和人类之间的互动能够给予文化新的价值内涵，也能够帮助文化保持与社会秩序的平衡。[②] 实际上，这与当前提倡的生态文明观有许多相似之处，均主张人类与客体（无论是自然，还是技术）井然有序的总体平衡。

社会学芝加哥学派的代表人物约翰·杜威以实用主义的视角辩证看待技术对社会价值理念传播的景观，为我们辩证地看待算法新闻对价值观的传播提供了研究态度的借鉴。

（一）技术是对人类美好价值观的探究

杜威致力于在日常生活中发现技术与人类利益实现的关联逻辑，他认为人类的本质还是很善于享受，而且是尽可能轻易地获得愉悦和满足，因此会畅想未来种种美好的可能性并寻求实现的路径。[③] 技术就是非常好的手段，而实施的过程就是探究。杜威将探究定义为："一种导向式的思维和行动转化，把不稳定的情形转化为在结构和发展关系上得以确认的情形，把各种困境转变为人类能够认知的整体。"[④] 人类对技术的探究可以被认为是价值审美的，这一价值理念无论在任何时代都被认为是理性且进步的。

生产是探究的落脚点，探究的最终目的是不断更新工具，根据认知获得的经验改进生产手段，创造和适应新的环境，这也体现了人类对社会和自然进行良性改造的价值理念，可以说，技术工具本身就内含了人类向善、进步、文明、与自然和谐共生的价值观。这可以从技术探究的起源来看：技术探究并不是凭空出现的，探究的动力机制是对现实的抵

① Lewis Mumford, *The Myth of the Machine Ⅱ*: *The Pentagon of Power*, New York: Harcourt Brace Jovanovich, 1970, p. 167.

② ［美］尼尔·波兹曼：《娱乐至死》，章艳译，广西师范大学出版社2011年版，第134页。

③ John Dewey, *Experience and Nature*, Chicago: Open Court Publishing Co., 1925, p. 69.

④ John Dewey, *Logic*: *The Theory of Inquiry*, New York: Henry Holt and Co., 1938, p. 108.

抗。正如人们在现实生活中受到距离过长而无法当面诉说的困苦，电话的发明才成为可能，汽车、火车、飞机的发明同理，正是糟糕的相思之苦和距离对体力的折磨，人们才有动力去想象更美好的生活。

探究的过程或结果也有可能会产生负效应，杜威对技术探究并不完全持乐观态度，同时他还警示了探究的进程不会一帆风顺，必定会有停顿，甚至还有退化，人类使用技术促进社会的进步，往往会遇到所得到的与最初的预想有或多或少的偏差，技术还会出现负面的价值，如人的精神被技术物质异化。这需要人类去辩证对待。

就如同算法推荐新闻受到各领域众多人士的诟病，认为其造成了“信息茧房”，我们同样可以将此视为算法新闻在发展过程中呈现的负面价值，这与其“更好为用户提供更精准定位的新闻信息”的初衷是辩证统一的，是同一事物的两面。

（二）技术推进人类社交和思维模式的变迁

技术始终还是作为达到其他目标的手段而被人们标记的，它具备内在的客观属性，即一种将其与自然界和社会关联起来的内驱力[①]。技术的基本功能是它对外在事物尤其是对人与人之间关系、人类思想方式、社会生产和分配的影响[②]。也就是说，将技术的工具属性从单纯地解决某一类问题，提升到推动社会变迁的层面，这包括人类社交和思维模式的变迁，以及其中体现的价值观延续。

在人类社交层面，人与人之间的交往随着商品和服务分配格局的变迁而发生了重大的变化。我们回顾媒介技术发展的历史，可以清晰地看到技术作为一种改变人类社交文化的工具所发挥的显著作用：在口语传播时代，口语就是一种技术，知识依靠长者的记忆和向下一代的传递，长者们对知识具有垄断的权威，而知识的传播方式只能是面对面的交流，在交流过程中传受双方都要调动全身的感官，以期实现对知识的精准教授和理解吸收，形成的是充满交互活力的“有机社区”。在文字和印刷作为主导媒介技术的时代，一批知识分子脱颖而出，他们接过了长者、教

---

① 杜威：《经验与自然》，商务印书馆 2015 年版，第 134 页。

② 曹观法：《杜威的生产性实用主义技术哲学》，《北京理工大学学报》（社会科学版）2002 年第 2 期。

会、政府知识传递者的角色，民主思想开始涌现，人与人之间进行平等的思想交流得以可行。可以说，技术帮助人类在全社会范围内构建了共通的价值观，即尊重、友爱、平等和互信。

在人类思维模式层面，当新的观念必须根据技术的规范进行重新判断和调整时，传统的价值观会发生偏移，“人类会无助地把自己的思维交付给技术那无法抵抗的强大力量”①。因此，技术总是负载了驱动人类不停思考的原动力，它为人类提供了新的可能性，要求人们负责任地创造、延续（或毁灭）技术，以实现其与社会价值观的适配。这与当前一直强调的“科技向善”理念是相通的。

杜威不断地提示人们，技术的进步不能缺少对社会价值观变迁的关注，在社会生产中人与人之间要真诚面对，在技术理性发展的范畴之内推动社会文化前进，以避免社会文化冲突的加剧和非理性行为的发生。②人天生对技术有着深深的依赖，随着每个时代的技术被纳入正常的社会秩序，社会的标准也会被技术重新指定，人的判断、价值理念、思维方式、行为标准都会随之转移，整个社会文化的景观都会发生迁移。

（三）负责任的技术与价值追求

技术很难保持中立性，它们在被赋予实践意义的过程中就被渗入了价值观，负责任的技术应该来源于有效和正确的探究，技术的人文价值体现于人类对未来追求时肩负的责任。如果技术是不负责任的，很可能不是作为一种方法的失败，而是出于人类错误目的的探究本身就缺乏了理性，如贪婪、懒惰的技术导向，工业生产带给人们物质便利的同时，也导致了环境污染，需要对工业技术进行优化或外部制衡，才能纠正其社会价值。技术悲观主义者认为，技术会威胁人类的精神生活，如霍克海默就认为米老鼠和爵士乐是不可救药的，波兹曼则对电视予以“让人们娱乐至死”的痛斥。

技术在本质上是有价值属性的，技术能够让人类获得物质文明的进

① 夏保华：《杜威关于技术的思想》，《自然辩证法研究》2009 年第 5 期。

② 盛国荣：《杜威实用主义技术哲学思想之要义》，《哈尔滨工业大学学报》（社会科学版）2009 年第 2 期。

步，但精神文化层面的情感和人文主义可能会被新观念冲击。[①] 就如铁路和汽车让家乡的年轻人出外开拓事业，却也让他们淡漠了家乡情怀，家中长辈与晚辈的代际关联被逐渐摧毁，而这不是电话和电报所能弥补的。技术导致的人类关系变迁是文化危机产生的源头，其中必定包含了价值观念的冲突，如果要从根本上解决，唯有通过“技术人文化”[②]。杜威的实用主义反对将技术与人文截然分开的二元论，技术与人文结合的落脚点应该设在“以人为本”，这是技术的发展经验；技术的价值尽管是多元的，但“负责任”和人类理性的追求是亘古不变的。

在算法新闻发展的大背景下，现在需要全体人类共同思考如何为技术植入人文价值；但这也是一个相当艰难的选择，尤其在人文价值与利益实现、社会制度、思维定式等存在冲突时，技术往往会让步。技术的探究应当是考虑人类文明的“一切面向”的，对于技术科学家而言这未免苛求了，但在负责任的技术与人类的理性追求之间尽量找到平衡点，彰显其人性和道德的一面，理应成为技术探究的应有之义。这就将问题回归至探究的主体——人，在现实中，技术的阶段性进化并不取决于复杂程度、技术含量等，而完全由人的需要主宰，在技术需求和选择的背后是人的理性推动。

人之所以为人，就是能够运用技术推动自然界和社会的进步，构建自己的生活环境，成为技术的主体。归根结底，“负责任的技术”关键还是在人，不断探究技术的内涵，将其与社会人文价值关联起来，由纯粹的自然科学属性扩展到人文科学属性，解决技术应用与社会文化之间的价值矛盾，需要人类的自省和创新。

综上来看，无论是对技术传播价值观持批判的态度，还是怀抱乐观的期盼，众多技术哲学家对技术的价值观传播属性赋予了人本主义的关怀，这为研究算法新闻的价值观传播奠定了基调：探索算法新闻在哪些方面影响用户价值观的生成和衍变，其作用于价值观偏向的机理是什么，哪些关键要素导致用户在算法新闻构建的信息环境中价值观产生偏移。

---

① John Dewey, *Science and Society*, *Philosophy and Civilization*, New York: Minton, Balch and Co., 1931, p. 318.

② John Dewey, *Democracy and Education*, New York: The Macmillan Co., 1916, p. 216.

以下将从人机交互的视角出发，理清算法新闻影响价值观传播偏向的关键度量向量和实证研究总体脉络。

第三节　自我感知、环境认知、网络行为：算法新闻价值观传播偏向的度量向量

一　算法新闻价值观传播偏向的人机交互机理

算法本质上是对用户认知心理的模拟和测算，从认知心理学的视角来看人机交互中的运行机理，算法计算可以分为感知计算模块、认知计算模块和动作反应计算模块①。“模态”（modality）是从认知心理视角理解人机交互的重要概念，模态即感官，人机交互的多模态就是系统通过文字、图像、视觉、触觉、动作等多感官途径，充分模拟人与人之间的交互方式②。涉及人工智能的各项应用均大量采用多模态系统，以实现人机之间多种感官的融合，以利于机器更趋近于人。在算法新闻中，多模态的人机交互是应用常态，如与新闻对话机器人的话语文本和语音交互、与智能识图的图像交互、与传感器新闻的视觉和触觉交互，等等。

感知计算模块是人机交互运行系统的基础。感知计算的原理是对用户感觉、知觉、注意力等主体心理要素进行数据转化，经过基于多模态数据的分析和处理后，提取用户的交互意图，作为认知计算模块的数据支撑。例如，在新闻分发推荐应用中，算法会根据用户浏览新闻的标签、单篇停留时长、新闻浏览内容转向、图像点击、视频点击、类型新闻点击、每日新闻浏览时段等行为数据，经过以时间间隔（如 48 小时、72 小时等）为划分的数据模块化处理后，形成对用户感知的归结。经过算法对这些结构化数据的分析和处理，形成对用户感知模式的图式分析。又如，对话机器人是算法新闻的重要领域之一，算法根据语料库与用户话语即时文本的数据比对，识别感觉、情感和目标倾向，提取用户的交互

① 刘烨、汪亚珉、卞玉龙、任磊、禤宇明：《面向智能时代的人机合作心理模型》，《中国科学：信息科学》2018 年第 4 期。

② 刘烨、汪亚珉、卞玉龙、任磊、禤宇明：《面向智能时代的人机合作心理模型》，《中国科学：信息科学》2018 年第 4 期。

意图，并进一步将用户反馈的话语作为记忆数据存储起来，在积累了大量交互感知数据之后，可通过机器学习和知识更新，完善语义资料库和相应的算法函数。感知计算模块对人机交互进行多模态数据处理，提取用户的基本感觉、情感和注意力等感知数据后，形成的感知图谱将作为认知计算模块的数据支持。

认知计算模块接收感知计算模块传过来的数据，进一步处理运算交互任务。认知计算模块将数据分为任务相关参数和交互情境信息，并由相应的管理器进行动态更新和维护，系统将用户的交互行为和情境转化为数据，存入记忆存储数据库和知识库，随着人机交互子任务的计算与迭代累加，经由算法函数形成对用户一系列属性的认知，并且基于机器学习进行数据库实时动态更新。例如，新闻推荐系统对用户在某条新闻互动功能板块中的评论文本、新闻转发平台及其链式数据进行持续跟踪，结合记忆存储数据库和情境分析，形成对用户认知的推理、匹配和规划。例如，某位用户爱好足球，他日常点赞和评论足球新闻，转发足球新闻到微信朋友圈，用于表达的文本多次提到足球球星等行为，都会推动系统对其形成“足球爱好者”的认知，并将这一认知纳入程序性的知识库中，算法则通过更新的知识库和数据库进行机器学习，实现自我优化，目标是为用户规划更佳的使用体验。

动作反应计算模块负责将人机交互任务的处理结果以预期表征的形式反馈给用户。系统调用相应的多模态反应输出函数，生成视觉、听觉、触觉等多感官融合的动作反应结果，再由动作反应计算模块决定以何种方式或顺序整合、输出结果，同时将用户的反馈存入数据库中，以利于算法选取和优化合适的输出模态。例如，新闻机器人借助算法和实时数据采集，在极短时间内生成新闻；智能图像借助对用户上传图像的精细算法处理，生成预期图像，并借助社交平台实现新闻产品的裂变式极速传播；虚假新闻检测系统通过基于大数据的文本、图像、视频、传播节点等要素比对，将检测目标进行“真—假”的表征后，以概率呈现的形式向媒体编辑部反馈，作为新闻生产决策的参考。

感知计算模块、认知计算模块和动作反应计算模块的算法不是固定不变的，人机交互本身会产生大量的历史数据，采用机器学习模型，可以不断优化算法。如 AlphaGo 在与世界级棋手的对弈中不断优化自身算法以丰富棋路，算法新闻领域内的传感器新闻也可通过机器学习，优化多模态数据选择和利用，使得人机交互的体验感与用户的需求更为契合。

总之，感知、认知、动作（行为）三个向量在认知心理学的范畴内建立了人机交互的基本模式，机器从此三方面定义用户。根据信息生产与传播的闭环效应，作为在技术层面上向人际传播趋近的人机交互而言，用户也会形成对机器传递信息及其内含价值观的感知、认知、动作。这为建构算法新闻价值观传播偏向的衡量体系提供了扎实、有效的依据。

二　社会认知心理学视角下的算法新闻价值观传播偏向

（一）社会认知心理学的发展

根据上节分析的算法新闻人机交互原理，确定了感知、认知、行为作为算法新闻影响价值观传播的三大研究板块。这三个方面的研究对应人机交互当中的具体“内环节”，而算法新闻及其对价值观的传播是一个社会问题，尚需要置于社会的现实情境下去研究，因此，需要找到一个更符合研究指向的视点。立于认知心理学基础上的社会认知心理学是一个非常适合的切入点。

著名心理学家杰罗姆·布鲁纳（Jerome Bruner）于 1947 年提出了“社会知觉”的概念，专指受到主体的兴趣、动机、价值观等心理因素影响的对他人的知觉。20 世纪 60 年代以后，随着认知心理学的兴起，其他学科逐步融入进来，并且对认知心理学产生了重要影响。研究者的关注焦点转向社会情境下的心理信息加工过程，“社会认知”成为学者们将认知心理学与社会问题联结起来的重要支点，关于“社会认知”的研究大量涌现。

“社会认知”将认知心理学与社会心理学结合起来，以社会认知为研究主体的心理学成了一个重要的学科分支，即社会认知心理学。社会认知心理学于 20 世纪 90 年代获得了迅速发展，现已成为心理学中一个非常活跃的研究领域，其专门研究个人对自身或他人的心理和行为的感知、判断过程，核心是理解个体社会心理的信息加工过程和机制。社会认知心理学家通过对个体社会信息加工过程的研究，分析信息在个体内部获取、存储、处理、应用等行为中的认知心理机制，从而阐释社会信息是如何被表征和使用的[①]。

从广义上看，社会认知心理学研究的是个体对社会客体的编码和解码过程，社会客体包括自我、人际、群体、环境、社会实践等。自我认知层面包括自我图式、自尊、自我建构等；人际层面包括人际吸引、人际信任等；群体层面包括群体认同、刻板印象、偏见、种族歧视等；环境层面包括社会规范、社会现象、规章制度等；社会实践包括决策、归因、推理等。

伴随中国社会认知心理学发展的是中国的全方位进步。众多学者在自己的研究中发现，西方的认知心理学理论和模型并不一定能够完美地解释中国社会现象，于是开始意识到要将中国独特的文化与社会背景融入进来，推进社会认知心理学的本土化。20 世纪 90 年代至今中国在政治、经济、文化、社会等方面发展迅猛，在社会转型期衍生的种种问题导致中国人对社会的认知产生巨变，因而中国的心理学家在借鉴西方社会认知心理学理论模型和研究方法的基础上，致力于在社会认知心理研究取向中融入社会环境变迁的背景，走出了一条具有中国特色的社会认知心理研究道路。

可以说，社会认知心理学将认知心理学与社会心理学的研究理念、方法结合起来，推进了心理学的发展，将研究对象与时代发展、社会背景融合起来，提升了社会心理问题的理论深度，并且使研究成果的应用指向性更为明确，使得心理学研究与社会实践的联系更紧密。

（二）社会认知心理学在算法新闻价值观传播偏向研究中的适用

早在20 世纪30 年代，心理学家奥尔波特（Gordon Allport）就依据德国心理学家斯普兰格（E. Spranger）的六种生活方式类型，编制了价值观的量表，用于测量个体的价值观和基本兴趣。在中国的认知心理学领域，许多学者利用自建量表对价值观进行测量。中国著名心理学家黄希庭团队采用自主编制的“价值调查表”对中国青少年学生的价值观进行调查，[②] 针对自信、自立、自尊等符合中国传统文化的要素，结合大学生对

① 钟毅平：《社会认知心理学》，教育科学出版社 2012 年版，第 7 页。

② 黄希庭、张进辅、张蜀林：《我国五城市青少年学生价值观的调查》，《心理学报》1989 年第 3 期。

自我价值的感知，制作多维度的自我价值观感知模型和测量工具。[①] 李丹等从社会平等、集体取向、遵纪守则、家庭亲情、同伴友情、超越进取、时尚潮流、享受快乐 8 个维度，测量不同地域青少年的价值观水平和心理适应。[②] 李亮、宋璐利用大学生环境意识调查量表，总结了价值观、感知环境和环境意识之间的关系。[③] 易遵尧等编制了包括 3 个二阶因子和 8 个一阶因子的性道德价值观多层次、多维度量表。[④] 李静、郭永玉在物质主义价值观量表的基础上进行中文版修订，经过信效度指标的检验，发现修订后的量表具有较好的心理学属性，可作为测量中国大学生价值观的工具。[⑤] 这些都是非常典型的中国学者针对中国传统价值文化和社会变迁背景，自主开发测量量表，并用于测定特定群体的价值观。

算法新闻人机交互本质上就是算法对用户认知心理的抓取、分析和应用（在第二章已有分析），同时，算法新闻具有非常强的社会实践性。

一是算法新闻生产机制的社会性。在中国，新闻媒体是信息产业的重要主体，面向社会参与市场经济活动，对于新闻媒体而言，算法新闻就是向用户售卖的“产品”，通过优质新闻换取用户的注意力，并将这些注意力转换为经济效益（如广告）。同时算法新闻的生产必须符合新闻行业的规范，如生产流程的规范性、审核程序的合理性、传播途径的合法性、合乎新闻职业伦理等，这与传统的新闻生产并无二致。可见，在新闻生产领域，算法新闻并未因其与算法技术的融合而获得别样对待，必须在满足社会对信息产品需求的环境中发展。

二是算法新闻内容的社会性。算法新闻的数据来源是社会上事物所呈现的规律或信息交互，这决定了算法新闻深深地扎根于社会现实，机

---

① 黄希庭、窦刚、郑涌：《当代大学生价值观的离散选择模型分析》，《心理科学》2008 年第 3 期。

② 李丹、周同、刘俊升、戴艳、陈梦雪、陈欣银：《新时代青少年价值观及其与社会、学校和心理适应的关系：三个地域的比较》，《心理科学》2018 年第 6 期。

③ 李亮、宋璐：《大学生群体中价值观、感知环境质量与环境意识的关系研究》，《心理科学》2014 年第 2 期。

④ 易遵尧、张进辅、曾维希：《大学生性道德价值观的结构及问卷编制》，《心理发展与教育》2007 年第 4 期。

⑤ 李静、郭永玉：《物质主义价值观量表在大学生群体中的修订》，《心理与行为研究》2009 年第 4 期。

器写作中反映的体育赛事、财经新闻、突发事件趋势分析，或是聊天机器人对新闻报道的分析，或是智能数据分析对于假新闻的过滤，等等，都是算法新闻对“再现社会真实”的努力。同时，算法新闻还要符合社会公众的期待，这体现在传统的新闻价值方面，即算法新闻同样要符合时新性、重要性、显著性、趣味性、接近性等普遍特征，这是再现客观世界、客观事物的价值。

三是算法新闻传播的社会性。算法新闻的传播是其兑现价值的关键环节，相当于新闻媒体将“商品”投入市场，供用户检验和选择，用户与算法新闻的人机交互是社会信息活动的重要组成部分，如用户通过媒体提供的智能图像应用“创造”自我的特殊形象（如“军装照”应用），并在朋友圈中传播，或是与聊天机器人探讨某个新闻事件，或是通过新闻媒体的客户端浏览 VR 新闻，都是用户在参与社会信息传播活动。新闻媒体在收集用户体验的反馈后，用于充实算法的数据库，以利于今后制作更好的算法新闻产品。在这些活动的过程中，信息在整个社会环境中流动，用户之间的交流也是社会性的，新闻媒体与用户之间的交互则是产业经济活动的重要部分。可见，社会属性是算法新闻传播的应有之义。

综上所述，基于人机交互的认知心理研究原理、认知心理领域内的价值观研究取向、算法新闻的社会实践性，将算法新闻的价值观传播问题置于社会认知心理学的研究框架内具备了理论和实践的根基，由此确立自我感知、环境认知、网络行为作为算法新闻影响价值观传播偏向的三个关键向量。这一结论对后续实证研究框架的建构具有重要指导意义。

三　算法新闻价值观传播偏向的度量依据：社会主义核心价值观

在中国的现实社会中，价值观的传播有明确的导向，即社会主义核心价值观。党的十六届六中全会第一次明确提出了“建设社会主义核心价值体系”的重大命题，并指出社会主义核心价值观是社会主义核心价值体系的内核。党的十八大报告明确提出“三个倡导”：倡导“富强、民主、文明、和谐”，倡导“自由、平等、公正、法治”，倡导“爱国、敬业、诚信、友善”，积极培育社会主义核心价值观。至此，这 24 个字成为社会主义核心价值观的基本内容。

“富强、民主、文明、和谐”在社会主义核心价值观中位居最高层次。富强表达了对国家繁荣昌盛、人民幸福安康的愿望；民主是人们对人民当家作主和主人翁身份权利的追求；文明是社会进步的重要标志，也是人们对科学文化的美好愿望；和谐是人们对经济持续稳定发展以及自己生活有保障、有希望、有追求的期盼。

“自由、平等、公正、法治”是从社会层面对价值观的凝练。自由是人对自我意志自由、存在自由、发展自由的美好向往；平等的价值取向是人权得到充分保障，人们享有平等参与、平等发展的权利；公正是人们对社会公平和正义的期盼；法治是人们希望自己的根本利益得到法制的维护和保障。

“爱国、敬业、诚信、友善”是从个人行为层面对价值观的凝练。爱国是个体对祖国的深厚情感，具有投身祖国建设的精神；敬业是职业行为准则和价值评价的核心要素，体现了个体的职业精神；诚信则提倡人们诚实劳动、信守承诺、诚恳待人；友善强调人们在交往中互相尊重、关心、友好。

朗朗上口的 24 字对社会主义核心价值体系的基本内容进行了逻辑性极强的抽象概括，为社会主义核心价值观的传播奠定了群众基础，人们更容易理解和掌握社会主义核心价值观在现实中的要求。近年来社会主义核心价值观的传播在理论和实践层面均取得了大量的成果，然而随着中国政治、经济、文化、社会的快速发展，社会矛盾在网络影射，价值观呈现多元化发展趋势。尤其伴随移动互联网和信息技术的迅猛发展，以自媒体、社交媒体为代表的信息平台构建了新的媒介生态，推动了意识形态阵地的变革。对此，国家提出积极培育和践行社会主义核心价值观，习近平总书记多次提出“积极培育和践行社会主义核心价值观，推进网上宣传理念、内容、形式、方法、手段等创新，把握好时度效，构建网上网下同心圆，更好凝聚社会共识，巩固全党全国人民团结奋斗的共同思想基础”。①

针对算法引领的新闻生产变革，2019 年 1 月 25 日习近平总书记在中共中央政治局第十二次集体学习时提出“探索将人工智能运用在新闻采集、生产、分发、接收、反馈中，用主流价值导向驾驭‘算法’，全面提

① 习近平：《加快推动媒体融合发展 构建全媒体传播格局》，《求是》2019 年第 6 期。

高舆论引导能力”[①]。这为算法新闻与社会主义核心价值观的传播指明了连接点。

明确算法新闻作为一种技术的客观存在后，本研究对价值观的讨论也应用在技术观的范畴内，并结合中国社会主义核心价值观传播的现实，以体现研究导向的现实性和指向性。因此，在本书的实证研究部分，对算法新闻价值观传播偏向在自我感知、环境认知、网络行为三个层面的衡量，以个体在这三个层面对社会主义核心价值观的趋近程度作为度量的标准。

第四节　算法新闻价值观传播偏向实证研究的总体脉络和具体实施方案

至此，已经能够从理论上完整梳理算法新闻价值观传播偏向的研究脉络：

首先，基于算法新闻对用户自我感知、环境认知、网络行为的影响，开展扎根理论研究。选择一定数量的来自社会各领域的算法新闻接触者，通过非结构式的个人访谈，在社会认知心理的框架内形成基于个体主观的认知状态资料文本。非结构式访谈是非标准化的，因此不制作问卷，没有固定的访谈程序，只需准备一个粗略的访谈大纲，根据受访者的作答情况随时调整。通过挖掘非结构式访谈文本中的观点、动机、记忆、经验、情感等要素，初步总结被试在自我感知、环境认知、网络行为三个层面影响价值观传播的主要因素，对这些主要因素进行三级编码。根据媒介技术影响自我感知、环境认知、网络行为的经典理论分析和现实案例，对算法新闻的价值观传播偏向进行理论总结，力图抽象出适用于算法新闻环境的理论观点。

其次，精选被试，开展问卷调研和数理分析。将在扎根理论研究中总结的关键指标因素作为研究的测量变量，对被试进行问卷调研。问卷调研旨在探索被试在算法新闻的影响下，其对社会主义核心价值观的认同和行为所呈现的状态。

再次，对问卷数据进行包括相关性分析、多元线性回归分析等数理

① 习近平：《加快推动媒体融合发展 构建全媒体传播格局》，《求是》2019 年第 6 期。

统计，总结影响价值观的关键因素。实证调研中问卷的设计是基于前人对认知心理研究的成功经验和本研究中的扎根理论研究成果，且须经过信度和效度的检验。

最后，根据问卷数据分析得出的算法新闻价值观传播偏向的关键影响要素，提出针对性的纠偏算法新闻价值观传播偏向的对策。

综上所述，确立本研究的总体脉络如下：人机交互是算法新闻的元传播环节，认知心理学从心理层面定义了人机交互，算法新闻是具有高度社会实践性的事物，从社会认知心理学的视角分析价值观的传播具有科学性和可行性。以人机交互的自我感知、环境认知、网络行为三个认知心理向量为基础，结合技术影响价值观传播的批判和辩证研究范式，分析算法新闻价值观的传播偏向，具备了扎实的理论和方法根基。以质性扎根理论方法，获得自我感知、环境认知、网络行为的初步评价指标，从理论上预测算法新闻的价值观传播偏向；再利用问卷调研和数理统计，获得主体研究的初步结论；最后提出有效、可行的算法新闻价值观传播纠偏对策。具体研究实施过程如图 3－1。

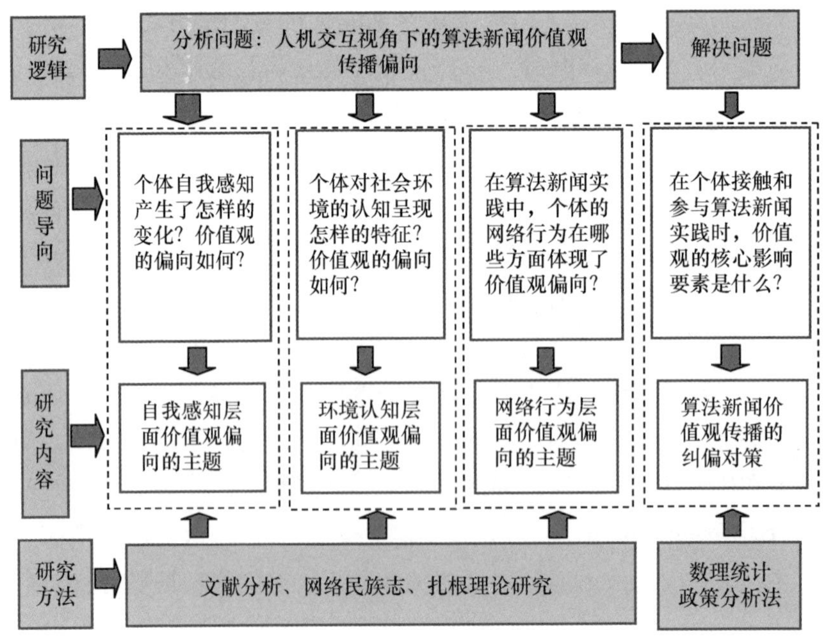

图 3－1　实证研究的总体脉络和具体实施过程

本章明确了算法新闻作为一种社会实践性极强的技术，是中国意识形态阵地建设工作中的重要阵地，对传播价值观具有重要影响。通过溯源学术史上关于技术与价值观传播关联的理论，明晰了技术传播价值观的偏向属性。借助认知心理学分析人机交互的原理后，发现算法新闻通过影响用户自我感知、环境认知、网络行为三个方面，对用户进行价值观层面的影响。第四、第五、第六章将分别从这三个方面展开分析。

第四章

人机交互视角下算法新闻价值观传播的自我感知偏向

"我是谁?"这个如此庞大而充满神秘感的话题，集中体现了哲学家和心理学家长期以来对"自我"研究的不断探索。媒介技术推动社会文化的变迁，第一步就是改变人的自我知觉①。从历史纵向来看，媒介技术是怎样影响自我感知的？在算法新闻的环境下，人们的自我感知产生了怎样的变化？价值观的偏向如何？这些是本章力求回答的问题。

第一节　自我感知概述及其在研究中的应用

自我感知（Self-perception）是社会知觉的一种形式，是个体对自身的主观性认识，是个体行为指向的心理基础，是一个复杂的心理过程，感知的水平、经验、需要和动机都会影响个体对自身的判断和评价，并通过自我调控、自我评价等心理活动来实现，是个体心理是否健康的核心指标②。

一　符号互动的自我感知

自我感知是一个长期的过程，个体要想对自身有十分精准的自我感知判断是非常困难的。符号互动论者认为应当从社会互动的角度来理解自我感知。乔治·米德提出"主我"与"客我"的概念，认为自我感知

---

① 李明伟：《知媒者生存：媒介环境学纵论》，北京大学出版社2010年版，第9页。

② 王沛、贺雯：《社会认知心理学》，北京师范大学出版社2015年版，第114页。

是在个体与他人的互动中形成的，个体在社会中扮演一定的角色，自我感知反映了他人对个体的认知和态度，同时社会规范、角色规范都影响了自我感知的形成。① “主我”（I）是个体在社会活动中觉察到的“主动的自我”，当自我感知处于“主我”的状态时，个体会意识到作为“主体”的存在，体现自发的行为或冲动的倾向。“客我”（Me）则是与外部世界规则密切关联的“社会的自我”，当人内传播呈现“客我”的状态时，感知主体就会按照他人对自己的态度、情感来调整自己，此时主体的自我感知是自身所想象的他人评价的结果。如某位教师觉得学生们希望他以和善、亲切的态度来对待他们，希望教师以朋友的身份来与他们相处，希望教师课后更多地与他们打成一片，那他可能为了在学生心中树立尽可能完美的形象，调整自身与学生的交往行为，从而保证双方关系的亲近。因此，也可以说“客我”是主体以社会意义上的共通点来设想和感知自我，在很大程度上反映了道德、文化、法规、禁忌等符号意义。

自我感知由“主我”和“客我”的互动而形成，“主我”负责对社会符号进行本能、感性的处理，“客我”则负责通过他人对自己的评价、期待，对社会符号进行理性、反思的处理，两者的互动是一个社会化的过程，不同的社会规范、不同的社会境遇决定了每个群体甚至每个个体的自我感知都不会相同。“主我”与“客我”的社会化互通介质是有意义的象征符（Significant Symbol），象征符可以是文本、图像、声音、影像、姿势、面部表情、社会规范、道德、职业操守、法律法规，等等，自我感知就是对象征符的处理过程。

查尔斯·库利（Charles Cooley）用“镜中自我”（Looking Glass Self）来阐述自我感知的形成，库利认为，人的行为在很大程度上取决于对自我的感知，而这种感知是通过与他人的社会互动形成的，他人对自己的评价和态度是反映自我的“镜子”。② “镜中自我”的感知过程由三个相

---

① ［美］乔治·米德：《心灵、自我与社会》，赵月瑟译，上海译文出版社 2018 年版，第 167 页。

② ［美］查尔斯·库利：《人类本性与社会秩序》，包凡一、王湲译，华夏出版社 2015 年版，第 34 页。

互关联的环节构成，即个体感觉自己在他人面前的形象，这是纯粹想象的阶段；个体想象他人对自己行为的评价，这是基于行为判断的想象；个体理解他人的反应，从而评价自身的行为，在这个阶段，个体将真实行为与判断联系起来。库利认为“镜中自我”的形成是一个社会交往的过程，只有通过传播和互动，才能形成“镜中自我”。如某位老师刻意拉近与学生的距离后，会先自我想象自己在学生心中形象的变化，即变得更平易近人；之后会通过对比某部分学生与自己交往行为的变化，想象学生对自己的评价，即学生可能会觉得老师更有人格魅力了，更喜欢与自己亲近；最后还会更深层次地去理解学生与自己相处方式的变化，以及后续学生在学习、生活中是否取得了进步，从而判断自己先前的行为变化是否奏效。从总体上看，该位老师将学生对自己的情感、态度和评价作为观照自身的“镜子”，实现了对自我的感知。

无论是米德提出的“主我”与“客我”，还是库利提出的“镜中自我”概念，均强调了“自我感知”并不是独立于社会之外而天然存在的意识体，而是存在于交往、传播、社会的有机构成中。这意味着从人机交互的视角观察算法新闻的价值观传播，就要超越“人—机”对话的局限，将人的自我感知与社会环境、与他人的交互、对行为的反思联系起来，结合人对算法新闻的接触和反馈，从符号互动的视角探索人在算法新闻影响下自我感知的嬗变。

二　态度的自我感知

贝姆（D. J. Bem）从态度的视角提出了自我知觉理论（Self-perception Theory）。他认为人们是通过综合考量自身行为和行为发生的情境，从而判断自己的态度；人们要使已经发生的事情具有意义，就会产生一定的态度，态度并不能在行为发生之前指导行动①。贝姆的理论改变了人的态度是内省和经验的综合的观点，认为人在很多情况下对于自己关于某件事物的态度是不能直接感知的，只能通过行为来推测态度。

例如，一位年轻人对基于算法推荐的抖音平台的态度如何，很有可能他自己本身并没有太多感知，因为他并不会刻意去深思自己使用抖音

① 王沛、贺雯：《社会认知心理学》，北京师范大学出版社2015年版，第115页。

的行为和情境，但如果有人告诉他每天使用短视频平台累积超过 2 个小时，或每天单次使用超过 1 个小时就属于沉迷，这时他的自我知觉就会运行，并从实际行动来判断自己是否已经对抖音上瘾。

在应用贝姆的自我知觉理论时，还要与外界环境压力结合起来分析，即外界缺少压力时，人们就会认为自己的行为表达的态度是真实的，但当外界环境存在一定压力时，人们会将行为归因于外部原因，这需要辩证分析。例如，沉迷抖音的年轻人在获知自己可能是“上瘾群体”时，可能会归因于对自身遭受的学习和工作压力的情绪释放，而不是自身的喜好。

但有时态度与行为并不完全一致，利昂·费斯廷格（Leon Festinger）就提出了认知失调理论（Theory of Cognitive Dissonance），探讨了个体的态度与行为不一致的现象。个体的心理空间存在多种认知因素，包括对客观世界和自我的价值观、态度、信念等，随着参与社会活动的机会增加，会有新的认知因素试图进入人的自我感知体系当中，这时新的认知因素会与原有的态度产生关联，两者之间或协调，或失调，或不相关。如果个体的既有态度与新的行为之间不一致时，就会产生认知失调，个体为了应对认知失调，采用调整态度、改变行为等方法来力图使认知重新达到平衡①。

例如，某人非常满意基于算法的新闻推送，这让他免于每天花费大量精力去阅读想看的新闻，但经过一段时间之后，他突然发现推送的新闻很多是谣言或“标题党”，这时他接收新闻推送的行为就会与既有态度产生不一致，导致认知失调；而应对机制则可能包括放弃使用新闻推送平台、使用别的新闻平台或在 APP 的设置中调整自己的兴趣点等。

可见，从自我感知层面研究算法新闻的价值观传播，对受访者和被试进行个人访谈和问卷调研时，要引导他们从行为层面真实描述，并以此来推测自我感知。另外，要关注受访者和被试在接触算法新闻过程中出现的认知失调现象，以有效总结对价值观传播产生重要影响的算法新闻接触要素。

① 钟毅平：《费斯廷格人际关系思想解析》，人民教育出版社 2017 年版，第 116 页。

三 情感的自我感知

按照社会心理学的概念，个体的情感是自我感知的一部分，因对行为目的、需要的评价而产生，个体对情感的体验是通过对自身生理状态和心理状态的感受，以及感受外界的刺激。个体对情感的感受是直接的，对于特定的事物，人们很容易区分情绪的唤起水平，如喜欢、无感和厌恶。最关键的是，情绪相对来说是比较容易调节的，因此在心理学实验当中通常会被作为一个自变量来观察。

在认知心理学研究中，情感往往用来观测对某一事物的接受度，从而判断自我感知的强烈程度。例如，如果某人在与聊天机器人就某一他感兴趣的话题进行交流后，感觉心情舒畅，或是在微信朋友圈上传了利用智能图像应用（如“军装照”小程序）合成的照片后，获得了较多的点赞和积极的评论，心理获得极大满足感，这些都是个体能够直接感受的情绪，都可以认为某人在这些算法新闻接触中的自我感知是积极、正向的。

因此，在算法新闻价值观传播的个人访谈和实证调研中，引导受访者和被试从情绪唤起的向度描述自我感知，同时总结自我感知的唤起方向（是积极唤起，还是消极唤起），以推演算法新闻在不同情境下对价值观的传播导向。

四 基于社会比较的自我感知

总体来说，现实中个体的自我感知总会存在或多或少的偏向，“当局者迷，旁观者清”“不识庐山真面目，只缘身在此山中”都是对人不能客观、清晰地感知自我的描述。现实中个体的自我感知偏向主要有三类。一是适度积极的自我感知，即积极乐观看待自我，但对自己的缺点则感知较浅。二是过度积极的自我感知，即对自己的能力、素养、品德等过度乐观，存在虚荣的想象，不能清晰认知实际情况，无限放大对自我的正面评价，典型表现如日常的自鸣得意。三是过度消极的自我感知，这种情况与过度积极的自我感知正好相反，即对自我的评价过度消极和悲观，低估自己的能力和潜力，无限放大对自我的负面评价，典型表现如日常的自怨自艾。

个体的自我感知偏向是在与他人的社会比较中产生的，贝姆自我知觉理论的基础之一就是费斯廷格的社会比较理论。费斯廷格认为，可以将自我感知视作个体在潜意识下的一种社会比较，即个体在与他人比较的基础上生成自我评价和知觉，与他人的对比成为自我感知的驱动力。个体在对比他人的过程中难免会出现自我感知的偏向，一方面由于双方关系亲密程度、自我认知缺陷、他人的社交掩饰、他人的形象管理等不可预知的因素，个体对他人的认知有可能存在偏差；另一方面，个体如何看待与他人的比较也是一个变量，如某人觉得他人在某些方面强于自己，可能会自尊心稍微受挫，可能自卑到极端，可能自我欺骗以保持情绪平和，也可能自我刺激后发奋直追。

个体在算法新闻的接触过程中有时会发生与他人的社会比较，如在朋友圈发布智能图像修饰的图片并获得大量点赞或正面（负面）评论后，可能会对自我的社交感知产生影响，这种感知对自我价值、交往理念、道德信仰等价值观要素起到积极或消极的作用。

可见，从自我感知层面研究算法新闻的价值观传播，还要考量个体在算法新闻接触过程中经由与他人比较而形成的自我感知偏向，在访谈、问卷调查中体现受访者和被试的自我感知是偏向积极，还是偏向消极，以及在与他人比较之后自我感知的变化方向。

第二节　基于自我感知的算法新闻价值观传播偏向扎根理论研究

本节提及的研究方法与设计、研究过程适用于本章对算法新闻价值观传播自我感知偏向的分析、第五章对算法新闻价值观传播社会认知偏向的分析、第六章对算法新闻价值观传播网络行为偏向的分析，在后续章节不再赘述。

一　研究方法与设计

（一）非结构化访谈

在具体研究中结合质性研究和量化研究，采用个人访谈的方法，在量化研究之前进行预调研，作为量化研究的基础。访谈是社会研究中最重要的调查方法之一，通过与受访者开展话语互动来收集文本资料，经过思辨式观察或对话语文本的数据量化分析，总结研究对象所呈现的社会环境和具有的社会意义，是典型的质性研究方法。

个人访谈分为结构式访谈和非结构式访谈。结构式访谈需要按照确定的标准和方法遴选受访者，对受访者提同样的问题，问题的顺序保持恒定，再以文本的形式将访谈内容记录下来，整个过程非常强调调研者对流程的控制水平。非结构式访谈事先可以不确定统一的问卷或表格，只需向受访者提供一个大致方向的访谈主题，调研者和受访者围绕该主题自由交谈，调研者根据访谈的即时情况随时调整问题提纲，或产生灵感时实时调整部分思路，或对某一问题进行追问。

相对结构式访谈而言，非结构式访谈常常用于深入了解固定程序问卷抓不住的复杂事实，尤其是涉及个人态度、价值观、意图等难以直接用标准问题总结出来的关键要素；而结构式访谈更多是为了便于对访谈的结论进行量化分析。

鉴于本研究要在量化实证研究之前进行质性研究和提出理论假设，因此采用非结构式访谈初步确定算法新闻影响个体价值观的人机交互要素，事先不设定问卷和标准程序，仅提供统一的访谈主题，与受访者围绕该主题自由交流。将非结构式访谈中的话语文本记录下来，采用内容分析法处理文本，总结算法新闻影响价值观传播的自我感知要素，以利于下一步的问卷实证调研。

（二）扎根理论研究法

扎根理论研究法是由哥伦比亚大学的安瑟尔姆·斯特劳斯（Anselm Strauss）和巴尼·格拉泽（Barney Glaser）提出的一种研究方法，强调的是研究者与经验资料开展充分的交互，逐步抽象出关键的研究要素，形成具有概括性的理论。扎根理论研究法的优势在于“使质性研究不再神秘，并超越描述性研究，进入解释性理论框架的领域。”① 扎根理论研究法的核心在于对资料的分析和编码，质性材料是零散和破碎的，需要研究者将其归纳为相应的主题，不断地比较所有质性材料中存在的共性点，

① ［英］卡麦兹：《建构扎根理论：质性研究实践指南》，边国英译，重庆大学出版社 2009 年版，第 7 页。

比较不同分类间的显著差异性，在往复比对、分析、合并、归类的过程中实现对质性材料的合理类属分析，并最终提炼出创新性的理论观点。由于理论观点牢牢地“扎根”经验材料，所以称之为扎根理论（Grounded Theory）。

扎根理论研究法最早应用于案例研究，斯特劳斯和格拉泽在一所医院里对医务人员处理即将去世的病人进行实地观察，后在社会学、医学、心理学、法学等领域得到广泛应用，研究者从个案中分析影响事物的主要因素，从而推演假设。在本研究中，应用扎根理论研究法的任务是为算法新闻价值观传播偏向建立介于宏观理论和微观关键因素分析之间的关联。

扎根理论研究法在具体实施时，需要在理论和理论、资料和资料之间不断进行对比，然后综合资料与理论之间的关系，提炼出有关的类属（Category）及其属性。以本节对“基于自我感知的算法新闻价值观传播偏向”的具体实施为例，首先，根据对心理学、传播学、社会学等领域内与“自我感知”有关的理论进行有效梳理，预先勾勒初步应用的理论。其次，整理在个人访谈中收集的资料，对资料进行编码并将其归到相应的类属中；将类属中的资料再进行细致比对，合并具有相似特征的资料，将其归为一个属性，即在类属下划分不同的属性。再次，不断对比类属和属性间的差异性，如差异不够显著，可以考虑进行局部的划分和合并。最后，将初步勾勒的理论与概念类属进行比较，考量它们之间的联系，或对理论进行调适，或再次调整类属的划分，以利于为下一步的实证调研奠定尽可能合理、科学的理论依据。

在运用扎根理论研究法时，注重以思辨的理念为资料分析提供适用的概念和理论框架，辩证地看待前人的理论成果，将相关的理论置于具体的情境下考虑。在本研究中，梳理相关理论时，将充分融入“算法新闻信息传播”的前置情境，任何理论的提出均以此为背景，在适当使用前人理论的同时，充分渗入研究者对现象的辩证思考和经验性知识，力争从资料中生成适用、扎实、经得起推敲的理论想象。

二 访谈过程

（一）访谈样本

在选择访谈样本时，注重选择日常对移动网络应用和算法新闻接触较多的用户。根据中国互联网信息中心发布的第 44 次《中国互联网络发展状况统计报告》，截至 2019 年 6 月，10—39 岁网民群体占网民整体的 65. 1%。因此，访谈对象的年龄主要集中在此区间，涉及多种职业和身份，学历覆盖高中、专科、本科、研究生（硕士、博士）。33 名访谈对象（不出现真实姓名，以代号替代）的基本情况如表 4 –1 所示：

表 4 –1 访谈对象资料

代号	性别	年龄	学历	职业/身份	每天上网时间	接触过的算法新闻类型
ZS	男	35	研究生（博士）	高校教师	3 小时以上	新闻资讯、短视频、聊天机器人、智能影像
XYW	男	38	本科	私企老板	2 小时以上	新闻资讯、短视频
TJF	女	19	本科	学生	4 小时左右	新闻资讯、短视频、智能影像
YRY	女	19	本科	学生	4 小时以上	新闻资讯、短视频、聊天机器人、智能影像
YF	女	22	专科	学生	4 小时以上	新闻资讯、短视频
ZYL	女	22	本科	学生	3 小时左右	新闻资讯、短视频
LSY	女	20	专科	学生	3 小时以上	短视频
YH	男	39	本科	警察（网警）	8 小时左右	新闻资讯、短视频、智能影像、新闻大数据分析、新闻写作机器人、可视化新闻生产
LSY	女	26	本科	电视台主持人	2 小时左右	新闻资讯、短视频、可视化新闻生产
LY	男	39	研究生（硕士）	公务员	3 小时左右	新闻资讯
HX	女	39	本科	出版社编辑	4 小时左右	新闻资讯、短视频

续表

代号	性别	年龄	学历	职业/身份	每天上网时间	接触过的算法新闻类型
HYM	女	37	研究生（硕士）	报社新媒体部主任	5小时以上	新闻资讯、短视频、智能影像、新闻大数据分析、新闻写作机器人、可视化新闻生产
HHJ	男	27	本科	外企员工	3小时以上	新闻资讯、短视频、智能影像
LMS	男	36	本科	程序员	8小时以上	新闻资讯、短视频
CFY	男	28	本科	私企员工	2小时左右	新闻资讯、短视频
DHY	男	30	本科	私企员工	2小时左右	新闻资讯、短视频
ZSX	男	26	本科	医院网管	6小时以上	新闻资讯、短视频、聊天机器人、智能影像
HJJ	男	38	研究生（博士）	医生	2小时左右	新闻资讯、短视频
SZQ	女	32	研究生（硕士）	律师	3小时左右	新闻资讯、短视频
LSS	女	29	研究生（硕士）	建筑公司员工	3小时左右	新闻资讯、短视频、智能影像
CYJ	男	39	本科	烟草集团员工	4小时左右	新闻资讯、短视频
WYX	男	28	研究生（硕士）	环保技术人员	3小时左右	新闻资讯、短视频、智能影像
LDY	男	30	本科	程序员	8小时左右	新闻资讯、短视频、智能影像
LJ	男	38	研究生（博士）	公务员	4小时左右	新闻资讯、短视频
ZF	女	30	本科	舆情分析师	6小时左右	新闻资讯、短视频、智能影像、新闻大数据分析、可视化新闻生产
ZY	女	37	研究生（硕士）	公务员	4小时左右	新闻资讯、短视频、新闻大数据分析
LS	男	28	专科	铁路局动车司机	3小时以上	新闻资讯、短视频、智能影像

续表

代号	性别	年龄	学历	职业/身份	每天上网时间	接触过的算法新闻类型
LWY	男	39	本科	算法工程师	6 小时以上	新闻资讯、短视频、智能影像、新闻大数据分析、新闻写作机器人、可视化新闻生产
XRH	女	35	研究生（硕士）	电视台记者	2 小时左右	新闻资讯、短视频、智能影像、新闻写作机器人、可视化新闻生产
ZB	男	27	高中	个体户	4 小时以上	短视频
HH	女	24	高中	旅游公司导游	3 小时左右	短视频、智能影像
ZQ	女	25	研究生（硕士）	学生	5 小时左右	新闻资讯、短视频、智能影像
CS	女	29	研究生（博士）	学生	4 小时以上	新闻资讯，短视频

（二）访谈方法

与受访者约定专门的时间，进行一对一、面对面的访谈。访谈的主题集中在接触算法新闻过程中的自我知觉（“主我”“客我”“镜中自我”等）、可能存在的认知失调、正（负）面的情绪自我感知、过度积极（消极）的自我感知、自我知觉的内省理性、自我知觉的公民意识等。对以上主题不设置专门的结构化问题，只需引导受访者尽情抒发自己在接触算法新闻后的态度、情感、行为，袒露真实的内心感受，后续再根据现场记录和录音进行资料的精简和归纳。为避免受访者产生厌烦情绪而导致的访谈时不能集中精神，给出错误、失真的语言判断的情况，访谈的时间控制在 30 分钟以内。在访谈的全程避免以“发问”的方式将受访者置于被动的地位，而是注重为受访者创造接近“闲聊”的情境，从而有利于收集最真实的话语资料。

对个体在算法新闻接触过程中的环境认知偏向和网络行为偏向的话语资料收集，在同一次访谈中完成，将访谈后获得的话语文本资料进行相应类属的整理即可。

三　一级主题“自我感知”访谈资料的分析

访谈的话语为直接引述，括号内的内容为研究者添加，目的是辅助理解。

（一）二级主题一：身份认同

三级主题一：职业认知

在社会主义核心价值观中，“敬业”是个人层面的核心要素之一，是对公民职业行为准则的价值评价，充分体现了社会主义的职业精神。大部分访谈对象均有一定的工作经历，他们在接触算法新闻的过程中，或新增对自身所在行业的认知，或补充对其他职业的了解，或通过观察他人的职业的态度，以调适自身对职业精神的理解。正确的职业认知极有可能对个体形成健康的身份认同大有裨益，对职业的认知越准确，越能够精准定位自我在社会中的角色，形成合理的职业价值观，而不是陷入自我否定、愤世嫉俗、盲目自大等负面的职业价值认知当中。

WYX 觉得能通过更多地接触同行，加深对职业的认知：

> “一点资讯上推荐的信息有最喜欢的足球新闻，还有环保行业的新闻，能看到很多技术动态和政策消息。我本身入股了一家环保科技公司，很需要这方面（的信息），（对环保行业）了解得多一点，像环评技术标准更新、一些专利技术动态、业界大佬的成果，都有，推荐了很多信息，工作起来也方便，作用蛮大的。”（WYX，环保技术人员）

XRH 在与技术交互过程中，对自身职业有新的认知（偏向积极）：

> “可视化新闻生成真的很棒，外面很多人觉得机器人会让我们下岗，其实根本不会这样，我们很多抖音上百万点赞的视频都是用了机器（即智能程序）的。策划的点子还是人来做，机器做不来，倒是对记者的要求提高了，现在台里都有很多（针对新技术的）培训。我们台很多人离开，都是去自媒体，都还在圈子里面。”（XRH，电视台记者）

ZS 通过算法推荐接触到较多的自身所处行业的信息，对职业定位产生困惑：

“会（在新闻推送）看到很多关于‘青椒’（青年教师）的信息，压力确实大，要买房子，引进费又不是一次给完，付首付都还要借。上面（新闻）很多说学院领导压榨年轻老师，教学任务重，职称要尽快上去，压榨我倒是没遇到，就是教学课时真是太多了，像我们文科博士，能申请的科研项目本来就少，评副高必须要省部级课题结题，太难了。作为博士，18 年毕业，我确实年龄（35 岁）也大了，像网上说的，38 岁还上不去副高，真是没前途了。”（ZS，高校教师）

HJJ 从短视频中看到行业中很多正能量的内容：

“我本身是医生，在抖音上看到很多医生同行救死扶伤的视频，确实很佩服。前段时间还有一位北京的博士后朱医生救了一位老先生在抖音里火了，我的关注里有这位医生，平时她会发一些健身的视频，蛮正能量的。其实很多人说短视频教坏小孩，我看还是得分人。”（HJJ，医生）

HH 在与同行的比对中增进职业认知，并且产生职业危机感：

“在快手和抖音经常能看到其他同行做的（自媒体）号，有些做得确实很好，像有些介绍各地美食，介绍各种容易踩的‘坑’，最值得游的线路，还兼卖各地的特色纪念品，平时在带团的时候拍素材就可以了。但感觉没有一个团队的话做不来，剪视频反正我是不会的。确实有危机感，会感觉自己落后了。”（HH，旅游公司导游）

三级主题二：印象预测

个体对自我身份的认同一部分来源于他人的评价，“镜中自我”理论提出了对自我的认知在很大程度上是通过与他人的社会交往获得，其中包含了精神交往。无论是在现实社会中他人对自己的评价和态度，还是个体想象的他人对自己的评价和情感，都是反映自我的一面“镜子”，个体通过这面“镜子”感知自我。在虚拟社交中，个体会在交互关系的建构中将自我感知代入其中，一个重要途径就是印象预测，即想象自己在他人心目中形象的应然，并且根据预测进行自我行为的调节。

很大一部分算法新闻应用的人机交互最终的指向还是人际交互，如智能影像应用后的群体传播、短视频平台的准社会交往、算法推荐背后的自媒体运营，等等。个体在建构身份认同的过程中根据印象预测，调整自身的行为，是适配社会价值观的有效路径。

HYM 认为算法作为一项技术，给自媒体人营销自我形象提供了助力，这是以用户的需求为标准的：

> “我自己在头条号也安了家，主要是做新闻行业知识分享，优质内容确实依赖算法的推送，这样会促使我创作更优质的内容，让自己显得更专业。算法就像一个选秀会，形象和才艺更出色的，才会被算法挑出来，从某种程度上来看是比较公平的。”
>
> “确实会有很多人做不下去，以前我们新媒体部离职的同事也有做自媒体的，有混得不错的，也有失败的，都正常，是行业的规律，总有一部分号先走出来。”（HYM，报社新媒体部主任）

ZY 推测自己在他人心中的印象，并进行形象塑造：

> “‘前世青年照’出来时，有一段时间我用民国风的照片作为 QQ 和微信的头像，一个（原因）是比较好玩，另外一个（原因）显得自己比较接地气、跟得上时代的进步，不再真没办法和办公室里的这些年轻人交流了（笑）。”（ZY，公务员）

CYJ 认为智能影像能够影响他人对自己的印象认知：

> “那些智能头像我基本都用过，或者看到别人用过，比如换军装、少数民族服装，记得当时还发了朋友圈，很多人还点赞了，我

周围也有一些朋友喜欢这种程序。”

“也算是展示自我的一种形式吧，爱国、民族精神的一种体现，把自己积极的一面展示出来。”（CYJ，烟草集团员工）

三级主题三：形象差异

在虚拟社交中，个体往往会产生区别于现实形象的话语和行为，在短视频平台、智能影像、聊天机器人等算法新闻应用中，这样的社交场景并不缺乏。形象差异即个体在现实世界中的形象与在虚拟世界中的形象的差别，如果个体能够较清晰地感知自我形象差异，表明其能够较好地将自我与现实世界关联起来，并主动、辩证地思考个人与他人、社会的关系，即一定的内省式思考能力。这一能力有助于个体反思自我行为与社会道德价值观之间的差异，从而更好地调适在网络虚拟社交中的话语和行为。

CFY在接触短视频时会感觉到虚拟世界中的自我与现实中自我的形象差异：

“平时在（电子）厂里住，娱乐活动就是打打篮球、桌球，还有看视频，平时都没有什么女（性）朋友，自我感觉是比较害羞的那种，（跟女性朋友）说话也不多。”

“会看一些小姐姐的视频，还有直播，也会打赏，还会想办法说一些骚话（笑），想让人家点赞什么的。在网上对方又不认识我，讲些俏皮话、段子，还有一些内涵的话（笑），你懂的，人家也不知道我是谁。有些美女也会回我，互相加个号什么的。朋友多了也没坏处，是吧？”（CFY，私企员工）

XYW通过与他人比对，有过自我怀疑：

“可能是我在手机上装了‘悦跑圈’和‘小米运动’APP，平时用来测配速和心率，抖音肯定是监测到了，总是给我推送一些女生健身的视频，要不就是一些网红跑步‘打卡’视频，里面很多女生的配速好厉害，半马全马随便跑。我平时跑得也很多，配速都没那

么快，搞得我都有点自我怀疑了。”（XYW，私企老板）

（二）二级主题二：态度变化

三级主题四：视觉刺激

保罗·梅萨里（Paul Messaris）的视觉说服理论提出了影像比文字更能推动同理心的形成，在视觉刺激之下，个体与符号产生情感共鸣，能够更有效地解码信息。[①] 在智能影像、短视频等算法新闻应用中，均十分强调视觉对用户的感官刺激，个体不用经过细致的思考，就能够体会内容传递出的情感倾向。就如同在阅读时，生动、活泼、易理解的文字更能使读者沉浸其中，产生良好阅读体验，并将书中传递的价值理念映衬于现实生活中，如武侠小说对青少年形成扶危济困道德观的帮助。[②]

HX 认为视频比文字更容易塑造沉浸式的体验：

“新闻推荐我每天花费的时间并不多，不想习惯太长的文字。看快手和抖音的时候倒是没这种感觉，看那些（视频）段子，时间一下子就过去了。”（HX，出版社编辑）

三级主题五：效用满足

效用（Utility）是经济学中最常用的概念之一，用于度量消费者通过消费或者享受闲暇，满足自己的需求、欲望的程度。根据“使用与满足”理论，从心理动机和需求的角度来看，用户接触媒介必定存在一定的动机，即满足了他们的特定需求。个体对算法新闻的文化消费并不是毫无目的，必定能满足其在某些方面的需求，效用满足感的获得将决定个体对算法新闻的态度，或乐意接受，或失望拒绝，或保持不置可否，这决定了算法新闻影响个体价值观的持续性和深度。

LS 比较信赖新闻推荐，认为这是一种展示个人标签的路径：

---

① ［美］保罗·梅萨里：《视觉说服：形象在广告中的作用》，王波译，新华出版社 2004 年版，第 31 页。

② 杨经建：《“江湖文化”与 20 世纪中国小说创作——侠文化价值观与 20 世纪中国文学论之三》，《天津社会科学》2003 年第 4 期。

“我用的是今日头条，经常会看到许多养生信息、娱乐新闻、一些搞笑的段子、武侠小说，还有一些武侠电视剧的视频。会转发健身、保健的内容，还有笑料到家庭群里面，活跃一下氛围嘛。家族里的搞笑担当说的就是我。”（LS，铁路局动车司机）

LWY 作为算法工程师，表达了不认可“信息茧房”的观点：

“有听过‘信息茧房’的说法，但我觉得（这种说法）只是想当然的。推送的算法主要还是靠计算流量和（用户）手机里的数据，可能某些内容会推荐得多一些，但并不会造成所谓的‘茧房’，多用搜索功能来调节就好。”（LWY，算法工程师）

YH 对算法应用持自我包容态度：

“自动回复机器人其实是很好用的，因为（系统）后面的人没办法一条条看，你刚才提到的‘小黄鸡’（“贵池区人民政府发布”官方微信平台使用的自然语言智能识别交互软件，曾对一位咨询相关事宜的教师出言不逊）我有印象，还是要体谅（智能程序），程序有BUG 是很正常的，谁工作还没个失误。”（YH，网警）

（三）二级主题三：情感知觉

三级主题六：信息真实感

个体在媒介接触过程中获得的情感体验，很大一部分来源于能够快速、精准地获取对自己有帮助、能给自身带来良好体验的真实信息，即信息真实感。对于能提供良好信息真实感的媒体，个体往往能够给予一定程度的信任，并乐意于接受其传递的价值观念，如权威媒体在“四力”，即传播力、引导力、影响力、公信力方面的优势，使其能够发挥良好的价值导向。反面的例子则是冗余的信息体验，如被网民广泛吐槽的百度竞价排名。

HX 表示能感觉到自身对新闻智能推送的负面态度和情感：

“发给我的新闻刚开始时觉得还挺不错的，挺合我的口味，但久了，怎么说呢，总是千篇一律的东西，像明星、八卦、美容之类的居多，真的有一点‘信息茧房’的感觉，但似乎也没什么办法摆脱。”（HX，出版社编辑）

LSS 对新闻推送的“标题党”行为存在厌倦情感，并且认为“信息茧房”确实存在：

“像以前我用今日头条，后来换成一点资讯，感觉都一样的，推送给我的新闻很多都是所谓的‘标题党’，都是偏社会新闻、八卦新闻、娱乐新闻，还有养生新闻，也有很多假新闻，经常有辟谣什么的，很多都不可信，搞得现在看新闻都疑神疑鬼的。”（LSS，建筑公司员工）

三级主题七：情感发泄

短视频平台、聊天机器人为个体提供了虚假社交的空间，在匿名的网络环境下，个体在虚拟社交中产生发泄情感的话语行为并不罕见。就像国内某些社交论坛提供的“树洞”栏目，用户可以以匿名的方式在帖子中发泄情感，或诉说自身的遭遇，或表达对不公的抵抗，来唤起他人对自身的同情和认可。从某种程度上来看，情感发泄时的自我意识更趋近于个体对价值观的内心理解，即个体价值观在情感发泄时自然而然地显露出来。

ZSX 在使用聊天机器人时，偶尔会有情感的发泄：

“以前我买足球彩票，会用微软小冰来预测一下，作为参考，预测失败比较多时就会骂一些话。反正对方是机器人嘛，不要紧。现在微软小冰也被封了，就一直没用聊天功能了。”（ZSX，医院网管）

ZQ 会通过聊天机器人发泄情感：

“有时情绪不好的时候，会与 Siri 发一些话，有时会故意发一些

调戏的话，骂人的话之类的，我也是够无聊的。”（ZQ，学生）

LS 对部分推荐内容有情感的抵触情感：

“有时蛮烦抖音推荐的东西的，特别是那个偷电瓶的什么窃（注：被网友戏称为“窃格瓦拉”的周某）出狱的时候，抖音上全是他，很厌烦。还有以前的什么成都小姐姐，一看就很假。”（LS，铁路局动车司机）

三级主题八：情感转化

从积极心理学来看，积极情感常态的形成是一个培养的过程，有效地利用情感体验，能够帮助人们建立积极的人格特质，强化人性的优点和价值观，从长远来看，有助于建构积极的社会环境。[①] 在接触算法新闻的过程中，个体会产生不同取向的体验，如健康的社交、情感触动、实现获取信息的目标等，都能够催生积极的情感，反之，向消极情感转化也是有可能的。

LMS 认为智能影像的体验有助于自我积极情感的调适：

“我是程序员，是做 UI（User Interface，软件的人机交互、界面美观的整体设计）的，一直十分关注媒体上的一些交互类的应用程序，给用户带来积极情绪体验是 UI 的追求。像‘点亮武汉’（2020 年新冠肺炎疫情期间，武汉重新开城，人民日报推出的一款交互应用）那个程序就做得很不错，很有感染力。还有像‘70 年，我是主角’那个应用也非常棒，技术在业界内都是很出名的。”（LMS，程序员）

在算法新闻接触过程中，不一定所有的情境都能够支持个体获得正向的情感体验，当不能收获社交满足感时，其情感就是负向的。ZB 认为

① ［美］C. R. 斯奈德、沙恩·洛佩斯：《积极心理学：探索人类优势的科学与实践》，王彦、席居哲、王艳梅译，人民邮电出版社 2013 年版，第 137 页。

自己可能存在一定的虚拟社交沉溺，情感会受影响：

“会给抖音上的小姐姐刷礼物，你也知道，我还没有结婚，平时也没接触什么女孩子，平时又是开车送货又是扛水的，比较累，在抖音上看看这些视频，就当是放松了。”

“（抖音）有很多女孩子的视频，我固定看两个（博主）直播，她们的时间都比较固定，都是晚上，有时会刷小礼物，最高每次也就是20来个音浪，很少的。也会留言、私信什么的。”

“如果她们不回我，肯定会有失望的，毕竟刷了这么多礼物。”（ZB，个体户）

（四）二级主题四：公民意识

三级主题九：娱乐满足

算法渗透着强烈的意识形态，关系到个体的虚拟身份认同。[①] 算法在媒体信息传播中的实现一定程度上依赖于个体的意识，个体意识和行为的数据化驱动了算法的应用，大数据集成的基础是无数个个体的媒介使用行为。在这些数据中，用户兴趣无疑是极重要的组成部分，在充盈着快餐文化、娱乐文化的时代，个体很难不被娱乐信息包围。而一旦娱乐兴趣得到满足，个体很可能就难以将精力匀出一部分用于关注社会公共事务。

波兹曼对电视有着强烈的控诉，电视的绚丽模糊了人们对真实的感知，这是悲剧性的，人性被娱乐所蒙蔽，何况人类的潜意识就是享受和妥协，越是精密的媒介技术，反而带来的是愈加简单、粗暴的征服式文化。[②] 当算法如同德克霍夫所述的“文化肌肤”那样，在潜移默化中爱抚着人类，个体只能在缺乏心智和公共精神的状态中生存。[③]

---

① 郑二利、王颖吉：《人工智能时代的数据意识形态——基于大数据对价值观和行为活动影响的思考》，《新闻与传播评论》2019年第1期。

② ［美］尼尔·波兹曼：《娱乐至死》，章艳译，广西师范大学出版社2011年版，第86页。

③ ［加］德里克·德克霍夫：《文化肌肤：真实社会的电子克隆》，汪冰译，河北大学出版社1998年版，第40页。

作为当代典型的大学生群体中的一员，TJF 就体现了一定的公民意识缺失：

“平时给我推送的都是漫画的内容，我本身比较喜欢画画和玩游戏，就是画二次元美少女那种，比较喜欢‘三小只’（TFBOYS），喜欢看综艺，像‘王牌对王牌’‘演员的诞生’，基本在抖音上就能看完（综艺节目）。”

“老师也让我们多看优秀的媒体报道，给我们推荐了公众号，像人民日报、中国青年报之类的，但我是比较少看，头条都是推荐偏娱乐的内容，看到时政新闻确实比较少，国家有大事的时候就会推送。平时很少去关注时政新闻。”（TJF，学生）

三级主题十：选择自由度

现阶段，今日头条、腾讯新闻、天天快报、一点资讯、趣头条等新闻资讯应用早已将算法推荐作为技术特色，部分传统媒体的新闻客户端也开始探索融入算法推荐功能，以优化用户的阅读体验，增强用户黏性。当个体的选择自由度增加，就能够增加接触公共事务类新闻的概率，接收价值观更多元化的信息；反之，如果感觉选择自由度低下，则有可能阻碍对时事政治新闻的接收，更容易陷入信息茧房。

HHJ 认为短视频平台的休闲和娱乐功能并不会影响自己对时事的关注。觉得算法推荐不是接触时事新闻的唯一路径，公众号是非常好的替代品：

“我很少用今日头条这些软件看新闻，就是看里面的一些头条大事，像抖音尽管也会推荐一些新闻，但真的很少，基本都是娱乐的，像篮球、足球、街球，一些搞笑的视频，还有网红直播之类的。我在的行业要关注外贸新闻，平时看公众号就可以了，我订阅了好几个。”（HHJ，外企员工）

三级主题十一：思考成本

从社交媒体迅速发展的时代起始，大量娱乐化、快餐化、碎片化、浅显化的信息建构起网络的语境，用户早已习惯了接受不必耗费大量精力就能轻松解读、吸收的内容。斯威勒（John Sweller）的认知负荷理论阐释了为何人们会针对信息筛选，建立一套“选择性接触”的机制，以降低认知负荷，人们总是会更多地关注与自身观念一致、不用消耗大量智力活动的信息，尽量降低思考的成本。[①] 价值观的内化是一个长期涵化的过程，个体只有在舒适的信息环境中，对内容的理解和吸收才会更充分。

LS 更愿意以休闲的状态去接收时事新闻：

> “工作的强度比较大，我是上二休二，黑白（白天夜晚排班）颠倒的，白天就在家睡觉，确实更喜欢看不用动啥脑子的东西（笑），但（今日头条）也会推荐一些国家大事，肯定不会错过（国家大事新闻）的。”（LS，铁路局动车司机）

CS 认为视频新闻比文字深度报道更有吸引力：

> “我抖音上关注了很多媒体的号，像新华社、人民日报、光明日报、央视新闻，都有，看视频比看那些长篇的报道舒服多了，长篇的报道我会去看冰点、澎湃这些。我还是学新闻的，其他人更不会去看那些深度报道了吧（笑）。”（CS，学生）

四　“自我感知”的三级主题划分

通过对访谈资料的扎根理论分析，得出在一级主题“自我感知”的层面存在 4 个二级主题，二级主题之下分为 11 个三级主题，具体总结见表 4－2。

---

① 唐剑岚、周莹：《认知负荷理论及其研究的进展与思考》，《广西师范大学学报》（哲学社会科学版）2008 年第 2 期。

表4-2　　自我感知层面的主题类属划分情况

一级主题	二级主题	三级主题
自我感知	身份认同	职业认知
		印象预测
		形象差异
	态度变化	视觉刺激
		效用满足
	情感知觉	信息真实感
		情绪发泄
		情绪转化
自我感知	公民意识	娱乐满足
		选择自由度
		思考成本

（一）身份认同

身份认同即在接触算法新闻过程中形成的对自我身份的认同。三级主题包括对自身从事职业（或身份）的感知、想象自己在他人印象中的应然、将现实中的自我与虚拟社交中的自我进行形象比对。个人身份认同涉及社会主义核心价值观中的文明、和谐、敬业、诚信、友善等要素，这一主题为自我感知层面的价值观定下基本基调。

（二）态度变化

态度变化即个体在接触算法新闻过程中对自我、他人、社会现象等态度的变化。三级主题包括在算法新闻视觉刺激之下个体与内容符号产生的情感共鸣、算法新闻满足自己对信息需求和欲望的程度，并由此引发的个体对算法新闻内容的态度转变。态度变化是一个泛化的变量，涉及社会主义核心价值观中的全部要素。

（三）情感知觉

情感知觉即个体在接触算法新闻过程中对自我情绪变化的有效知觉和体验。三级主题包括信息真实感给自身带来的体验及由此增加（或减少）的对信息源的信任度、在算法新闻建构的虚拟社交中出现的情绪发泄行为、积极或消极情绪在算法新闻接触中的形成。对于个体而言，算法新闻信息环境下的情绪常态是一个涵化的过程，对自身情绪的有效知觉能够帮助个体建立持久、健康的人格特质倾向，对价值观保持稳定是有助益的。

（四）公民意识

公民意识即个体在接触算法新闻过程中对公共领域信息关注度的提升或消解。三级主题包括因娱乐信息影响而导致的投入社会公共事务的精力的变化、对算法新闻选择自由度的判断及由此衍生的接受价值观的多元化程度、为理解和吸收算法新闻内容而产生的思考成本。公民意识的各要素意味着在算法新闻的环境下，个体对于国家公共事务的关注必定存在差异，这与个体形成国家层面和社会层面的社会主义核心价值观有着直接联系。

第三节　算法新闻价值观传播自我感知偏向的理论建构

以上通过对访谈资料的扎根理论分析，总结了自我感知偏向的影响要素，本节将依据三级主题，针对算法新闻环境下的自我感知进行理论建构。

一　算法新闻对个体内省理性的“按摩”

在传统媒体时代，上了一天班回到家中的成年人，躺在沙发上，细品油墨尚香的当天报纸，津津有味地从头版一页页翻到末版，在感兴趣的新闻上停留十多分钟，不时就新闻中的内容与家人们分享、讨论，一家人有时还会围坐一起，对新闻发表自己的看法。

然而这样的情境在当今移动互联、智能传播的环境下再难见到。人们上班回到家中，吃完饭后，端着手机，躺在床上，躲进被窝里，非常“有仪式感”地进入了自己的世界：打开 QQ、微信，浏览未读的讯息和他人的朋友圈；接着浏览“今日头条”们推送的新闻，看完导语或前两段就退出，接着继续点击下一条新闻，海量的新闻信息似乎不允许人们在一条新闻上“浪费”太多的时间；然后打开“抖音”们，孜孜不倦地欣赏时长只有十几秒的短视频，指尖快速地划过手机屏幕，时不时发出几声轻笑。

夜深人静，几个小时过后，人们得到了精神上的释放，疲惫的身心得到了心理上的“按摩”，于是心满意足地进入梦乡。当这样的情境越来越多地成为人们与社会交互信息的渠道，我们就不得不思考算法新闻对文化变迁的推动，以及人类的自省理性受到了怎样的冲击。

（一）媒介即按摩

麦克卢汉是一位技术非常高超的文字游戏玩家，他提出著名的“媒介即讯息”（The Medium is the Message）后，将关键词“Message”（讯息）变成 Massage（按摩），就引申出了“媒介即按摩”。当然，他的文字游戏还包括把“Message”变化成“Mass Age”（大众时代）和“Mess Age”（混乱时代）。他认为，媒介技术具有极强的渗透力，在政治、经济、心理、道德、社会等方面形成不可估量的影响，社会的文化发生变革。人们享受媒介带来的一切五彩缤纷，就像享受按摩一般，但却被媒介没收了最珍贵的自我和个性，人们沉迷于媒介技术营造的世界中，人被延伸了，也被隔离了，人变得不会自我认知、麻木无知。这是麦克卢汉敲响的警钟。

如同娱乐、嬉戏一样，媒介调适了人们的机体功能，抚慰了人们的心理状态，让人们得到精神上自我恢复的快感，却也让自我更加麻木、记忆消退、在自主理性和反省方面变得异常懒惰。越是先进的媒介技术，越能让人们远离思考，媒介通过“按摩”改变了人类中枢神经系统的功能和动作方式，久而久之，大脑皮层更愿意接受感性刺激的信息，人们也更容易融入以声像和图画为主的媒介情境。人们变得懒于自我反省，不再按照自己的理性和思考去行动，而是按媒介设下的“规范”去敷衍了事。

（二）被“按摩”的内省理性

“内省”是人对自身的反思活动，是重要的人内传播方式。内省是一种基于长期习惯养成的反思，能够帮助个体完善品德和行为。孔子的“吾日三省吾身”就是指长期的内省。根据米德的研究，内省并不能时常发生，内省大多基于解决现实问题和遇到困难障碍，当外力催促个体必须反思过往经验和行为时，内省的机制才会被激活。①

媒介环境学派旗帜鲜明地将媒介技术对人类文化的影响作为研究对象，一个重要的切入点就是媒介对人类感知和思维方式的影响，并由此向"媒介如何改变人的思考方式和情感行为"延伸。媒介对文化的改造，核心是对人的思维方式的改变。媒介对社会形态和文化思潮的影响是深远的，它不仅能够促进市场消费，更主要的是对人们思想和习惯的改变，进而推动社会的全面演变。② 麦克卢汉指出，媒介有特定的传情达意的方式，从而改变人的思想模式，最终作用于社会文化的变迁。③

在口语时代，思想通过尽心尽力的交流代际相传，人们只有不断总结和思考，才能归纳在现实中经过长期摸索从而掌握的客观规律，经验才能一代代传承。文字和印刷为人们提供了强化思维的契机，由于能够大批量复制和传播，更多的人接触到精心挑选的传播内容，文字的线性逻辑让人们不得不深入其中，发动全身的感官功能和认知功能，去试图理解文字蕴含的意义，这为批判、怀疑、内省思维的发育提供了土壤。当听着广播，我们尚能想象话语所描述的画面，思维追随语音的节奏。然而，当电视直入眼帘，我们只能惊叹于其绚丽的画面，看着电视的画面，我们不会去主动思考，只会默默享受电视呈现的刺激观感，媒介联系人与社会系统的职能不断被削弱，取而代之的是将人与虚拟空间连接起来——人自省的权利就这样不断被剥夺。

米德认为，内省式思考是一个社会化的过程，在接触社会化信息的活动中，个体会将经验、知识与遇到的社会问题连接起来，通过不断自省，对问题的意义进行重新解释、修改和加工，在此基础上创造出适用于新问题的意义和行为。内省式思考是一种具有开创性和超越意义的人内传播行为，是对现实困难的回应。

也就是说，如果在接收信息的过程中没有遇到理解的障碍，人们就很有可能不会去主动内省。不幸的是，让人们不用大费周章、不用思考

① George Herbert Mead, "Mind, The Social Self", *Journal of Philosophy*, No. 10, 1913, p. 374.

② ［加］哈罗德·伊尼斯：《帝国与传播》，何道宽译，中国传媒大学出版社 2013 年版，第 97 页。

③ ［加］马歇尔·麦克卢汉：《理解媒介》，何道宽译，译林出版社 2011 年版，第 213 页。

就能获得想要的信息正是人类开发算法新闻的初衷：写稿机器人能够在极短时间内创作新闻和文学作品、审核并发布稿件，记者和编辑理当具备的稿件梳理能力得不到考验；新闻推送、视频推送让人们不断接收自己感兴趣、不用思考就能理解的信息。人们的创新和思考能力在对算法的依赖中逐步减弱，而我们还在为此而感到兴奋，就像迪士尼动画电影《机器人总动员》描述的那样：人类丧失了过往的思维方式，完全依赖智能机器包罗万象的数据存储，不再有创造的能力，只懂得索取和享受。在算法的裹挟之下，在商业与技术的联盟中，人类是否还有足够的思辨能力认识客观世界？自省、理性的思维精神何以独立？

算法新闻以“电子保姆”的角色进入我们的生活，让印刷符号好不容易沿袭下来的批判式自省思维方式遭受重重的一击。随着新闻推送、视频推送对人机互动的深挖，人与社会真实之间的感官接触减少，心理距离增大，人对事物的思考和自省也消解在对算法的依赖中。算法新闻尽管打造了新的媒介奇观，但对于人类的自省理性而言，启蒙由此也被裹挟而去。这完全符合麦克卢汉对“媒介即按摩”的想象：心被悄悄地偷走，人变得“无形无象”。

二　符号互动偏向下的公民意识困境

（一）“编码—解码”的文化研究视角

米德开创了符号互动的研究范式，他的学生布鲁默（Herbert Blumer）则正式提出符号互动论（Symbolic Interactionism，又称象征互动论），这一学说主张社会中的一切事物均是有象征意义的，这些象征意义的寄托物就是“符号”，事物能够影响个体的感知的行为，但往往不是因为事物本身的功能，而是事物本身具有的象征意义，这种象征意义源于个体与他者的互动，包括话语、文化、制度等。个体会运用自我对社会环境的感知，去解释、运用或修改事物的象征性意义。①

斯图亚特·霍尔（Stuart Hall）的“编码—解码”理论则提出了人类与符号交互时的方法，他认为，编辑和解码之间没有必然的一致性，解

---

① 黄旦、李洁：《消失的登陆点——社会心理学视野下的符号互动论与传播研究》，《新闻与传播研究》2006 年第 3 期。

码者所拥有的阶级、学识、文化等属性，决定了解码立场的不同，包括霸权立场、对抗立场和协调立场。霸权立场下，传播者代表了“国家意识形态机器”，解码者只能接受，无主动权；对抗立场下，解码者将话语斗争加入对符号的理解，是一种对领导权的对抗；协调立场认可宏大情境下的包容与对抗共存，“优先意义”（社会共识）往往能够限制对符号的解读。[①] 个体能够以多种立场去解读符号，是主体多样性的典型体现，但这样的多样性受到社会权力的框架约束。霍尔认为“权力的存在，使得编码不可能被任意行使，这也是个体不能够随意解码的缘由，个体对符号的感知大多数情况下是一种妥协式的解码”。[②]

个体对符号的“编码—解码”不能被狭隘地理解为一个局限于个体内部的心理过程，霍尔认为，“编码—解码”被“优先意义”支配着，编码和解码并不是完全开放的，被编码的文本会引导受众按某种方式去解读，个体在解码时，会被一种结构化的权力左右，这种权力会外化为社会的文化。霍尔的弟子迪克·赫伯迪格（Dick Hebdige）受安东尼奥·葛兰西（Antonio Gramsci）“文化霸权”思想的启发，在研究亚文化时，提出了符号和代码表达了一种抵抗形式，亚文化的符号体系应当被看作一个争夺“文化霸权”的话语领域，是对社会主流文化的抵抗。也就是说，如果只是把亚文化看作静态的语言符号，显然是不够的，这些代表一个文化群体的符号必须被放置在特定的场域中，才能分析出亚文化青年们是如何“解码”社会文化符号的。只有在历史观的框架内，对亚文化的符号学、语言学解读才能获得全新的意义。[③]

因此，个体对符号的编码和解码在限定和能动之间徘徊，当解读个体或某个群体对社会符号的“编码”和“解码”时，必须将社会文化这一关键要素融入进来，尤其是媒介技术对社会文化的改变，理应成为探索某个特定时代背景下个体自我感知的视角。

（二）算法新闻“解码”下的自我感知偏向：公民意识的困境

1986 年党的十二届六中全会通过《关于社会主义精神文明建设指导

---

① 张亮、李媛媛：《理解斯图亚特·霍尔》，北京师范大学出版社 2016 年版，第 205 页。

② 张亮、李媛媛：《理解斯图亚特·霍尔》，北京师范大学出版社 2016 年版，第 209 页。

③ ［英］迪克·赫伯迪格：《亚文化：风格的意义》，陆道夫、胡疆锋译，北京大学出版社 2009 年版，第 92 页。

方针的决议》，首次提出“公民意识”问题：“要在全体人民中坚持不懈地普及法律常识，增强社会主义公民意识。”①

公民意识是个体自我感知的重要内涵之一，是国家的公民关于自身权利、义务的自我意识和自我认同的总和，其核心内涵是身份意识，即意识到自己的公民角色，而不是臣民和群体。公民意识包括参与、监督公共事务的意识，自身的社会责任意识，平等、独立的人格，以及公共精神和自主理性等。② 简单点理解，公民意识体现了公民对于社会政治系统以及各种政治问题的态度、倾向、情感和价值观。

公民意识体现在自我感知中，就是维护和争取自身权利的意识、对社会公共事务的关注和维护、对社会公正的信仰和认同、自觉的批判精神、主动融入社会的良好意愿、高度的内省自觉等。③ 在宣传公民意识方面，媒体应该有自己的担当，在报道中渗透权利意识、参与意识、监督意识、义务意识和责任意识，才能切实尊重人民的合法权利。④ 可见，媒体塑造的文化场域与公民意识的形成高度关联。伯明翰学派针对文化对公民意识的削弱就有过一系列深刻的研究。

对于媒介文化如何消解个体自我认知中的公民意识，赫伯迪格曾给予深刻的分析。他认为，媒介文化能够形塑个体的自我感知趋向，让特定的社会群体亲近或远离社会公共事务。如广播和电视媒介的普及与西方社会进入后现代主义就有着密不可分的联系，媒介文化让传统“自我肯定”文化的根基松动，充满了偶然性，变得多样化和不稳定。在20世纪70年代的英国，无赖青年（Teddy Boy）、摩登族（Mods）、摇滚派（Rocker）和朋克（Punk）作为青年自我表现和精神迸发的仪式，成为电视媒介的衍生品。这与他们对社会文化的“解码”息息相关。

亚文化青年对社会文化符号的解码是“对抗”式的，他们对自我的定位是“奇装异服”“与父辈分庭抗礼”“行为别具一格”“精神富足者”，认为只有这样才能为社会所接纳，才能在青年群体中获得认同，否

① 陈力丹：《传媒，究竟宣传公民意识还是臣民意识?》，《新闻记者》2008年第1期。

② 姜涌：《中国的“公民意识”问题思考》，《山东大学学报》（哲学社会科学版）2001年第4期。

③ 胡弘弘：《论公民意识的内涵》，《江汉大学学报》（人文科学版）2005年第1期。

④ 陈力丹：《传媒，究竟宣传公民意识还是臣民意识?》，《新闻记者》2008年第1期。

则就是偏离了社会文化的轨道。[①] 他们完全不关心政治和公共事务。这群“历史上被毁掉的一代”将怪诞行为奉为表达自我的一种仪式，对其虔诚和崇拜，在他们的自我感知中，并没有对积极、健康的人际交往的认同，获得他者认同显然并不在他们的价值观体系之中。

从信息传播的实践层面上看，个体公民意识的激发必定基于其对公共问题和公共事务的关注。算法新闻构建的信息环境显然很难满足这一前提条件。现实中人类的交互主体可以是自我、他人、社会、机器，而在算法新闻的人机交互中，机器算法的交互对象只能是个体以及无数个个体组成的群体。机器算法需要对个体在交互过程中的符号进行“解码”，并借此感知个体的态度、情感和兴趣，但算法的建构机制中同时也包含了对绝大部分用户交互数据的全方位“解码”。也就是说，算法对个体的认知并不完全建立在个体释放的符号上（如个人对新闻的点击、评论、转发、点赞、浏览记录、停留时长、浏览层级、阅读共性等），而是大多数时候建立在社会部分群体的集体意识之上。这样，机器算法在很大程度上可能会将社会上某个群体的感知强加在个体之上，形成“编码—解码”的理解偏向。

算法新闻“解码”偏向的后果显而易见：那些上了“热搜”“热点推荐”的新闻信息，长期被娱乐明星、影视资讯、花边新闻、体育新闻、“标题党”新闻霸占，时政、文化、教育等严肃性、公共性、政治性议题并不是那么受算法的青睐，这造成算法新闻公共内容的缺失，个体对公共议题的敏感和需求程度下降。算法对用户数据的“解码”似乎旨在给资讯平台带来用户黏性和流量，却毫不理会其“核心价值观传播者”的角色。在2016年里约奥运会期间，王宝强凭借家庭丑闻，以一己之力将奥运赛事的热度压下，引发网络全民关注，即便是平时不关心娱乐甚至厌恶娱乐新闻的用户，也被“今日头条”们铺天盖地地推送“精神折磨”。本应置身国家体育荣誉公共议题下的“无辜”网民们被算法无情地驱赶到毫无公共精神、只剩娱乐致死的扭曲空间，这是对网民公民意识的摧残。

---

① ［英］斯图亚特·霍尔、托尼·杰斐逊：《通过仪式抵抗：战后英国的青年亚文化》，孟登迎、胡疆锋、胡蕙译，中国青年出版社2015年版，第141页。

在算法新闻的媒介情境下，算法对个体公共意识的消解越来越频繁，人机交互的增多导致面对面交流、探索、思维碰撞后获得知识的快感越来越少，知识互动的交往仪式被进一步撕裂和分解，人们将屏幕前的无聊、娱乐、怪诞、虚假、虚荣、妄想尊为神圣仪式而崇拜，以下场景不难想象：老人们深陷于虚假养生信息的囚笼，从中获得“自我认同”的快感，传统打扑克、下棋、遛鸟、坐在一起喝茶聊天的交往仪式被无情肢解；父母与儿童不再迷恋手捧墨香图书的共同阅读和面对面的知识传授，抖音、智能机器人取而代之，家庭温馨、相互理解、共同愉悦的智慧传递仪式不再。而这只是网络社会中公民意识逐渐被消解的开始。

可以预见，以“流量”为建构机制主体的算法新闻正成为分散公民意识的帮凶，在网络圈层化的传播环境下，算法新闻不仅没能有效服务每一个社会阶层在公共议题上的发言权和知情权，还造成了难以形成理性的社会成员间的对话和信息共享，以及长此以往的公民意识沦落深渊。

第四节　算法新闻价值观传播自我感知偏向的关键因素分析

本章的前三节通过扎根理论研究，提炼出基于自我感知的算法新闻价值观传播偏向的影响要素，建构了三级主题，并以主题框架为依据，借助“主我”与“客我”理论、“镜中自我”理论、自我知觉理论、认知失调理论等，提炼出算法新闻“按摩”了个体的内省理性、思辨能力被削弱、公民意识被淡化等理论想象。本节将通过实证量化分析的方法，以图实现对第三级主题进行精确归因，找出自我感知视角之下影响算法新闻价值观传播偏向的关键因素。

一　研究假设

根据对访谈资料的扎根理论分析，结合算法新闻价值观传播“自我感知”偏向的理论建构，针对身份认同、态度变化、情绪知觉、公民意识四个领域，以及各三级主题，分别作以下研究假设：

H1a：对职业（身份）认知越深刻，越有利于核心价值观的良性发展。

H1b：印象预测的精力投入越多，越利于价值观的良性发展。

H1c：形象差异和比对有利于接受良性价值观的熏陶。

H2a：视觉刺激对价值观的影响作用是显著的。

H2b：个体对算法新闻的效用满足程度与价值观良性传播呈正相关。

H3a：信息真实感越高，越有利于健康价值观的传播。

H3b：在算法新闻应用中的情绪发泄不利于核心价值观的良性发展。

H3c：积极的情绪转向有利于核心价值观的良性发展。

H4a：接触算法新闻的娱乐信息越多，越不利于对核心价值观的认同。

H4b：选择自由度越高，越利于提升公共意识，这有助于核心价值观的正向传播。

H4c：算法新闻信息内容越复杂，越不利于个体接收，这无助于核心价值观的良性传播。

以下通过实证分析，验证这些假设正确与否。

二　研究方法和过程

（一）研究方法

以自我、感知、态度、认知、情感等为内容的社会认知心理研究兴起之后，出现了一批测量这些心理要素的方法，众多学者创设了一些至今还沿用的测量量表。自陈量表是心理测量中最常用的方法，这种方法是研究者设计一系列有关心理状态或心理活动的问题，被试根据自我的心理感受或过往行为，逐一回答这些问题。

在执行中，一般由研究者制作包含多个问题的问卷，为每一个问题的项目进行李克特量表（Likert Scale）五级打分，以测量被试的相应心理状态。自陈量表的优点是实施简便，适用于被试较多的团体测量，也可应用于大众性的自我测评，设计的问题有非常广阔的创新和拓展空间，在社会认知心理学研究中广泛应用。自陈量表的缺点是被试的回答与其当时状态有比较大的关联，如迎合他人期望、没有据实回答、答题敷衍等情况。

针对自陈量表可能引发的研究缺陷，本研究采用以下三项对策解决：一是使用扎根理论研究法和个人非结构化访谈，确定了自我感知、环境认知、网络行为的主要测量指标，从而在问卷设计中排除了被试不太愿意接触和回答的问题，能够较好地弥补问卷设计中可能会出现的被试排斥作答、不实填写的缺陷。二是在正式发放问卷之前，开展预调研，优化问卷的问题设置，尽可能确保受调查者在填写的过程中不遇到填写的障碍和疑惑。三是在开展问卷分析之前，对问卷进行信度和效度的检验，确保问卷分析准确、有效。

（二）量表的制作

制作3个问卷，分别是《自我感知层面的算法新闻价值观传播偏向调查问卷》《环境认知层面的算法新闻价值观传播偏向调查问卷》《网络行为层面的算法新闻价值观传播偏向调查问卷》（问卷见附录），为避免受调查者发觉调研的意图，从而在相应的价值观衡量问题中有意识地选择，问卷不标明名称，只作简单的调研说明。

每样问卷由三大部分组成：

一是人口统计学变量，分为性别（在SPSS中设置为“名义”度量标准，为定类变量）和学历（在SPSS中设置为“序号”标准，为定序变量）。

二是自变量要素（三级主题）衡量（在SPSS中设置为“度量”度量标准，为定距变量），如《自我感知层面的算法新闻价值观传播偏向调查问卷》中，就是针对职业认知、印象预测、形象差异、视觉刺激、效用满足、信息真实感、情绪发泄、情绪转化、娱乐满足、选择自由度、思考成本11个二级主题，每个二级主题设置2个量表问题，2个量表问题的得分之和（区间为［2，10］）则是该二级主题的度量，得分越高，表明该主题的测量分值越高。

三是因变量要素（价值观）衡量（在SPSS中设置为“度量”度量标准，为定距变量），设置10个量表问题，衡量的价值观要素全部参考社会主义核心价值观的内涵，并且与相应的三级主题关联，10个量表问题的得分之和（区间为［10，50］）即该位被试的价值观评分。

在设计量表问题时，尽量以具体的算法新闻接触情境作为内容，而不是泛化的情境，以利于被试更准确地勾选。

（三）调研对象

当代大学生是算法新闻的重要用户群体，他们对于新闻信息推荐、短视频分发、数据可视化新闻、聊天机器人、智能视频和图像等应用有着较高的热情，同时作为新时代坚持和发展中国特色社会主义事业的中坚力量，他们在算法新闻建构的媒介情境影响下价值观取向如何，对未来中国特色社会主义事业的发展有重要影响，以其为研究对象具有典型性和较高的实用价值。因此，在 G 省选取 8 所高校，包括综合类本科高校、师范类本科高校、财经类本科高校、医学类本科高校、高职院校，对这些高校的部分大学生开展问卷调研和访谈。负责问卷发放的人员均为各大高校的教师，以大学生为调研对象，有利于保证调查问卷填写的顺利开展和回收问卷的有效性。

（四）问卷调研过程

考虑到每样问卷大约包含 36 个量表问题，如果 1 名学生填完 3 个问卷，要勾选近 110 个量表问题，显然工作量超额，不利于大学生认真、仔细、真实、客观地作答，很大可能会影响问卷的真实性、有效性。同时，调研还必须考虑到 3 样问卷的受调查者的同质化程度要高，但却不能由 1 人同时完成 3 样问卷。因此，在发放问卷时，以班级为单位，每个班尽可能分为 3 个人数相等的组，每组发放 1 样问卷，如某班有 50 人，则向 17 人发放《自我感知层面的算法新闻价值观传播偏向调查问卷》，向 17 人发放《环境认知层面的算法新闻价值观传播偏向调查问卷》，向 16 人发放《网络行为层面的算法新闻价值观传播偏向调查问卷》，依此类推。理由包括：一是某个班级可以视为同质化水平较高的群体，在某个班级随机抽取基本相同数量的样本，可以被认为每样问卷的被调查者基本同质；二是每位学生只需勾选 1 样问卷，确保了其有足够的精力认真填写。如某个班级人数过少，某专业博士班只有数人，则随机发放 1 样问卷。

在发放问卷时，有专人负责解释问卷和答疑，确保受调查者勾选量表问题的真实性、有效性。调研结束后向每位被试赠送小礼品。本次调研共发放问卷 3465 份，回收 3465 份。

三　结果与分析

共发放《自我感知层面的算法新闻价值观传播偏向调查问卷》1164 份，回收 1164 份，剔除无效问卷 27 份（主要包括涂改较模糊、无法辨认，以及明显大量连续选某序号的问卷），有效问卷共 1137 份。将数据录入 SPSS 软件，并利用 SPSS 对数据进行分析。对价值观度量量表进行信度和效度检验，经内部一致性检验，测得克朗巴哈系数（Cronbach's Alpha）为 0. 735（见表 4 －3、表 4 －4），表明本问卷的内部信度较好。经过 KMO 和 Bartlett 检验（见表 4 －5），KMO 为 0. 865，表明价值观度量量表的效度检验符合要求，适合做因子分析。

表 4－3　　自我感知案例处理汇总

	N	百分比（%）
有效	1137	100.0
已排除	0	0.0
总计	1137	100.0

表 4－4　　自我感知层面价值观量表可靠性统计量

Cronbach's Alpha	项数
0.735	10

表 4－5　　自我感知 KMO 和 Bartlett 的检验

取样足够度的 Kaiser-Meyer-Olkin 度量		0.865
Bartlett 的球形度检验	近似卡方	1333.612
	df	45
	Sig.	0.000

（一）学历越高，个体在自我感知领域的价值观越趋近社会主义核心价值观

运用单因素方差分析（One-Way ANOVA），检验“学历”变量对个体的价值观度量数值是否有影响。从表 4－7 可以看到，P＝0.284＞0.05，说明方差是齐的，可以进行方差分析。在表 4－8 的 ANOVA 分析中，P＝0.000＜0.05，表明学历组间肯定存在差异，具体差异如何，可以从表 4－9的组间分析中看出。在表 4－9 中，以学历为因子，组与组之间差异显著性的 P 值均＜0.05，表示任意两个组间存在显著差异，而差异如何体现，可以从表 4－6 的描述性统计中看出。在表 4－6 中的均值栏，可以看到学历层次越高，自我感知层面的价值观度量分数越高，表明学历越高的大学生，在自我感知领域体现的价值观与社会主义核心价值观越

趋近。高职学生的分数较低，本科生与硕士生的分数较接近，而博士生则较高，达到35.7619（满分50分），但这可能与博士的样本量过少（21人）有一定关系。

学历越高的大学生，接受的媒介素养教育越多，在科学看待复杂信息、筛选信息、分析信息、运用信息等方面接受了更多的训练，综合处理信息的能力也更强，从而在自我与外界信息的交互中更有效地利用信息。在算法新闻人机交互的过程中，他们凭借在自我判断、内省式思考、差异感知等方面积累的经验，更懂得从不同的媒介信息平台汲取有效信息，推动自我感知层面的价值观与社会主义核心价值观趋近。

表4－6　　自我感知层面价值观的总体描述

	N	均值	标准差	标准误	均值的95% 置信区间		极小值	极大值
					下限	上限		
高职	126	24.3730	6.01563	0.53591	23.3124	25.4337	13.00	41.00
本科	855	29.4433	5.85930	0.20038	29.0500	29.8366	15.00	43.00
研究生（硕士）	135	30.8444	5.38221	0.46323	29.9283	31.7606	15.00	41.00
研究生（博士）	21	35.7619	5.77845	1.26096	33.1316	38.3922	20.00	44.00
总数	1137	29.1645	6.12705	0.18171	28.8079	29.5210	13.00	44.00

表4－7　　自我感知层面价值观的方差齐性检验

Levene 统计量	df1	df2	显著性
1.268	3	1133	0.284

表4－8　　自我感知层面价值观的ANOVA分析

	平方和	df	均方	F	显著性
组间	4254.235	3	1418.078	41.849	0.000
组内	38392.010	1133	33.885		
总数	42646.245	1136			

表4-9　　自我感知层面价值观的多重比较

(I) 学历	(J) 学历	均值差 (I—J)	标准误	显著性	95%置信区间	
					下限	上限
高职	本科	-5.07026*	0.55548	0.000	-6.1602	-3.9804
	研究生（硕士）	-6.47143*	0.72106	0.000	-7.8862	-5.0567
	研究生（博士）	-11.38889*	1.37205	0.000	-14.0809	-8.6968
本科	高职	5.07026*	0.55548	0.000	3.9804	6.1602
	研究生（硕士）	-1.40117*	0.53910	0.009	-2.4589	-0.3434
	研究生（博士）	-6.31863*	1.28577	0.000	-8.8414	-3.7959
研究生（硕士）	高职	6.47143*	0.72106	0.000	5.0567	7.8862
	本科	1.40117*	0.53910	0.009	0.3434	2.4589
	研究生（博士）	-4.91746*	1.36550	0.000	-7.5967	-2.2383
研究生（博士）	高职	11.38889*	1.37205	0.000	8.6968	14.0809
	本科	6.31863*	1.28577	0.000	3.7959	8.8414
	研究生（硕士）	4.91746*	1.36550	0.000	2.2383	7.5967

注：* 表示均值差的显著性水平为0.05。

（二）自我感知层面价值观度量的正相关变量：职业认知、印象预测、选择自由度、思考成本

将自我感知层面的11个二级主题度量、价值观度量进行相关性分析，以皮尔逊相关系数（Pearson Correlation Coefficient）来检测二级主题与自我感知层面价值观的相关程度，结果如表4-10所示。

从表4-10可以看出，职业认知与自我感知价值观在0.01水平呈显著正相关（$P=0.000<0.01$），印象预测与自我感知价值观在0.01呈显著正相关（$P=0.000<0.01$），选择自由度与自我感知价值观在0.01水平呈显著正相关（$P=0.000<0.01$），思考成本与自我感知价值观在0.01水平呈显著正相关（$P=0.001<0.01$），说明随着职业认知、印象预测、选择自由度、思考成本的增加，个体自我感知层面的价值观越向社会主义核心价值观趋近。

个体从算法新闻中获取关于自身所处职业或其他职业的信息越多，越有利于良好职业价值观的形成，其对应社会主义核心价值观中的“敬业”“诚信”等内涵。个体在算法新闻的人机交互过程中越注重对自我形

象和他人预测的想象，更多地对信息传播行为注入同理心，越有利于良好交往价值观的形成，其对应社会主义核心价值观中的“平等”“友善”等内涵。个体能够不囿于信息选择的局限，借助丰富的信息平台和资源，从自我意识的层面突破算法目前造成的信息壁垒，有助于良性价值观的形成。个体愿意在接收算法新闻的过程中投入更多的思维成本和思考精力，这有助于对算法新闻内容的充分吸收，如关注优质的头条号、抖音号，在报道社会影响力巨大的社会公共事件的新闻或视频中评论等，都有助于自我感知层面价值观的优化。

表4－10　　　　自我感知三级主题与价值观度量的相关性分析

		职业认知	印象预测	形象差异	视觉刺激	效用满足	信息真实感	情绪发泄	情绪转化	娱乐满足	选择自由度	思考成本
价值观	Pearson相关性	0.170**	0.165**	－0.011	－0.044	－0.131**	－0.083**	－0.054	－0.057	－0.171**	0.129**	0.100**
	显著性（双侧）	0.000	0.000	0.711	0.138	0.000	0.005	0.069	0.053	0.000	0.000	0.001
	N	1137										

注：** 表示在0.01水平（双侧）上显著相关。

（三）价值观度量的负相关变量：效用满足、信息真实感、娱乐满足

从表4－10可以看出，效用满足与自我感知价值观在0.01水平呈显著负相关（P＝0.000＜0.01），信息真实感与自我感知价值观在0.01水平呈显著负相关（P＝0.005＜0.01），娱乐满足与自我感知价值观在0.01水平呈显著负相关（P＝0.000＜0.01），说明随着效用满足、信息真实感、娱乐满足的增加，个体自我感知层面的价值观越偏离社会主义核心价值观的内涵，即越不利于良性价值观的形成。

个体效用满足感的获得一方面反映了算法新闻对信息获取的帮助，另一方面反映了个体可能会对算法新闻存在一定的依赖，如满足于接受算法推荐的新闻和短视频，深陷于由兴趣构建的媒介景观中而不能自拔，也可能会沉溺于短视频、聊天机器人等虚拟社交。在此媒介环境中，个

体更容易受到单向度信息的影响，如一些猎奇的资讯和短视频就很容易影响个体价值观的良性发展。

信息真实感越高，自我感知层面的价值观会偏离社会主义核心价值观的内涵，这与研究假设不符。究其原因，信息真实感在一定程度上代表了个体对算法新闻的信赖度，但由于许多平台的算法未加入对信息甄别的机制，导致假新闻、“标题党”新闻、“后真相”新闻不时出现，如果个体对这些新闻的真实性过分信赖，后果很可能导致价值观受到负面影响。

娱乐满足的程度越高，越不利于个体对社会主义核心价值观的认同，符合研究假设。尤其是短视频平台早已成为大学生媒介化生活的重要组成部分，短视频的泛娱乐化、碎片化、去中心化却与社会主义核心价值观存在思想性、系统性、主导性的矛盾①，这足以推动社会思潮的传播呈现新的转向，引发价值观的混乱，催生新的网络意识形态治理难题。

四　算法新闻人机交互下自我感知层面价值观度量的回归模型

以上明确了在算法新闻人机交互的前提下，职业认知、印象预测、选择自由度、思考成本与自我感知层面的价值观呈正相关，效用满足、信息真实感、娱乐满足则与自我感知层面的价值观呈负相关。以职业认知、印象预测、选择自由度、思考成本、效用满足、信息真实感、娱乐满足为自变量，以自我感知层面的价值观为因变量，进行多元线性回归分析，结果如表 4 – 11 所示。从表中 Sig. 值可以看出，职业认知、印象预测、选择自由度、效用满足、娱乐满足的差异性显著（$P<0.01$），思考成本、信息真实感的差异性显著（$P<0.05$），设自我感知层面的价值观为 Y_1，职业认知为 X_1、印象预测为 X_2、选择自由度为 X_3、思考成本为 X_4、信息真实感为 X_5、效用满足为 X_6、娱乐满足为 X_7，采用非标准化系数，线性回归方程为：

$$Y_1 = 26.921 + 0.457X_1 + 0.398X_2 + 0.305X_3 + 0.249X_4 - 0.274X_5 - 0.325X_6 - 0.419X_7$$

① 唐亚阳、黄蓉：《抖音短视频与社会主义核心价值观的融合共生：价值、矛盾与实现》，《湖南大学学报》（社会科学版）2019 年第 4 期。

从该方程可以看出，各自变量前的系数正负值与相关性分析中的结果一致。根据量表的设置，X1、X2、X3、X4、X5、X6、X7 的取值区间为［2，10］，Y 的取值区间为［10，50］，该方程能够用于描述自我感知层面价值观与这七个自变量的关系，但由于具体算法程序（Programmed Algorithm）的赋值规则各不相同，只适宜作为参考。

表 4－11　算法新闻人机交互下自我感知层面价值观的回归系数

模型	非标准化系数		标准系数	t	Sig.
	B	误差			
（常量）	26.921	1.720		15.651	0.000
职业认知	0.457	0.109	0.121	4.190	0.000
印象预测	0.398	0.099	0.116	3.999	0.000
选择自由度	0.305	0.114	0.078	2.685	0.007
思考成本	0.249	0.110	0.065	2.256	0.024
信息真实感	－0.274	0.110	－0.071	－2.486	0.013
效用满足	－0.325	0.112	－0.083	－2.892	0.004
娱乐满足	－0.419	0.103	－0.118	－4.053	0.000

注：因变量为自我感知价值观。

五　算法新闻价值观传播“自我感知”偏向的结论

根据相关性分析和多元线性回归分析，人机交互视角下算法新闻的价值观传播在自我感知层面发生偏向，偏向的要素包括职业认知、印象预测、选择自由度、思考成本、效用满足、信息真实感和娱乐满足，至此已经能够验证研究假设，结果如下：

假设 H1a“对职业（身份）认知越深刻，越有利于核心价值观的良性发展”成立。

假设 H1b“印象预测的精力投入越多，越利于价值观的良性发展”成立。

假设 H1c“形象差异和比对有利于接受良性价值观的熏陶”不成立，两者无显著相关性。

假设 H2a“视觉刺激对价值观的影响作用是显著的”不成立，两者无显著相关性。

假设 H2b“个体对算法新闻的效用满足程度与价值观良性传播呈正相关”不成立，两者呈显著负相关。

假设 H3a“信息真实感越高，越有利于健康价值观的传播”不成立，两者呈显著负相关。

假设 H3b“在算法新闻应用中的情绪发泄不利于核心价值观的良性发展”不成立，两者无显著相关性。

假设 H3c“积极的情绪转向有利于核心价值观的良性发展”不成立，两者无显著相关性。

假设 H4a“接触算法新闻的娱乐信息越多，越不利于对核心价值观的认同”成立。

假设 H4b“选择自由度越高，越利于提升公共意识，这有助于核心价值观的正向传播”成立。

假设 H4c“个体在接触算法新闻时如果付出较多的成本，无助于核心价值观的良性传播”，不成立，两者呈显著正相关。

人机交互视角下算法新闻的价值观传播偏向的纠偏，可以从个体的自我感知优化上下功夫，包括在算法新闻生产和传播的算法机制中，致力于提升用户的职业认知；引导用户在接触算法新闻时把精力投入对自我和他者印象的预测，以及对内容信息的深入思考；提供更多体裁、形式、平台的选择，减少用户对单个算法应用的依赖；加入信息真实性甄别模块，引导用户对信息真实的良性感知；同时还要注重减少娱乐信息传播的权重。

本章从个体自我感知的层面分析了人机交互视角下算法新闻的价值观传播偏向，为优化算法、个体改良自我感知的模式和行为、外界对个体进行自我感知的良性引导提供了思路，详细的纠偏对策将在第七章集中阐述。下章将分析环境认知层面的算法新闻价值观传播偏向。

第五章

人机交互视角下算法新闻价值观传播的环境认知偏向

如果说自我感知是个体对自我的知觉反应，体现了价值观内化的方式，那么环境认知就是个体对外界环境的知觉反应，体现了价值观输入的方式。个体如何看待客观世界的他人、群体和环境，决定了价值观影响个体的方式。在算法新闻的环境下，人们对社会客体的认知是如何的？价值观以怎样的偏向影响个体对外界事物的看法？这些是本章力求回答的问题。

第一节　环境认知概述及其在研究中的应用

环境认知是个体对外部环境的知觉，即我们怎样看待与我们共存于世上的他人、群体和环境。随着社会认知心理学的发展，学者们更多地关注环境认知的过程及其可能带来的偏差，通过分析、比较、归纳等提质性方法，力图建立个体心理与外部世界问题之间的归因。如在世界范围内的种族歧视、阶级观念、刻板印象等，都是环境认知偏向所体现的焦点话题，也是这个知识领域力求解答的难题。环境认知的研究取向，都会回归如何调动人的自主性和创造性，协调人与客观世界的关系，提升自我管理的水平。在上一章研究个体的自我感知时，已有对“个体如何感知他人”的探讨，因此，本章将重点置于环境认知中的群体印象生成和刻板印象。

一 群体认知和社会认同

社会中存在各种各样的群体，每个个体也都隶属于特定的群体，而划分群体的要素很多，如性别群体、职业群体、亲属群体、班级群体、爱好群体等，个体一般会依照群体被感知到的基本特征进行类别划分，从而有助于表征群体印象。

（一）群体认知和群体印象生成

唐纳德·坎贝尔（Donald Campbell）认为，当个体形成群体认知时，感受到的是一个真正的特定实体，而不是众多个体的集合。个体在认知某个社会群体时，会按照接近性、相似性和共同利益原则，分析群体内部的组织结构，从而判断该群体是否为一个与其他群体区别开来的实体。[①] 当代的群体心理学已经拓展了“群体”的范畴，尤其随着互联网的兴起，必然要将网络上的群体纳入心理学的“群体”内涵之中。网络上的群体具有多样形态，如网络社区和论坛上的群体基于兴趣构成，具有匿名性和流动性；当某个媒介事件广泛传播时，大量的社会个体会依据观点、态度的一致而形成临时利益群体；长期的社会文化认同之下也会形成具有特殊标签的群体，如亚文化之下的青年群体。因此，本研究中的群体认知和印象不限于实体，还包括想象中的共同体。

群体认知的对象主要分为两类，一是群体一致性，二是群体差异性。一致性指群体内部联系的紧密程度和统一度，个体会感知自身与某群体一致的属性及其程度，从而判断是否归属于该群体。差异性则分为群体内差异和群体外差异，个体在感知群体内差异时，会将自身与群体其他成员进行对比，并对自己的群体内角色和地位进行认知；在感知群体外差异时，会将所在群体与其他群体进行对比，重在感知所在群体的优势，并以刻板印象或偏见来表征其他群体。

群体印象生成指个体通过群体认知，对某个群体的基本属性和特殊属性进行划分，并形成较一致的印象表征的过程。在现实交往中，个体会根据明显的外部特征来识别群体内成员，采用归类的方法尽可能快速地形成群体印象，这些外部特征如性别、肤色、年龄、职业等。在算法

① 王沛、贺雯：《社会认知心理学》，北京师范大学出版社 2015 年版，第 153 页。

新闻接触中，群体的外部特征则通过文本、图像、视频等形式表征，个体会基于信息加工、认知图式、整体与局部比对等环节，激活对社会群体的分类。例如，经由新闻推送和短视频推荐的媒介接触，个体会通过“女性为主体”“美颜”“主播”“穿着出格”“话语夸张”“PS”等特点来表征“网红”，通过“疯狂”“学生”“水军”“追星”等特点来表征明星的粉丝群体，通过“语气缓和”“理性”“特级教师”等特点来表征教育专家，等等。

印象生成的作用机制包括同化和对比。当群体印象被个体纳入自我感知的选择性接触和记忆时，该群体就有机会成为个体对环境认知的有效成分。个体如果对某群体有较高的社会认同，对该群体所体现的价值观认可度高，就会将自身的定位与行为向该群体趋近。如个体在与某新闻客户端的聊天机器人的对话中表达了自己对某条政治新闻的疑惑，并获得了即时答疑，必然或多或少增加了对该新闻媒体作为一个职业群体的认同，并在主观上将自身纳入网络政治参与的积极群体，这就是印象生成的同化作用。

印象生成的另外一个重要作用途径是对比，个体通过将自身所属群体与其他群体就某些属性和功能进行对比，从而巩固既有印象，或改变原有印象。如在2020年新冠肺炎疫情期间，某人发现《人民日报》《南方周末》《财新周刊》《澎湃新闻》等媒体的新闻质量高，刊发的消息获得大量推送，经过对比，发现这些媒体的信息质量明显优于自己原先关注的媒体；经此对比，以后对这些媒体的关注和接触会更多，这就是印象生成的对比作用。

总之，在算法新闻人机交互的实践中，不少场景涉及群体认知和对群体的印象生成，如在新闻推送的应用中，用户的兴趣点必定会涉及一定群体（如球迷喜欢的足球明星、女生喜欢的娱乐明星、老年人喜欢的养生专家等），推送的内容及其倾向会影响用户对某些群体的认知，印象也会随着接收信息的增多而发生改变（弱化、强化、“粉转黑”、“粉转路人”等）。用户在与聊天机器人对话过程中，如果涉及某类群体，机器也可能会传递错误的价值理念，例如微软的聊天机器人Tay就通过人机交互迅速学会了辱骂、种族歧视的话语，显然这为用户传递了不良信息，更是对受歧视群体带来了心理伤害。当新闻媒体的编辑在技术后台使用智能网络舆情监测系统，在特定媒介事件中面向的话语分析必定涉及某类群体，如2020年新冠肺炎疫情期间，新闻媒体的编辑在后台会接收海量关于医生和护士、政府官员、各行业老百姓等群体的大数据，舆情呈现的情境必然会促使他们更新对上述群体原有的印象。

因此，从环境认知层面研究算法新闻的价值观传播，必然要探索个体如何对群体进行认知和生成印象，结合社会主义核心价值观的内涵，拟对平等、公正、法治、敬业、诚信、友善等核心价值观要素进行衡量，以关系群体、职业群体、兴趣群体等作为访谈和问卷调查中的主要内容，以此考量个体对群体的认知和印象存在怎样的价值观偏向，以及能够用哪些要素评价这种偏向。

（二）社会认同及其在研究中的应用

社会认同是个体对群体认知的重要结果。社会认同是个体对自己所属社会群体所持有的，同时也是这一群体所共有的价值和情感特征。社会心理学家亨利·泰弗尔（Henri Tajfel）和约翰·特纳（John Turner）创立了社会认同理论，并发展出自我归因理论。社会认同理论是关于个体对群体的认知，泰弗尔将社会认同看作一个由类化、认同和比较组成的过程，个体总是趋向于获得群体感，在与群成员趋同的基础上收获群体的归属感，并将这种归属感用于划清与其他群体的边界①。社会认同心理过程的第一步是类化，即在想象中将自我融入某个群体；第二步是认同，即认为自己拥有与该群体相似的总体特征；第三步是比较，即对比自己所认同的群体相对于其他群体的优势，从而获得自我价值认同，实现自尊。从总体上看，社会认同理论强调个体对群体的社会分类，并在此基础上产生对自己所在群体的认同和对其他群体的偏见，在不断的对内群体和外群体的比较过程中提高自我价值。社会认同理论的研究思路对群体偏见、刻板印象、群体动力学等都产生了重要影响。

在算法新闻人机交互的过程中，渗透了个体对算法构建的群体镜像的认知，例如，用户在使用基于算法推荐的抖音短视频平台时，可能会优先窥探某类群体（如娱乐明星、健身达人、游戏玩家、创业大学生、教育专家、医学专家，等等）的社会生活，在技术的牵引下，个体会形

---

① 周晓虹：《认同理论：社会学与心理学的分析路径》，《社会科学》2008年第4期。

成或改变对这一群体的认知，并判断自己在群体中的角色，再依据对该群体的社会价值定位，以决定在何种程度上认同该群体，这一过程融入了个体对群体整体价值观的认同。典型的如在抖音看到许多大学生创业成功的影像，必然或多或少会激发个体通过努力奋斗、实现自我价值的理想，从而推动社会主义核心价值观中平等、敬业、诚信等品质在自身的内化。

可见，从社会认同层面研究算法新闻的价值观传播，要考量个体在算法新闻接触过程中形成的对所属社会群体的情感和价值观，在访谈、问卷调查中体现受访者和被试对所在群体的归类如何，对群体的价值认知如何，对群体的认同程度如何，以此考量个体的社会认同存在怎样的价值观偏向，以及能够用哪些要素评价这种偏向。

二　刻板印象生成

（一）刻板印象及其加工机制

1922 年，沃尔特·李普曼（Walter Lippmann）在《舆论》（*Public Opinion*）中提出“刻板印象”（Stereotype）的概念，意指大众媒体不可能客观反映世界的事物，对某些事件、群体、社会问题等客观的存在，只会选择事物的某些方面反映在媒体上，从而影响社会公众对这些事物的认知和印象。这样，就导致了公众对特定的事物持固定化、简单化的印象，对事物的价值评价也会带有强烈的个人情感，而不是理性的态度。[①] 在李普曼的眼中，刻板印象是“不正确的、非理性的、刻板固执”的。

从社会认知理论的角度来看，刻板印象指关于社会现象或群体的特征、属性和行为的一组固化、笼统的观念和知识结构。[②] 刻板印象的积极和消极影响并存，人类对客观社会环境的认知离不开刻板印象，它极大地提升了个体的社会认知效率，帮助人类在极短的时间内获得对事物的感性认识，快速掌握同类事物的变化发展规律。但同时刻板印象却制约了公众对新事物的接受，人们急于把新的信息纳入记忆中的简单结论，忽略许多创新性的元素，会踏入显而易见的错误陷阱。对此，李普曼呼

---

① ［美］李普曼：《舆论》，常江、肖寒译，北京大学出版社 2018 年版，第 66 页。

② 王沛：《刻板印象的社会认知研究述论》，《心理科学》1999 年第 4 期。

吁人们警惕缺少观察和思考的生活，那只会让人们缺乏发现意义的能力，对世界的认知陷入扁平化，沉沦于庸碌的生活之中。

在刻板印象的加工过程中，分类思维（Categorical Thinking）起了关键作用，这是由人类的思维特性和社会认知的复杂性决定的。人们借助先验的观念，抽象某类事物的共同特征和规律，在此基础上进行分类和简化。而通常人们需要面对海量的信息，自身的认知资源却十分有限，因此苏珊·费斯克（Susan Fiske）形容人类是“认知吝啬鬼”（Cognitive Misers）：追求在最短的时间内产生尽可能多的认知，追求效率。这在社会认知的过程中仿佛已经成为定式，人们乐意用刻板印象去进行社会判断，形成社会群体印象，并在印象的引导下与他人进行社会交互，而当刻板印象引发了诸如记忆扭曲、印象威胁、认知压抑等问题，甚至引发社会层面的冲突（如种族冲突、地域冲突等）时，人们还无法准确定位问题的根源，这是可悲的。①

这样的刻板印象在社交媒体时代并不鲜见，如部分网民将教授认知为“叫兽”，将专家认知为“砖家”，都是基于认知压抑的误导，不得不说这对于人们客观认知世界是一种心理伤害。而在算法新闻传播过程中，这样的刻板印象更是造成民众的记忆扭曲。如2016年美国总统大选期间，Facebook根据大数据分析，向特定用户推送支持唐纳德·特朗普的文章，从而将美国民众引入精心建构的“回音室”：人们常常只会接收观点单一的信息，却认为这种观点是其他大多数人所公认的，随着信息接收的增加，自己会愈发坚定这一观点，甚至连反馈的信息也传递出对这一观点的高度认同，同质信息的冗余让人们减少了听到多元化声音的可能，只能被迫接收单一的声音。

可以预见，随着推荐算法的日益成熟，人机交互的层次更趋深入，技术为用户搭建的“回声室”和刻板印象很可能不会终止，怎样在尊重用户需求的基础上去纠偏算法技术的价值偏向，成为算法新闻发展的一大课题。

关于人们怎样加工刻板印象，存在自动化加工和控制性加工之争。

---

① S. T. Fiske, “Stereotyping, Prejudice, and Discrimination at the Seam Between the Centuries: Evolution, Culture, Mind, and Brain”, *European Journal of Social Psychology*, No. 30, 2000, p. 299.

持自动化加工观点的心理学家认为，在社会认知的过程中，个体能够轻易地使用基于经验的类别划分，从而判断他者和社会，因此刻板印象是自动激活的。当个体试图应对未知事物或复杂的情境时，自动化加工的效率要明显高于控制性加工。众多心理学家都认为刻板印象的关键属性是“不可避免”，因为人或多或少都会存在偏见，即使个体努力避免和试图绕开，偏见依然会发生，因此刻板印象是自动加工和运行的。个体都是“认知吝啬鬼”，如果要对既有刻板印象作控制性加工，会产生大量的认知负担，消耗较多的资源；即便个体实施了控制性加工，也只是对自动加工的修正而已。①

对刻板印象持控制性加工观点的学者则认为，尽管刻板印象的启动是自动和顽固的，但其加工并非完全自动，这一过程受个体的动机、态度、情感以及具体情境的影响。维持自我形象的正确性就是一种强大的社会性动机，社会情境要求个体维护与他人的关系，或为自己的行为寻找合适的理由。例如，教师对后进生普遍存在偏见，但出于职业道德和行为规范的要求，也会在双方交往时努力撇开刻板印象，并试图修正偏见。又如，在算法新闻的接触过程中，某人可能对抖音、快手等短视频平台推送的内容有“刻意、不真实、夸张”的刻板印象，但每天在刷短视频的时候就会主动调整刻板印象为“帮助放松身心”“缓解压力”“有些视频还真有趣”，直至此次使用结束，才恢复原有刻板印象。苏珊·费斯克认为，群体归属、控制行为、自我提升等也是影响刻板印象控制性加工的重要动机。

进入20世纪90年代之后，刻板印象的复合加工机制越来越受到社会心理学家们的认可。刻板印象的复合加工即序列加工和平行加工，序列加工指个体首先自动化加工刻板印象，然后在此基础上进行控制性加工；平行加工指自动化加工和控制性加工是同时进行的，两者交织，相互影响，人们会根据情境的重要性或特殊性，决定对刻板印象的加工方式。多项实证研究表明刻板印象能够被一些因素影响，特别是保持积极的自我形象、维护健康人际关系、保证自身利益最大化、改造某群体在大众

① Mahazarin Banaji, “Implicit Stereotyping in Person Judgment”, *Journal of Personality and Social Psychology*, No. 2, 1993, p. 272.

心理上的刻板印象等，都是较常见的影响要素。

在算法新闻的接触中，对于刻板印象的加工就是一个复合的过程。鉴于当前媒介技术塑造的信息环境的复杂性、多样性、易变性，本研究采用“刻板印象是复合加工的”作为研究依据，认为人类个体在刻板印象的形成过程中是灵活、积极的主体，能够根据自我需求和环境的变化，适时调整对社会环境的认知。

综上所述，从环境认知层面研究算法新闻的价值观传播，可以将个体对社会环境的刻板印象衍变作为考察其价值观变化的重要视角，在个人访谈和问卷实证调研的过程中，将受访者和被试在算法新闻接触中形成的刻板印象视作一个复合加工的过程，探索算法新闻是否为用户建构了牢固的刻板印象，个体对刻板印象的复合加工作用是如何发挥的，在接触算法新闻的过程中刻板印象在何种程度上影响了用户的价值观接受，哪些要素在其中起关键作用。

（二）刻板印象威胁

研究刻板印象的意义不仅在于探索其内容和规律，更重要的是看到刻板印象背后深层次的社会问题，找出这些问题的社会认知根源，从而预测民众的社会情绪和认知行为，缓解由于刻板印象所带来的社会威胁和矛盾。

“刻板印象威胁”（Stereotype Threat）由克劳德·斯蒂勒（Claude Steele）提出，是一种个体对自身所在群体的社会认知，认为他人会根据负面刻板印象来评价自己，同时担心自己的行为或表现会验证这种消极刻板印象，进而还会导致心理压力、产生害怕体验，个体完成相关社会行为的水平降低。在刻板印象威胁之下，人们会担心犯错招来的他人对自身所在群体负面刻板印象的进一步加剧，尤其在困难的社会情境下，这种压力感特别明显。①

刻板印象带来的威胁并不少见，如性别歧视、职业歧视、种族歧视、地域歧视等，都是社会矛盾事件的常见根源。社会结构越是不合理、不平等，对群体的刻板印象引发的威胁就会越多，人们的情绪和行为也会

① Claude Steele, “Stereotype Threat and the Intellectual Test Performance of African-Americans”, *Journal of Personality and Social Psychology*, No. 69, 1995, p. 797.

越过激。即便是在表面和谐的社会环境下，刻板印象所带来的人际关系威胁也无处不在。例如，人们会根据群体能力的不同而在生活中带有迥异的态度，最典型的就是人通常会去与高能力群体合作，却漠视能力不足的群体，尊敬高收入群体和专业技术人员，却歧视低收入群体和底层平民。

刻板印象威胁对个体产生的影响包括焦虑、自我否定、工作记忆缺失、抑郁、领域不认同、回避困难等。个体在心理上激活刻板印象威胁之后，会试图否认自身归属群体的负面刻板印象，而这往往不是个人能改变的，由此唤起焦虑心理；长期被刻板印象威胁笼罩后，行为表现能力下降，产生自我否定和自我怀疑；难以认同自己所在的职业领域或社交范围，对工作认可度低，工作记忆的能力逐渐下降；长此以往，个体非常容易陷入心理抑郁。

部分个体为了避免刻板印象威胁对自我价值的挫败，会通过贬低刻板印象内容的重要性来逃避心理威胁，典型的如学校的后进生为了逃避“失败者”“学校的蛀虫”刻板印象对自身带来的心理伤害，会通过否定学业成绩的重要性，从而在内心滋长“读书无用”等错误价值观。

在算法新闻领域，刻板印象威胁带来的负面效应也并不鲜见，在新闻传播学界，有许多学者默认了算法新闻会建造“信息茧房”，人被困于自我意识建构的单向度的信息环境之中，沉浸在个人信息需求的虚假满足中，接触不同事物的机会逐渐缺失，难以接受新的观点和新的思想，很难再有创新的意识和喜悦感。如部分高校青年教师在新闻推送和短视频推送的影响下，接触了大量来自外界的“‘青椒’（青年教师）生存艰难”“受老教授压榨”“科研压力变态大”“帮学院领导和课题组负责人各种报假账”等刻板印象，越来越担心自己的境遇也会陷入刻板印象所描述的景象，从而产生沮丧、得过且过、抱怨、失去拼搏动力、将失败归因于外部因素等心理问题，在潜移默化中影响了“敬业”“诚信”等职业领域的价值观，给今后职业生涯顺利发展埋下隐患。

可见，从环境认知层面研究算法新闻的价值观传播，在理论的建构上要尽可能体现思辨性和人文关怀；在访谈和问卷实证调研的过程中，要理清受访者和被试在接触算法新闻的过程中可能会遭遇的刻板印象威胁，探索刻板印象威胁对个体造成心理负面影响的路径，在何种程度影响了对核心价值观的认同，哪些要素在其中起关键作用。

第二节 基于环境认知的算法新闻价值观传播偏向扎根理论研究

研究方法与设计、访谈过程与第一章第二节“基于自我感知的算法新闻价值观传播偏向扎根理论研究”相同，此处略过。

一 一级主题“环境认知”访谈资料的分析

（一）二级主题一：群体印象

三级主题一：圈层信息

算法新闻应用的圈层信息体现在内容的表现上，个体通过接触这些内容，感受到社会阶层的分化。由于年龄、学历、兴趣、职业、出身等差异，个体的信息偏好在客观上是存在差异的，而这些差异被算法捕获后，很有可能就转化为算法新闻中的圈层信息划分；如现实中的高收入者在其信息环境中更有可能接触到社会上层生活的图景，而低收入者在此方面的可能性相对而言就低得多。对阶层感知越深刻，可能会越不利于个体在富强、民主、平等、公正等方面的价值观塑造。

LS 从推荐的短视频中感受到阶层差距：

> “在快手里看到过很多购车、玩车的视频，感觉这世界上的有钱人真是太多了，还那么有时间，天天去外面跑，我们普通老百姓买台20多万的车了不得了，这些钱也就够那些人升级个小部件什么的。”（LS，铁路局动车司机）

三级主题二：画像偏差

算法新闻通过对人机交互行为进行数据化处理，为用户“画像”，并根据这一画像向用户提供信息服务。然而，算法在收集和呈现数据的过程中，偏差难以避免，如信息内容与现实的偏差、数据样本来源的偏差、算法计算程序设计的偏差、人类话语数据的偏见，等等，都会导致算法新闻的外显与客观真实的偏差。画像偏差体现在个体环境认知体系中对某部分社会现象的认知偏差，如对某一荒谬现象的错误理解、盲目信任标签化的权威等。该种情形在算法新闻的传播过程中比较常见，其根源是数据遭受污染，从信息传播的角度来看，可以理解为噪音的嵌入。画像偏差很可能会影响个体在文明、和谐、诚信、友善等方面价值观的形成。

XYW 觉得抖音上有些视频摆拍痕迹明显，会混乱对社会的认知：

> “有一段时间抖音上‘上下行电梯交错时，男子摸隔壁电梯对向而来的一对情侣中女方的手’的题材特别火，我记得新闻上报道了现实中有男子去学，被情侣中男方揍的新闻。”（XYW，私企老板）

HYM 认为算法过滤了部分质量很高的新闻作品，却让娱乐化的新闻拥有更高的概率呈现在用户面前：

> “我们的客户端推送一部分靠人工，一部分靠机器。算法会推送一些高热度的新闻，从后台的数据看，很多情况下娱乐性质的新闻占了主要。确实会有一部分质量非常好的报道被算法过滤了，很可惜的。所以值班编辑会人工置顶或推送一些重要、可能稍显枯燥的新闻，但总会有遗漏的，不是所有好的报道最后都有好的点击量。”（HYM，报社新媒体部主任）

HH 觉得在她所处的旅游行业中，算法推荐里的负面信息过多：

> “有时真的是不想讲了，那些新闻里发的我们这一行（旅游业）的负面太多了，其实市场这么大，（负面）有肯定会有，但不会像新闻里说的那么嚣张，很多旅行社也是正规合法经营的。现在搞得大家一说起旅游，就是宰客、坑人、强迫消费、潜规则，没有一样是好的。”（HH，旅行社导游）

ZF 认为偏向流量的算法决定了媒介只能是呈现部分人眼中的社会：

“现在的算法把太高的权重给了流量和内容标签，像KOL就很容易上热搜。我们做过名人头条号、微博上的评论意见分析，节奏是非常容易带偏的，特别是一些粉丝团队在那煽风点火，一上热搜，平台再根据算法一推送，就完了（舆论就被带偏了）。”（ZF，舆情分析师）

三级主题三：群体归属

在群体印象生成的过程中，个体会综合网络信息接收以及自身在现实中的体验，为某类群体定位，并由此产生对该群体的精神归属，或认可，或排斥，或中立。人类是社会性的存在，群体归属感能让个体充分感知自我存在的意义，在群体交往中主动接纳共同道德标准，并内化为自身的价值体系。① 群体归属是个体在社会、个人层面形成健康价值观的重要考量，关系到个体对自我社会角色的准确定位。

LSY认为虚拟社交扩大了她的现实交际圈：

“我通过抖音、快手的推荐认识了本地的Cosplay爱好者，大家都喜欢动漫，经常约好外出拍照，学校有活动也会互相关照。不然一个学校都没有几个同学有相似的爱好，不得闷死。”（LSY，学生）

LDY觉得所属群体的社会印象困扰着自己：

“觉得新闻上总是戴着有色眼镜看待我们程序员，像经常推荐给我一些程序员如何找女朋友，还有抖音上经常有视频开程序员的玩笑，像一个老大爷说‘你看我多精神，才25岁’，这种笑话还有很多。我觉得在外面只要我说自己是程序员，别人都会觉得我无趣、脱发、缺乏情调，太无奈了。”（LDY，程序员）

三级主题四：群体差异

在接触算法新闻的内容时，个体会观察到社会上各类群体的活动，

① 刘慧：《传播中的仪式对于群体归属感建立的作用分析》，《编辑之友》2012年第6期。

包括职业活动、娱乐活动、休闲活动、家庭活动等，并会在潜意识下将自我境况与他人进行对比、将原有认知与新增信息进行对比，以增进对社会各要素的认知。在对比的过程中，个体会发现某群体的形象或境况与既有认知不符，此时就会产生心理上的异动。我们平时所调侃的“没有对比就没有伤害”其实就是感受群体差异后的心理失衡。比较典型的如2020年5月，大量媒体和短视频平台根据流量算法，推送“某拆迁户分得8套安置房，收租收不过来”的新闻，部分网民很可能会对社会阶层分化进行重新认知，并由此产生心态失衡，这对价值观的良性建构是不利的。

ZS觉得短视频里呈现的教师形象与现实中还是存在差异：

> “我在抖音里看到很多老师有直播号的，特别是那些培训机构的老师，考研、公务员（培训）之类的，总是表现得激情澎湃、侃侃而谈，在我们学校很少有老师这样，就是两种感觉。有时会觉得自己是不是教了一个假大学，在上课时的状态跟视频里相差很大，可能也是我教学不到位的地方。”（ZS，高校教师）

DHY感受到企业员工职场环境的媒介与现实差异：

> “我在头条上看到过很多员工维护权益的新闻，像国家规定的加班工资、节假日、保险和公积金，新闻上还说很多企业都做到了，我怎么就没有享受到呢，就我所知我们这一行（电子设备制造业）就没几家有的。这样的新闻看得越多，就越反感，感觉媒体都不说真话。”（DHY，私企员工）

（二）二级主题二：刻板印象

三级主题五：刻板印象威胁

算法新闻上的刻板印象威胁大多来自对某群体、职业领域、社会热点现象等事物的持续性负面报道，长期、单向、倾向性严重的信息导致个体对某类事物产生负面印象和认知，而涉及的这部分群体就会感受到来自社会各方面的非议，如“污名化”就是非常典型的刻板印象威胁。

算法新闻的重要生产机制之一就是根据“标签”（关键词、敏感词）进行新闻传播价值的估算，如“女司机”“美女”“博士”“专家”等热门关键词，以及各个领域的KOL就非常容易得到算法给予的更多权重，从而相关信息也更容易获得推送。

HH担心所处行业的负面信息刻板印象会给她造成职业困扰：

> “我们这一行的负面太容易上新闻了，还有抖音、快手里也挺多负面的，客户多多少少都会戴着有色眼镜看我们，就觉得我们提供的服务项目里哪儿都不对，只想狠狠地宰他们，现在带队太难了。”（HH，旅行社导游）

HJJ觉得很多自媒体平台的话语传播产生了不好的地域“污名化”效应：

> “我在抖音刷到过很多南宁本地的美食博主，都是操着一口南普（“南宁特色普通话”简称）+白话（与粤语相近），搞得像在说相声一样，给人一种南宁人都是这样很浮夸、不靠谱的印象。还有那个在网络上很火的‘窃格瓦拉’（网络上流行的偷电瓶“梗”的当事人），因为也是这个口音，搞得我一些同事都在揶揄他是我‘友仔’（笑）。尽管知道是玩笑，但感觉总是不好的。”（HJJ，医生）

三级主题六：观点极化

观点极化即个体对某类事物持偏向性非常严重的观点、态度和情绪，我们日常所述的“在网络上节奏被带偏”“非黑即白”就具有典型的观点极化特征。如果说“信息茧房”真实存在的话，观点极化就是“信息茧房”的主要产物；算法会推送单向度的信息，个体在长期接触单一观点信息的情况下，往往不能辩证地看待事物的产生和发展，无法在网络秩序混乱时识别有效信息。如Facebook根据算法和用户大数据分析，将美国民众引入精心设计的情境中，迫使他们难以听到多元化的声音，不断固化“支持特朗普”的观点；不少青少年通过抖音、快手体验到虚拟社交的快感，在人格和价值观形成中受到虚无主义、消费主义、无聊亚文化等“信息噪音”的影响。

XRH 认为算法推送有时候是假新闻快速传播和网络集合行为的根源：

“疫情那阵，当时‘双黄连口服液’那事刚出来的时候，我们好几个同事就觉得可能要出事，微博、抖音、朋友圈上全是关于双黄连的。什么（新闻）热度高、评论多、点赞多、转发多，算法就推荐什么（新闻），网络上一片乱哄哄的，我们家里很多亲戚都在家族群里鼓动大家赶紧去药店囤货，搞得当时都傻眼了。”（XRH，电视台记者）

ZQ 认为社会对新一代年轻人的印象受到网络极大的影响：

“B 站（Bilibili）推出的那个《后浪》让我影响很深，刚开始全网都在推，抖音还有头条上都是，我还觉得说得蛮好的。后来大家都一起来讨伐它，媒体上就全是说它怎么怎么不好，是拍年轻人的马屁，我觉得会不会大家也顺带着对我们‘90 后’有不好的看法。搞得‘后浪’这个词都变得有点贬义了。”（ZQ，学生）

三级主题七：声像刺激

许多算法新闻的运用涉及视频、图像、界面交互，如视频制作、视频推荐、智能影像等，其中一些简单易用、交互性强的产品获得了广大用户的青睐。近年来，短视频平台的用户规模快速增长，行业发展进入新阶段，同时因其文化输出属性，以及在带动贫困地区脱贫、特色产品销售等方面的突出表现，获得国家各个部门的广泛参与和支持。截至 2020 年 3 月，中国网络视频用户规模达 8.50 亿，其中短视频用户规模为 7.73 亿，占网民整体的 85.6%。可以说，诸如短视频、智能影像等声像刺激强烈的算法新闻应用以“第一眼吸引力”收获了广大用户资源。视觉说服理论就提出了声像是比文字更具有情感和生命力的符号，在听觉和视觉被全方位调动的情况下，个体更容易进入媒介虚构的情境，也更容易产生心理上的趋近。从此层面来看，声像刺激对个体价值观偏向的影响很可能是比较显著的。

LSS 通过视频推荐激发了爱国情感：

> “今年（2020 年）国家测量登山队登珠峰那几天，我就是通过抖音推送的央视新闻直播看到的，之前一直关注不多，就是零星地看到一些新闻。通过直播现场近距离地感受，真是非常震撼，有一种（自己）就在身边的感觉，一下子爱国热情就被激发出来了。”（LSS，建筑公司文员）

SZQ 觉得短视频对自己的慈善行为有刺激作用：

> “我关注了不少慈善公益者的（抖音）号，来自各行各业，有些视频做得真的很感人，自己也亲眼见证过，所以慈善捐助就一直在做。”（SZQ，律师）

ZY 觉得短视频的影像刺激比文字更有效：

> “前段时候本地很多媒体都在推一个视频，就是疫情期间一个小女孩没法去学校，就跟着妈妈摆摊，她就在摊位下面的隔层里学习，真的好懂事。还有全网推的一个领舞的幼师，穿着朴素，长得极其漂亮，网民都夸她的穿着得体，不管是不是炒作吧，对这个行业还是有一个表率（作用）。”（ZY，公务员）

三级主题八：印象牵引

印象牵引的内涵与“议程设置”有一定相似，即平台通过特定的算法，让用户去关注某类话题，算法可能不会影响用户对待某个事件的看法，但能促使他们去关注哪类事情。这样，个体会因为算法的“牵引”而在潜移默化中增加了对某类事物的认知，从而加剧刻板印象的生成。如各类平台根据特定算法推出的“热搜榜”，就是比较常见的能够“牵引”个体生成对某类事物印象的应用场景。

HJJ 认为热搜严重影响了青少年对客观世界的认知：

“抖音的热搜推荐，10 个里至少有一半都是明星，特别是那些‘小鲜肉’，我就想不通了，国家一天发生这么多大事，就不能多推这些吗，非要推那些所谓的明星。像我上了年纪，一般就不去关注它，那些初中生、高中生天天看这些娱乐新闻，不颓废才怪。”（HJJ，医生）

三级主题九：情绪感染

情绪感染（Emotional Infections）指人们通过捕捉他人的情绪来感知周边人的情感变化，同时人对客观事物的态度和相应行为也会根据对他人情绪的感知来进行调整，这是一个交互的过程。[①] 算法新闻的人机交互在一定程度上也是个体与他人在观点、态度、行为等方面的数据交互，个体与他人共享知识和观点，在此过程中情绪会受到新闻内容或他者观点的影响。

例如，Facebook 将用户对新闻的“表情”作为推送演算的重要依据，当 Facebook 有意减少“积极表情”的权重时，用户会接收更多负面情绪的帖子，而提升“积极表情”的权重时，用户就会接收更多正面情绪的帖子。[②] 情绪感染在虚拟社交平台并不鲜见。因偷电瓶而成为“网红”的周某 2020 年出狱时，抖音、快手等短视频平台依据热点算法，集中推送“周某被某传媒公司以 300 万签下”的假新闻，在评论区大量出现诸如“犯法出来当网红也能大赚一笔，干脆我也去”“认真工作有什么用，还不如一个混子”等表达强烈情绪的话语，这种情绪很快就在网络中蔓延，显然这种观念对于核心价值观的良性传播是极为不利的。

CYJ 表示会受到不断重复的信息的感染：

“我个人对军事是非常感兴趣的，可能系统把我归类为‘特别爱国的人士’吧，头条上总是向我推荐一些不切实际的信息，都是‘××方面世界第一’‘×国也要惧三分’‘领先世界×年’‘你万万

① 王潇、李文忠、杜建刚：《情绪感染理论研究述评》，《心理科学进展》2010 年第 8 期。

② ［美］李·丹尼尔·克拉韦茨：《奇特的传染：群体情绪是怎样控制我们的》，刘晓艳译，中信出版社 2019 年版，第 155 页。

没想到的是……'之类的内容。对，都是一些'标题党'。看多了，你别说有时还真的信，像被洗脑了一样（笑）。”（CYJ，烟草集团员工）

HYM 指出不应排除机器写作融入社会关系情感的可能性：

“在我们分社，机器人主要是写类似报告的新闻稿，像带有感情色彩的稿子目前它是写不出来的。你说它是不是带有价值观成见，肯定会有，像我们一直在完善采访内容的数据库，里面有很多案例，我们和阿里的技术那块也一直在做特色报道的算法应用，如果数据库真正应用起来了，机器写出这种（融入社会关系情感的）稿子也不是不可能。”（HYM，报社新媒体部主任）

（三）二级主题三：社会关系

三级主题十：焦虑感

个体对环境认知的建构很大程度上建立在不断与外界对比的基础上，如对生活水平、薪酬收入、文化学历、知识涵养等方面的比较。通过对比，个体逐渐完善对社会各个领域的认知，同时产生对目前自身所处社会关系的知觉，如满意、沮丧、激励、焦虑等。社会焦虑（Social Anxiety）是社会民众普遍存在的一种紧张心理状态，尤其在中国社会急剧转型的时期，社会热点事件频发，社会成员之间竞争加剧，并表现出对自身生活境况和家庭生计的忧虑和担心，缺乏安全感，“焦虑”成为民众对自我认知的一个普遍标识①。个体如果持续处在过度焦虑的状态，对于民主、自由、平等、公正、法治、爱国、敬业、诚信、友善等核心价值观的形成是极为不利的。在访谈中，就有不少受访者表达了环境认知层面上的焦虑感。

YF 从算法推荐的新闻中感受到挫败感：

“我的头条里有很多研究生考试的信息，看到研究生出来工资才 2000 多，还说研究生越来越不值钱，有点沮丧。但平时看抖音、快

① 朱丽丽：《网络与现实：煽情传播背后的社会焦虑》，《新闻记者》2011 年第 8 期。

手里那么多鼓励去考研的视频，包括一些培训机构的老师像打鸡血一样说考研好，有时就会觉得茫然、动摇之类的。因为我是专升本上来的，基础在班里也一般，家里条件也不好，不知道以后向哪发展，看多这些新闻了，确实很矛盾。”（YF，学生）

LSY 对职业发展的前景存在焦虑：

“我的手机上推送有很多创业的新闻和视频，大部分都是学生或者刚毕业几年，有些人说创业初期都是要交‘学费’的，我看有些博主的视频里说还换了几次（创业领域），生活早出晚归的很辛苦，但有些也很成功，两三年时间里车子、房子都有了。我毕业后有在学校附近做点小生意的想法，就感受很担心，太多未知数了。”（LSY，学生）

三级主题十一：情境归因

从社会认知心理学的角度看，个体在“成功与否”层面的自我解释可以分为情境归因（外部归因）和自我归因（内部归因），在大多数情况下，个体对成功会采用自我归因的方式，即认为获得成功是自身努力的结果，而对失败则会采用情境归因，即认为遭遇失败是受到了外部各种条件的制约，不可抗力导致自身的失败。在算法新闻建构的虚拟社交情境中，个体的社交满足感一部分来源于情境归因，合理的情境归因是正确社会认知形成的基础，如果情境归因有失偏颇，很可能导致环境认知的偏向。

HH 有过买了抖音博主带的货，结果上当的经历：

“我以前关注过一个博主小姐姐，卖健身服的，我买回来后，发现版型、质感什么的都很差，给她私信，在评论留言，结果她把我拉黑了。在直播时表现得那么热情，全是假的。抖音推送的都是什么呀，很多都不经过审核，说多了都是泪。”（HH，旅行社导游）

YRY 认为智能影像引发的社交互动能够改变对他人的印象：

“那些人脸识别的智能程序很受欢迎，像有段时间‘换脸术’，就杨幂换朱茵那个，在我们同学中就蛮火的，大家都过了一把明星瘾。还有像军装照那些，以前有一个追我的男生就喜欢在朋友圈发这些图像，还带上一些爱国激情的文字，确实对他就蛮有好印象了（笑），感觉比较正派。”（YRY，学生）

三级主题十二：自我价值认同

自我价值认同即个体对自我存在价值的评价，具有较高自我价值认同的个体，能够客观、理性地看待自我以及自我与外界的关系，具有积极、独立的人格，有明确的目标，勇于奋发图强，在社会实践中能够较多地体验来自他人和社会的承认、赞许。在算法新闻建构的信息场域中，当情境涉及自我利益和需求满足的时候，个体就会产生对自我价值的认同（或否定），并适当调适对自我价值的期盼，具有积极人格特质的个体还会努力朝更高的自我价值认同努力。

SZQ 认为算法推荐让自己更好地将自我价值实现与社会需求联系起来：

“我平时比较多关注公益，头条号向我推荐了很多优质文章，我也认识了很多公益人士，在抖音上也有专门做类似‘暖视频’‘山区儿童’题材的号。对于一些需要获得捐助的信息，在判定真伪之后，我和我老公都会捐助一些。不存在什么刻意要去做，或是宣传的目的，就是尽自己的能力，发挥作用。”（SZQ，律师）

YRY 觉得新闻和视频推荐里的职场信息对自己的职业规划有一定影响：

“我的手机推荐有很多职场的信息，可能是准备毕业的原因吧，平时比较多关注求职信息，搜索记录很多都是招聘信息，就觉得（对于求职来说）家庭的因素很重要，还有要学会包装自己，在打扮上和简历上花功夫，也不是说造假，就是适度夸大。还有要遇到贵人，我看‘非你莫属’里有些求职者的经历，没有人帮对于我们这

种‘萌新’真是很难。”（YRY，学生）

二　“环境认知”的三级主题划分

通过对访谈资料的扎根理论分析，得出在“环境认知”一级主题之下存在3个二级主题，二级主题之下分为12个三级主题，具体总结见表5-1。

表5-1　环境认知层面的主题类属划分情况

一级主题	二级主题	三级主题
环境认知	群体印象	圈层信息
		画像偏差
		群体归属
		群体差异
	刻板印象	刻板印象威胁
		观点极化
		声像刺激
		印象牵引
		情绪感染
	社会关系	焦虑感
		情境归因
		自我价值认同

（一）群体印象

群体印象是在接触算法新闻过程中形成的对特定群体，如自身归属群体、社会典型群体、各阶层群体等的印象。三级主题包括通过接触算法新闻内容而感受到的社会阶层分化、通过对比算法新闻与社会真实景象而导致的认知偏差、结合现实体验与算法新闻中的群体呈现而生成的对某群体的精神归属、因算法新闻的群体媒介图景与个体既有认知不符而产生的心理异动。群体印象涉及社会主义核心价值观中的富强、民主、平等、公正、文明、和谐、诚信、友善等要素。

（二）刻板印象

刻板印象是在接触算法新闻过程中形成的对特定群体、社会现象等比较固定、单一的评价和看法。三级主题包括通过算法新闻接触到倾向性严重的信息而导致的对某类事物的负面认知，以及由此带来的群体压力，对某类事物持偏向性非常严重的观点、态度和情绪，因算法新闻营造的强烈声像刺激而容易在精神上融入媒介虚构的社会情境，通过捕捉他人的情绪来调适自身对客观事物的态度和对他人的情绪。刻板印象的负面影响涉及社会主义核心价值观中的所有要素，是个体环境认知层面的关键指标。

（三）社会关系

社会关系指个体对自身与他人、社会之间关系的认知。三级主题包括通过与他人、其他群体的对比，对自身生活境况和个人能力所产生的忧虑和担心，在虚拟社交中将情境的生成归因为自身或外部环境，以及自我利益和需求得到满足（或不满足）的时候，个体产生的对自我价值的认同（或否定），其中还包括对自我价值期盼的调整。如果说群体印象和刻板印象是个体对他人、社会媒介景象在思维上的建构，那么社会关系在一定程度上表征了个体对自身与社会关系在交互行为层面上的初始建构，可以视作价值观偏向在“环境认知”与“网络行为”之间的缓冲地带，对于民主、自由、平等、公正、法治、爱国、敬业、诚信、友善等核心价值观的形成至关重要。

第三节　算法新闻价值观传播环境认知偏向的理论建构

以上通过对访谈资料的扎根理论分析，总结了环境认知偏向的影响要素，本节将依据三级主题，对算法新闻环境下的环境认知进行理论建构。

一　“信息茧房”的存疑

刻板印象是个体环境认知的重要构成，站在算法新闻的视角看待刻板印象，“信息茧房”是无法绕过的话题。近年来学界大多对“信息茧房”持批判态度，似乎已经默认了“信息茧房”现象的客观存在，却很少有人论证其真实存在性（或者说该观点的合理性）。目前，国内还未有系统的对“信息茧房”的实证研究，而在国外，很多实证研究已经论证了算法推荐平台并没有使用户出现明显的“信息窄化”问题。其实换一个角度，学界斩钉截铁地提出算法导致“信息茧房”，并一致让我们相信其存在，这是不是自我构建的一个“信息茧房”呢？

（一）对算法的控诉

凯斯·桑斯坦（Cass Sunstein）在《信息乌托邦》中提出了“信息茧房”（Information Cocoons）和“回音室”效应（Echo Chambers）。桑斯坦认为，在信息的过滤机制下，网络上的每个人都能获得自己喜欢的信息，听到的是自己的回音，相同的声音被不断重复，异质的观点被远离，个体忽略了与外部世界的信息交流，这是一个作茧自缚的过程。[①] 被困在算法之茧中的人们，就像柏拉图“洞穴隐喻”中的囚徒，他们待在一个封闭的洞穴中，不能转头，在他们的后方有一堆火，他们只能看到洞壁上自己的影子，并自然而然地认为影子是唯一真实的事物。[②] 算法就是这个洞穴。

2017 年 9 月，人民网以《不能让算法决定内容》《别被算法困在“信息茧房”》《警惕算法走向创新的反面》三评算法推荐，引发广泛热议。算法新闻推荐致力于满足用户的个性化信息需求，通过获取和分析用户的各类数据，为用户“量身定制”新闻产品。在中国算法新闻推荐领域，首当其冲受到“制造‘信息茧房’”诟病的是今日头条。2018 年，国家广播电视总局就针对社会舆论强烈关注的今日头条、快手传播有违主流价值观信息的问题，严肃约谈了两家机构的主要负责人。今日头条、一点资讯、抖音、快手等信息聚合平台被认为看似满足了用户的个性化信息需求，实则滥用算法，刺激用户内心不健康的欲望，算法与其说是信息传播的辅助者，还不如说是强化偏见、让用户陷入“信息茧房”的罪魁祸首。

今日头条的张一鸣曾对此给予辩解，他认为今日头条只是利用算法满足用户内心深处的个性化信息需求，至于引导价值观和教育人，应是媒体在生产新闻时就应该尽到的责任；算法作为底层技术，没有办法代

---

① ［美］凯斯·桑斯坦：《信息乌托邦》，毕竟悦译，法律出版社 2008 年版，第 20 页。

② ［古希腊］柏拉图：《理想国》，郭斌、张竹明译，商务印书馆 1986 年版，第 31 页。

替人去思考和进行价值选择，只是帮助用户实现了他本就想去完成的信息接触。张一鸣的辩词遭到了众多学人和社会各界人士的反对，“算法的作用是强化用户在某一方面的价值观和行为，它会激发人性的各种欲望，把人带入认知的偏见，最后让人成为算法的囚徒，它的价值观就是迎合用户合理或不合理、理性或不理性的一切观念，这是一种变相的对用户的灌输”，这一说辞成为反对者达成的共识。

（二）为算法正名的声音

国外部分学者通过实证研究，发现基于算法的信息推荐平台对“信息茧房”的形成有一定作用，但效果非常有限，尤其个体之间存在较大差异，部分“被动接受”算法推荐的用户并没有出现“信息窄化”的现象。

Moller 等学者对同一新闻源的数据进行实验，将其应用于不同类型的推荐算法，并与人工编辑的选择比较，结果发现基于推荐算法的信息与人工选择的信息对比，异质特征并不显著。[①] Nechushtai 等学者对 168 位政治倾向不尽相同的用户进行实证调研，发现他们利用谷歌搜索唐纳德·特朗普和希拉里·克林顿的新闻并进行一段时间的浏览后，每个人随后被推荐的信息差异性不大。[②]

Borgesius 等学者则认为应该全面看待“信息茧房”，媒介形态的分化让人们拥有多样化的信息源，Facebook、Twitter 这些基于算法的社交平台并没有垄断信息出口，没有人会排斥与家人、朋友、同事的沟通交流，人们会有多种途径接触不同的观点，尽管确实有不少人因对信息的选择性接触、理解和记忆而陷入信息窄化，但绝对的“信息茧房”是不存在的。[③]

---

① Moller J. , Trilling D. , Helberger N. , et al, “Do not Blame it on the Algorithm: An Empirical Assessment of Multiple Recommender Systems and their Impact on Content Diversity”, *Information, Communication & Society*, No. 7, 2018, p. 59.

② Nechushtai E. , Lewis S. C. , “What Kind of News Gatekeepers do we Want Machines to be? Filter Bubbles, Fragmentation, and the Normative Dimensions of Algorithmic Recommendations”, *Computers in Human Behavior*, No. 9, 2019, p. 298.

③ Zuiderveen Borgesius F. , Trilling D. , Moller J. , et al, “Should we Worry About Filter Bubbles?”, *Journal on Internet Regulation*, No. 1, 2016, p. 401.

Dubois、Blank① 和 DeVito② 的调查都支持“人们过于担心信息茧房效应”的结论，尤其是对政治感兴趣的用户，他们不会被算法所左右，视野不会受限。

（三）“信息茧房”中的主体要素

学者们在论述“信息茧房”时，绝大多数是将媒介技术的角色及其负效应作为研究主旨，或多或少忽略了“人”作为主体在“信息茧房”中的角色。关于人对信息环境的主动建构，早在 1944 年，保罗·拉扎斯菲尔德（Paul Lazarsfeld）等人在“伊里调查”中就发现民众对信息的选择性接触，民众有意选择那些能强化他们已有观点的讯息，而避开相异的讯息。从心理学的角度来看，认知负荷理论（Cognitive Load Theory）较好解释了“选择性接触”的机理。约翰·斯威勒（John Sweller）提出认知负荷是被要求施加在工作记忆上的智力活动总和，当认知负荷超过个体承受能力，个体就会选择日常关注、与自身观念一致、喜欢的信息，以减轻认知负荷。

因此，“信息茧房”也可以被视作个体降低认知负荷的产物。每一名用户在首次使用今日头条、一点资讯、抖音等应用时，系统都会发出“你感兴趣的话题”（如娱乐、体育、教育、健康、游戏、时政、经济等）设置，实际上用户在这里早已种下“信息茧房”之因，最初的选择已经代表了个体对算法的妥协，以及对降低认知负荷的委婉态度。之后所谓的进入算法构筑的“信息茧房”，实际上就是用户自主选择的后果。

而且如果我们追溯媒介技术变迁史，“信息茧房”真的是算法的独特产物吗？拟态环境、议程设置、培养理论、沉默的螺旋等理论，其实都有“信息茧房”的意味。即便是在算法推荐新闻还未普及的传统媒体时代，绝大多数用户对信息的接受也是有选择性的，并不会去特意苛求“尽可能广博”的信息来源和内容。这一点相信生活中的绝大部分人都有体会：在传统媒体的时代，很难想象一个不关心政治的人会主动看报，

① Dubois, Blank, “The Echo Chamber is Overstated: the Moderating Effect of Political Interest and Diverse Media”, *Information, Communication & Society*, No. 5, 2018, p. 729.

② DeVito, “From Editors to Algorithms: A Values-based Approach to Understanding Story Selection in the Facebook News Feed”, *Digital Journalism*, No. 6, 2017, p. 753.

很可能他感兴趣的主要是娱乐杂志或报纸的娱乐版。到了算法新闻的时代，就因为他天天满足于“今日头条”们推送的娱乐新闻，就说他被算法拉进了“茧房”？这似乎有些牵强。毕竟在传统媒体的时代，他已经为自己建造好了“茧房”。

可见，即便是在算法新闻的所谓“个性化时代”，个体的自我选择权依然存在，用户完全可以借助有意识的网络信息交互行为，去引导算法为自己服务，从而打破“信息茧房”的藩篱。过多地强调技术带来的伦理缺陷，可能并不利于我们从人类主体性方面去内省，以及反思如何凭借个体的努力去破除所谓的“信息茧房”。

二 拟态环境的人机共建

“拟态环境”是李普曼提出的传播学经典概念，其核心在于揭示人们从大众媒体上接触到的信息环境并不是现实环境的再现，而是经过了媒体对信息的加工。拟态环境对人们认知社会的影响巨大。

（一）算法对拟态环境的塑造

维纳（Norbert Wiener）在《控制论》中就提出，一切物质或精神，包括人的思维，都存在于一定的“系统”中，受到不同形式的控制，且自身与这种控制有协调的反馈关系。[①] 在以算法为主导的系统控制模式下，其核心在于通过收集海量的用户数据和环境数据，为整个信息传播系统注入高效的反馈。当人们在智能手机上安装各类 App，运行这些 App，运用网络进行社交、消费、接收信息等活动时，能够表征这些行为的数据已经被算法截取，并用于为用户“画像”。

随着算法、大数据等技术在新闻生产和传播领域的应用，一些技术型互联网公司在一定程度上介入了以往传统媒体所牢牢把持的信息传播阵地，其核心就是将机器算法应用在新闻和视频的分发、推荐领域。记者和编辑等传统“把关人”的一部分权力被让渡于智能算法，传统筛选信息的职业规范和道德伦理并未完整融入算法中，这也导致了今日头条、一点资讯等 App 一直遭受非议：用户只会看到自己感兴趣的内容，从而将自身桎梏于新的拟态环境中。从社会建构的观点来看，算法通过分析

---

① ［美］诺伯特·维纳：《控制论》，陈娟译，中国传媒大学出版社 2018 年版，第 67 页。

个体在网络上各类话语和意义的生产、传播，为个体塑造了合乎某些特定意义的景观，植入特定程序的算法为个体建构了新时代的拟态环境。

（二）个体在拟态环境塑造中的主体性

实际上，学界大多关注了李普曼对拟态环境持不乐观的态度，却鲜有人思考他对拟态环境的另一层表述：尽管大众传媒对客观现实进行选择式报道，但个人总会接触到不受人主观意志而转移的客观环境，人会将自我经验与“象征性现实”连接起来，建立“自我图景”。① 简而言之，对个体而言，社会认知下的拟态环境掺杂了主观意识。

一个很具讽刺意味的事情，就是微软推出过聊天机器人 Tay，微软在设计算法时并没有限制它的语言和交往模式，结果 Tay 在 Twitter 上通过机器学习，快速学会了辱骂、种族歧视的话语，而这些话语和观点都是在与人的互动中学会的，可谓是人类自己“教坏”了它。个体在人机交互中的偏见和错误认知会作为算法的学习对象，并且在后续算法环境的建构过程中向个体反馈，非常吊诡的是，算法如此荒谬的解读恰恰符合部分群体固有的成见，他们不会去质疑，反而觉得人机交互的反馈“正合我意”。

尼古拉·尼葛洛庞帝（Nicholas Negroponte）早就预见了与计算机共生的人类世界，在这个世界中充满了个性化的界面。② 在算法新闻时代，人类和算法必将共栖共生，而且把关人、沉默的螺旋、议程设置等理论早已提示我们拟态环境衍生的问题绝不会一劳永逸地得到解决，人类能做的就是努力找到与算法和谐共处的心理状态。

当我们面临算法建构的“信息茧房”和拟态环境时，我们如何定义偏见？我们判断偏见的标准从何而来？如果人类本身就充满了偏见和歧视，却要求算法变得理性和公正，这样的要求合理吗？这些问题都值得人类深刻反思，并且充分理解自我在建构拟态环境时所拥有的主体性，只有这样，才能在技术还不是尽善尽美的时候，充分挖掘个体意识和行为的主观能动性，在人机交互过程中努力引导算法，让机器为自己服务，

---

① ［美］李普曼：《舆论》，常江、肖寒译，北京大学出版社 2018 年版，第 135 页。

② ［美］尼古拉·尼葛洛庞帝：《数字化生存》，胡泳、范海燕译，电子工业出版社 2017 年版，第 88 页。

而不是作为被动的信息奴隶。

（三）消减算法新闻刻板印象的可能性

在柏拉图的洞穴隐喻中，有一个囚徒走出了洞穴，发现了洞穴的真相，原来他们之前所看到的一切全是假象，外边是一片充满阳光的世界；当他回到洞中，去警示和救出他的同伴时，却被固执的同伴拒绝，同伴们根本不想离开已经无比熟悉的洞穴，并且还认为那人已经无法识别“影像”了。消减算法新闻带来的个体环境认知中的刻板印象，需要人类成为那位勇敢的囚徒。

Price 等学者认为尽管在算法推荐与观点极化之间存在较强理论关联，但这些关联尚缺乏足够的实证研究来证实；通过对经常关注不同媒体的用户进行调查，发现他们在应用基于推荐算法的社交平台时，能够主动接收不同的观点，并更好地理解他人的立场和思想①。在人机交互日益频繁的算法新闻环境下，减少信息熵就能够消减算法带来的刻板印象。经由以上分析，拟态环境是由算法和人类共同建构的，从技术上规范算法的构成，加上人类对算法的自我调适，有意识地调整自身对信息的接收，消减算法新闻带来的刻板印象是非常有可能的。

三 媒介情境“前台—后台”界线的算法重构

约书亚·梅罗维茨（Joshua Meyrowitz）参考戈夫曼的拟剧理论，提出了媒介情境论，他认为媒介技术重新布置了社会的“场景”，在技术的牵引下，处在舞台“前台”和“后台”的人的界线不再分明，由此带动了人们对他人身份和行为方式的认知、情感代入，而这些都会体现在社交场景的变化②。例如，电视让儿童窥见了成人世界，家长不再能够以“权威”的身份与儿童进行对话，儿童成人化的话语和行为被激发；公众通过电视，窥视了一直处在社会“后台”的政客的表现。对此，梅罗维茨对媒介技术带来的社会人际交互寄予乐观期盼，人与人更广泛的交流

---

① Price, V., Cappella, J. N. & Nir, L., “Does Disagreement Contribute to More Deliberative Opinion?”, *Political Communication*, No. 1, 2002, p. 95.

② ［美］约书亚·梅罗维茨：《消失的地域：电子媒介对社会行为的影响》，肖志军译，清华大学出版社 2002 年版，第 111 页。

得以可能。

按照媒介情境论，算法新闻作为一项技术，必然会引发媒介情境“前台—后台”界线的重新设定。社会上的普通个体能够借助算法平台的推荐，向网友们展现作为“前台”的自我，“后台”的角色更为模糊，最明显的例证，就是在抖音、快手等平台上，用户能够接触到几乎所有类别的群体，窥视他们的日常生活。任何传统认知中扮演“后台”角色的特殊群体变得不再那么神秘。这似乎是一种技术的馈赠。

然而，这种媒介情境“前台—后台”界线的重构在算法权力的干涉下，对人际交流和群体认知带来了困扰。算法对“流量”带有天然的青睐，对点击量大、转发数多、评论数高的新闻，一般会被算法优先推送，而这很可能会忽略新闻信息的价值观导向，如特定人物的“后台”为数量众多的某群体所关注，相关新闻经过算法推荐，就会造成过分关注和解读。最典型的莫过于娱乐明星被青年网民追逐，这些明星的丑事、绯闻获得巨大流量后，经过算法推荐，也会被推送给不关心甚至厌恶娱乐明星的用户，显然这对个体的环境认知形成了负面的价值观导向。

被算法过分曝光的“前台—后台”媒介情境充斥了大量非理性、虚幻的要素，算法会被虚假流量数据欺骗，算法依托的原始数据库受到污染，人机交互程序中的关键因子被人为因素影响，如突出所谓“热门人物”的前台表演，“上头条”“上热搜”成为可以买卖的资本，算法在无形中成为“政治作秀”“异类作秀”等哗众取宠者的帮凶，干扰和转移了公众的注意力。尽管“前台—后台”的界线更敞亮，但呈现出来的“舞台表演”离现实更远，如抖音上那些没有经过被拍摄人同意的街头恶搞、“土味情话”摆拍等，模糊了现实与虚幻的界线，导致部分网民产生环境认知偏差。

四　群体认知圈层化和阶层偏见的信息“内爆”

鲍德里亚（Jean Baudrillard）用“内爆”（Implosion）这一概念描述了符号模式构造的超真实世界。他认为，媒介是拟像和仿真的机器，塑造了世界的符号镜像，媒介内含的讯息不再生产意义，而是在消解意义，真实与虚拟之间的界线逐渐模糊，“内爆”意味着社会价值与交往体系的消解，我们对社会的认知脱离了客观世界，仅仅与信息世界连接[①]。按照鲍德里亚的观点，算法新闻使个体处在由兴趣爱好划分的众多缺乏稳定性的“超真实”空间中，社会认同和群体认知与客观现实产生割裂，传统的社交意识转化为对信息图景的迷恋，最终的结果是拟像取代了现实，引发信息“内爆”。

例如，在移动短视频平台上，个体经由算法推荐而聚合成一个“想象的共同体”，用户与拥有相似兴趣、相似经历、相似观念的主播形成高频互动，从而增强了对这一想象中的虚拟社群的认同。基于兴趣、价值观的网络趣缘群体被算法重新“部落化”，他们借助虚拟社群分享参与感和归属感，分享群体内认同的价值观，并不断固化自身对所在群体的认知，却也被固化的价值观区隔于真实的社群之外。

桑斯坦认为，如果志同道合的匿名者能更频繁地交流，由于缺乏竞争性观点，个体持有的偏向会持续加强，群体极化会变得更严重[②]。如不少偏好网络游戏的大学生通过抖音视频推荐而汇聚在直播群、线下群，通过算法构建的平台找到彼此，对所在群体高度认同。如果偏执的社会认同被资本操控，算法就会成为“帮凶”。如 2018 年，为庆祝 IG 战队在英雄联盟全球总决赛中夺冠，王思聪在新浪微博发起 113 万奖金的抽奖活动，参与抽奖活动的男女比例为 1：1.2，然而最终获奖的男女比例为 1：112，令人咋舌。新浪根据大数据分析，发现青年女性对微博的黏性更高，市场价值更大，因此通过修改算法来实现资本的利益目标。而类似的算法群体歧视在微博的热搜推荐中早已不是个案。对此，斯科特·拉什（Scott Lash）早有警示：“在一个媒体和代码无处不在的社会，权力越来越存在于算法之中”[③]。

如果说算法对群体的圈层划分只是资本分配资源的手段，那么对阶层的划分则涉及阶层价值观偏见。显而易见，社会地位高、经济条件好的阶层与社会地位低、经济条件差的阶层在媒介接触方面具有较大差异，

---

① ［法］鲍德里亚：《象征交换与死亡》，车槿山译，译林出版社 2012 年版，第 231 页。

② ［美］凯斯·桑斯坦：《信息乌托邦》，毕竞悦译，法律出版社 2008 年版，第 162 页。

③ Scott Lash，“Power after Hegemony：Cultural Studies in Mutation?”，*Theory*，*Culture & Society*，No. 3，2007，p. 55.

算法对用户数据的塑造是显著的，然而并不是所有的人都有机会成为数据的主体，贫困、网络社交狭窄、信息处理能力有限等因素，均让特定阶层被数据“边缘化”。人机交互的数据收集决定了算法会过滤个体意识中冲突和对立的部分信息，迫使个体的社会认同和群体认知偏见加剧。社会阶层固化在算法新闻中的反映，就是个体希望能够找到同阶层的群体并相互获得理解。潜移默化中就是个体对自身所处阶层之外的群体缺乏认同和理性的认知，这些偏见迁移至现实的社交中，就可能会导致对其他群体的身份排斥和阶层隔阂。

可以说，算法只是人类群体认知的镜像，如果偏见和歧视“污染”了原始数据库，那算法只能重现人类的恶意，如搜索引擎根据大数据算法，为用户提供的热门搜索，就充满了戏谑；人类心理中的偏见如果被算法深度学习，就会产生歧视，如谷歌智能识图将黑人照片识别为“类人猿”。

五　环境认知的正、负效应

（一）正效应：算法定向推送以引导用户的环境认知

算法新闻实现了信息与用户之间的定向无缝对接，在一定程度上影响着我们对客观世界的认知，渗透网络空间的塑造之中。在算法技术的背景下，媒介不仅是个体精准获取信息的工具，算法反过来也能让个体在“规制”的状态下去认知社会。在舆论引导的语境下，算法新闻就是非常理想的技术辅助。

实际上，算法分为不同类型，不同的算法会产生不同的效应，每种算法类似一个数学模型，公式的运用技巧、指标设定和权重的差异都决定了算法的不同成效。如新闻推荐算法就主要包含三种机制：一是用户画像算法，根据用户在各平台的信息接触行为、社交痕迹，分析用户的兴趣爱好和信息标价签，推测用户的信息全貌，从而向用户推荐匹配度较高的新闻；二是协同过滤，两两比较用户的兴趣相似度，瞄准兴趣相似的目标群体，向群体内用户推荐共同兴趣话题；三是热门推荐，即以新闻的点击率、转发量、评论数等正向指标为依据，向全网用户推送关注度高的新闻。目前，越来越多的平台开始运用混合算法，即对每种算法赋予不同权重，或在具体的算法中调整指标或权重。

《纽约时报》研发的数据分析机器人 Blossomblot 能够分析社交平台上的推送新闻，利用“社交手势”（Social Gestures，如点选、收藏、转发、评论、私信、页面停留、页面转向、搜索内容、信息标签、信息作者、网络环境、外部应用关联等）为用户的价值理念和情感态度“画像”，从而分析出在特定语境下适宜传播的信息，为平台精准制作和推送“爆款”新闻提供科学依据。数据显示，经由 Blossomblot 预测的新闻点击量是未经预测的 38 倍。

（二）负效应：算法对环境认知的规训

杰里米·边沁（Jeremy Bentham）提出一种“圆形监狱”的构想，即监狱的中央是一座眺望塔，四周是环绕眺望塔的环形囚室，囚室有一扇朝向中央塔的窗户，监视者可以随时观察囚犯的一举一动，而囚犯却浑然不觉①。米歇尔·福柯（Michel Foucault）则将“圆形监狱”视作一个完美的权力空间，他将空间与技术结合起来思考，当建筑被作为一种技术引入城市管理中，就变成了权力者规训民众的空间布置，“圆形监狱”对于权力运作而言，真是再理想不过了②。在福柯看来，圆形监狱的意义在于使“囚徒”困于自我约束中，从而确保权力者的监管有效发挥。

Facebook 通过算法影响美国大选的事件已经提醒我们，当平台以“算法中立”为掩护，实则在擅自制定游戏规则时，算法必将成为权力的附庸，越来越多地出现在政治场合。凭借算法，部分媒体平台既可以让特定的新闻上“头条”或“热搜”，也可以让一些网页被“404”（无法显示）。在搜索引擎的算法领域，2016 年的“魏则西事件”就为我们敲响了警钟。“监管—暴露”的规则被算法权力者牢牢把持，竞价排名算法机制将用户对医疗信息的获取空间禁锢于精心设计的“信息监狱”内，用户接收到的是在权力者监管之下的糟粕信息，而由此引发的严重社会问题不得不让人反思。

2018 年，在中国的“头腾大战”中，今日头条曾针对腾讯，故意篡改

① ［美］南希·罗森布卢姆：《边沁的现代国家理论》，王涛译，华东师范大学出版社 2018 年版，第 123 页。

② ［法］米歇尔·福柯：《规训与惩罚》，刘北成、杨远婴译，生活·读书·新知三联书店 2013 年版，第 65 页。

新华网关于网游的评论文章，通过算法设计将这篇经过“精心炮制”过的文章推荐给用户，并借助算法标注为热搜，引发大量媒体和网民浏览、评论和转发。2018 年，《卫报》证实了 Facebook 通过算法有针对性地为用户推荐信息，影响了美国大选的结果，比如，黑人用户会收到希拉里称黑人男性为“超级掠夺者”的信息，特朗普却以“和蔼可亲”的形象出现。

不难看出，市场权力深深地镌刻于算法设计之中，算法暗含着权力，权力可以通过调整算法来执行意志，当算法代替用户去过滤信息，背后的控制者就能乘虚而入，无论在社会认同上，还是对群体的认知上，都会生成并巩固对个体的规训。

第四节　算法新闻价值观传播环境认知偏向的关键因素分析

本章的前三节通过扎根理论研究，提炼出基于环境认知的算法新闻价值观传播偏向的影响要素，建构了三级主题，并以主题框架为依据，借助群体认知理论、群体印象生成、刻板印象的复合加工机制、刻板印象威胁、媒介情境论等理论，提炼出“信息茧房”的存疑、拟态环境的人机共建、媒介情境“前台—后台”界线的算法重构、群体认知圈层化和阶层偏见的信息“内爆”等理论想象。本节将通过实证量化分析的方法，以图实现对第三级主题进行精确归因，找出环境认知视角之下影响算法新闻价值观传播偏向的关键因素。

一　研究假设

根据对访谈资料的扎根理论分析，结合算法新闻价值观传播“环境认知”偏向的理论建构，针对群体印象、刻板印象、社会关系三个领域，以及各三级主题，分别作以下研究假设：

H5a：信息推荐内容的圈层化不利于价值观的良性传播。

H5b：算法新闻的群体画像偏差对价值观的良性传播起反作用。

H5c：个体在算法新闻虚拟社交中的群体归属对价值观传播有显著影响。

H5d：个体在算法新闻中感受到的群体差异越明显，越不利于价值观的良性传播。

H6a：刻板印象威胁对价值观的良性传播起反作用。

H6b：对极端观点接受程度越高，越不利于价值观的良性传播。

H6c：视频新闻比文字新闻更能激发用户对内容中价值观的认同。

H6d：算法新闻的印象牵引对价值观传播有显著影响。

H6e：情绪感染越强烈，越不利于价值观的良性传播。

H7a：个体受算法新闻影响，焦虑感越强烈，越不利于对核心价值观的认同。

H7b：情境归因对价值观的传播有显著影响。

H7c：自我价值认同的程度越高，越有利于价值观的良性传播。

以下将通过实证分析，验证这些理论假设正确与否。

二　研究方法和过程

本部分的研究方法和过程参考第四章第四节“算法新闻价值观传播自我感知偏向的关键因素分析”部分，在此不再赘述。

三　结果与分析

共发放《环境认知层面的算法新闻价值观传播偏向调查问卷》1178份，回收1178份，剔除无效问卷65份（主要包括涂改较模糊、无法辨认，以及明显连续选某序号的问卷），有效问卷共1113份。将数据录入SPSS软件，并利用SPSS对数据进行分析。对环境认知层面价值观度量量表进行信度和效度检验，经内部一致性检验，测得克朗巴哈系数（Cronbach's Alpha）为0.718（见表5－2、表5－3），表明本问卷的内部信度较好。经过KMO和Bartlett检验（见表5－4），KMO为0.854，表明环境认知层面价值观度量量表的效度检验符合要求，适合做因子分析。

表5－2　　环境认知案例处理汇总

	N	百分比（%）
有效	1113	100.0
已排除	0	0.0
总计	1113	100.0

表 5 –3　　环境认知层面价值观量表可靠性统计量

Cronbach's Alpha	项数
0. 718	10

表 5 –4　　环境认知 KMO 和 Bartlett 的检验

取样足够度的 Kaiser-Meyer-Olkin 度量		0. 854
Bartlett 的球形度检验	近似卡方	1180. 589
	df	45
	Sig.	0. 000

（一）学历对环境认知层面价值观具有显著影响

运用单因素方差分析（One-Way ANOVA），检验“学历”变量对个体的环境认知层面价值观度量数值是否有影响。在表 5 –7 的 ANOVA 分析中，P =0. 000 <0. 05，表明学历组间存在差异；但从表 5 –6 可以看到，P =0. 003 <0. 05，说明方差不齐，并不能进行方差分析，单因素方差的结论不能作为分析结果。因此，换用非参数检验。

对学历与环境认知层面价值观做 Kruskal-Wallis 非参数检验，从表 5 –10可以看到，渐近显著性 P =0. 000 <0. 05，说明组间数值存在差异。结合表 5 –5 的描述性统计和表 5 –8 的组间多重比较，环境认知层面价值观的均值随着学历的升高而不断增加，分别是高职 28. 2797，本科 31. 4619，研究生（硕士）32. 8740，研究生（博士）35. 7333，但参考多重比较中硕士和博士的组间显著性 P =0. 065 >0. 05，表明两组并不具备差异性，也就是不能断言“研究生（博士）的环境认知层面价值观度量从总体上高于研究生（硕士）”，这与研究生（博士）的样本量过少（15 人）有一定关系。综合上述，可以得出“学历对环境认知层面价值观具有显著影响”的结论，但不能得出“学历越高，环境认知层面价值观越趋近社会主义核心价值观”的结论。

表 5－5　　环境认知层面价值观的总体描述

	N	均值	标准差	标准误	均值的 95% 置信区间		极小值	极大值
					下限	上限		
高职	118	28.2797	6.45945	0.59464	27.1020	29.4573	17.00	42.00
本科	853	31.4619	5.50224	0.18839	31.0921	31.8317	14.00	44.00
研究生（硕士）	127	32.8740	6.03560	0.53557	31.8141	33.9339	20.00	44.00
研究生（博士）	15	35.7333	5.81214	1.50069	32.5147	38.9520	21.00	43.00
总数	1113	31.3432	5.80288	0.17394	31.0019	31.6845	14.00	44.00

表 5－6　　环境认知层面价值观的方差齐性检验

Levene 统计量	df1	df2	显著性
4.735	3	1109	0.003

表 5－7　　环境认知层面价值观的 ANOVA 分析

	平方和	df	均方	F	显著性
组间	1706.191	3	568.730	17.648	0.000
组内	35738.700	1109	32.226		
总数	37444.891	1112			

表 5－8　　环境认知层面价值观的多重比较

（I）学历	（J）学历	均值差（I—J）	标准误	显著性	95% 置信区间	
					下限	上限
高职	本科	－3.18224*	0.55757	0.000	－4.2762	－2.0882
	研究生（硕士）	－4.59435*	0.72584	0.000	－6.0185	－3.1702
	研究生（博士）	－7.45367*	1.55612	0.000	－10.5069	－4.4004
本科	高职	3.18224*	0.55757	0.000	2.0882	4.2762
	研究生（硕士）	－1.41212*	0.53993	0.009	－2.4715	－0.3527
	研究生（博士）	－4.27143*	1.47857	0.004	－7.1726	－1.3703
研究生（硕士）	高职	4.59435*	0.72584	0.000	3.1702	6.0185
	本科	1.41212*	0.53993	0.009	0.3527	2.4715
	研究生（博士）	－2.85932	1.54989	0.065	－5.9004	0.1817

续表

（I）学历	（J）学历	均值差（I—J）	标准误	显著性	95%置信区间	
					下限	上限
研究生（博士）	高职	7.45367*	1.55612	0.000	4.4004	10.5069
	本科	4.27143*	1.47857	0.004	1.3703	7.1726
	研究生（硕士）	2.85932	1.54989	0.065	-0.1817	5.9004

注：* 表示均值差的显著性水平为0.05。

表5-9　　环境认知层面价值观的 Kruskal-Wallis 检验

	学历	N	秩均值
环境认知价值观	高职	118	407.42
	本科	853	560.96
	研究生（硕士）	127	640.91
	研究生（博士）	15	797.77
	总数	1113	

表5-10　　环境认知层面价值观的 Kruskal Wallis 检验统计量

	环境认知价值观
卡方	42.864
df	3
渐近显著性	0.000

注：分组变量为“学历”。

（二）环境认知层面价值观度量的正相关变量：圈层信息、群体归属、情绪感染、自我价值认同

将环境认知层面的12个三级主题度量、价值观度量进行相关性分析，以皮尔逊相关系数（Pearson Correlation Coefficient）来检测二级主题与社会认知层面价值观的相关程度，结果如表5-11所示。

从表5-11可以看出，圈层信息与环境认知层面价值观在0.01水平呈显著正相关（$P=0.000<0.01$），群体归属与环境认知层面价值观在0.05水平呈显著正相关（$P=0.019<0.05$），情绪感染与环境认知层面价值观在0.05水平呈显著正相关（$P=0.033<0.05$），自我价值认同与环

境认知层面价值观在0.01水平呈显著正相关（P=0.000<0.01），说明随着圈层信息、群体归属、情绪感染、自我价值认同四个指标度量的增加，个体的环境认知层面价值观越向社会主义核心价值观趋近。

表5-11　　环境认知三级主题与价值观度量的相关性分析

		圈层信息	画像偏差	群体归属	群体差异	刻板印象威胁	观点极化	声像刺激	印象牵引	情绪感染	焦虑感	情境归因	自我价值认同
价值观	Pearson相关性	0.142**	0.016	0.070*	-0.052	-0.089**	0.053	-0.009	0.008	0.064*	-0.027	-0.081**	0.177**
	显著性（双侧）	0.000	0.593	0.019	0.084	0.003	0.077	0.757	0.787	0.033	0.367	0.007	0.000
	N	1113											

注：*表示在0.05水平（双侧）上显著相关。

**表示在0.01水平（双侧）上显著相关。

个体从算法新闻中越能够清晰地感知社会圈层的存在，并准确把握自己在个人职业发展和社会总体发展中的定位，就越有利于良好价值观的形成，其对应“和谐”“平等”“公正”“友善”“敬业”“诚信”等社会主义核心价值观的内涵。这个结论区别于研究假设。可以认为对社会圈层的认知在一定程度上反映了个体面对纷繁复杂的信息，能够“摆正自我定位”的能力。尽管社会分化、阶层分化的信息图景会在一定程度上影响个体对和谐社会建设的信心或期盼，却也能够让个体更全面地认知社会的总体现状，感知不同社会阶层的生活场景，从而调适自身的心态，建立更适合自身的职业发展规划，以趋近心中理想的社会阶层。

个体从算法新闻中感受到较强的群体归属感，越有利于对社会主义核心价值观的认同，可以对应“和谐”“文明”“平等”“爱国”“诚信”“友善”等要素。从认知心理学上看，群体归属感（Sense of Group Belongingness）是构成群体凝聚力的核心要素，个体通过增进群体归属，与群体内其他成员产生情感共鸣，获得较一致的价值认知和行为准则，从而有利于融入社会化生活；信息传播中的"仪式"就是典型的群体归属生成来源[①]。访谈对象 XYW 就表示通过短视频平台和运动社交平台，加入了当地的"跑团"，"跑团"里的人都是跑步爱好者，志趣相投，抖音会大量推送跑友的自拍视频，自己能够从中学习到奋发向上、坚韧不拔的意志品质。

个体从算法新闻中受到越强烈的情绪感染，越有利于良性价值观的形成，可以对应社会主义核心价值观的所有要素。该结论区别于研究假设。情绪感染（Emotional Contagion）是一种情绪传递的过程，可以理解为个体因他人渲染而引发的与他人情绪匹配的体验。情绪感染可以是最原始、纯粹的情绪传递，更可以进化为意识层面上的认知调节，其中比较具有影响力和说服力的就是"联想—学习"机制：个体会被他人情绪所诱发，进入他人建构的意象场合，吸收该场合下的情绪，并主动联想自身的相似经历，激发头脑中相应的记忆和想象模块，从而达到与场景相融合的情绪状态[②]。如短视频平台推送的抗疫、抗洪、国庆、国防等相关主题的视频，就非常容易激发网民们的情绪体验，深化对"富强""民主""文明""和谐""爱国"核心价值观的认同。

个体从算法新闻中感受到的自我价值越高，越有利于对社会主义核心价值观的认同，可以对应"自由""平等""公正""敬业""诚信"等社会主义核心价值观要素。个体通过与社会信息的交互，获知他人对某类事物的合理评价，从而树立明确的自我发展目标，并且在追求个人目标的过程中体验到社会的认同、赞许、肯定，自我价值认同不断得到巩固。而自我认同与自我反思的互动，则为人类建立价值系统提供了前所未有的机会。[③] 访谈对象 LSY 就认为她从抖音中看到其他教师自己运营的短视频自媒体，展示了与时俱进的教学理念，进一步坚定了自己今后从事教师职业的信念，因为"看到了教师职业的无穷潜力"。

（三）环境认知层面价值观度量的负相关变量：刻板印象威胁，情境归因

从表 5－11 可以看出，刻板印象威胁与环境认知层面价值观在 0.01

---

① 刘慧：《传播中的仪式对于群体归属感建立的作用分析》，《编辑之友》2012 年第 6 期。

② 张奇勇、卢家楣：《情绪感染的概念与发生机制》，《心理科学进展》2013 年第 9 期。

③ 贾国华：《吉登斯的自我认同理论评述》，《江汉论坛》2003 年第 5 期。

水平呈显著负相关（P = 0.003 < 0.01），情境归因与环境认知层面价值观在0.01水平呈显著负相关（P = 0.007 < 0.01），说明随着刻板印象威胁、情境归因这两个指标度量的增加，越不利于个体环境认知层面价值观的向善发展。

个体对刻板印象威胁的感受程度越深，越不利于对社会主义核心价值观的认同。该结论与研究假设一致。相关研究表明，刻板印象威胁会导致个体在行为上的异于平常，以及心理上的背叛和缺乏认同感。[①] 以流量、热词、兴趣为主要算法依据的各大算法新闻平台尤其容易放大某类议题，对个体产生心理压迫；访谈对象HH就表示抖音上过多的与旅行社相关的负面信息，以及很多抖音自媒体“教你如何避开旅游跟团的坑”的运营策略，给了导游群体很大的心理压力，尤其在面对客户时经常被质疑“是不是在挖坑”，都加剧了他们对职业的缺乏认同。而这对于“文明”“诚信”“法治”“友善”等社会主义核心价值观的内化显然是不利的。

个体在认知他者和环境时，越容易对算法新闻构建的情境进行归因，越不利于对社会主义核心价值观的认同。个体为了有效地适应环境，往往在认知社会时设定一定的参照体系，从而能够以某一标准去解释各种社会行为，对于部分个体而言，算法新闻的媒介环境成了这一标准。典型的如部分青少年对KOL、网红的过分迷恋和信任，屡屡在新闻上出现的未成年人痴迷于网络主播，盗用父母的钱财用于打赏网红，就是他们将社交、礼仪、情感交流归因于网络的虚拟环境中，错误的情境归因导致其价值观产生严重的偏向；又如部分网民看到抖音上的搞笑段子或恶作剧，将段子的情境迁移至现实中，酿成与他人的激烈矛盾和冲突，也是对社交行为范式的错误归因。

（四）对“信息茧房”的验证

从以上分析可见，从某种程度上看，如果个体过于依赖刻板印象和情境归因机制，会造成环境认知的偏差，“信息茧房”的负效应在一定程度上是成立的。但画像偏差、观点极化、印象牵引三个与“信息茧房”

---

① 阮小林、张庆林、杜秀敏、崔茜：《刻板印象威胁效应研究回顾与展望》，《心理科学进展》2009年第4期。

相关的环境认知三级主题及价值观度量无显著相关性，说明了不能完全印证“信息茧房”的作用机制。因此，“信息茧房”应该还有更复杂的区分度，其可能与个体差异有着高度关联，这需要更多的专门研究介入，才能够比较完整地解释“信息茧房”的运行机制。

四　算法新闻人机交互下环境认知层面价值观度量的回归模型

以上明确了在算法新闻人机交互的前提下，圈层信息、群体归属、情绪感染、自我价值认同与环境认知层面价值观呈正相关，刻板印象威胁、情境归因则与环境认知层面价值观呈负相关。以圈层信息、群体归属、情绪感染、自我价值认同、刻板印象威胁、情境归因6个二级主题为自变量，以环境认知层面价值观为因变量，进行多元线性回归分析，结果如表5－12所示。从表中Sig.值可以看出，圈层信息、自我价值认同的差异性显著（$P < 0.01$），刻板印象威胁、情绪感染、情境归因的差异性显著（$P < 0.05$），群体归属无显著差异（$P > 0.05$）。

对此，为使回归方程更为精确，将“群体归属”三级主题删除，以圈层信息、情绪感染、自我价值认同、刻板印象威胁、情境归因5个二级主题为自变量，以环境认知层面价值观为因变量，再次进行多元线性回归分析，结果如表5－13所示。从表中Sig.值可以看出，圈层信息、自我价值认同的差异性显著（$P < 0.01$），刻板印象威胁、情绪感染、情境归因的差异性显著（$P < 0.05$）。设环境认知层面价值观为Y_2，圈层信息为X_8、刻板印象威胁为X_9、情绪感染为X_{10}、情境归因为X_{11}、自我价值认同为X_{12}，采用非标准化系数，线性回归方程为：

$$Y_2 = 27.058 + 0.420X_8 - 0.237X_9 + 0.194X_{10} - 0.197X_{11} + 0.511X_{12}$$

从该方程可以看出，各自变量前的系数正负值与相关性分析中的结果一致。根据量表的设置，X_8、X_9、X_{10}、X_{11}、X_{12}的取值区间为［2，10］，Y_2的取值区间为［10，50］，该方程能够用于描述环境认知层面价值观与这五个自变量的关系，但由于具体算法程序的赋值规则各不相同，只适宜作为参考。

表5－12　算法新闻人机交互下环境认知层面价值观第一次回归的系数

模型	非标准化系数		标准系数	t	Sig.
	B	误差			
（常量）	26.375	1.360		19.386	0.000
圈层信息	0.420	0.105	0.117	3.992	0.000
群体归属	0.139	0.098	0.042	1.414	0.158
刻板印象威胁	－0.235	0.095	－0.072	－2.458	0.014
情绪感染	0.185	0.094	0.058	1.977	0.048
情境归因	－0.199	0.097	－0.060	－2.058	0.040
自我价值认同	0.493	0.096	0.151	5.114	0.000

注：因变量为“环境认知价值观”。

表5－13　算法新闻人机交互下环境认知层面价值观第二次回归的系数

模型	非标准化系数		标准系数	t	Sig.
	B	误差			
（常量）	27.058	1.272		21.265	0.000
圈层信息	0.424	0.105	0.118	4.020	0.000
刻板印象威胁	－0.237	0.095	－0.073	－2.480	0.013
情绪感染	0.194	0.094	0.060	2.071	0.039
情境归因	－0.197	0.097	－0.060	－2.031	0.043
自我价值认同	0.511	0.096	0.157	5.338	0.000

注：因变量“环境认知价值观”。

五　算法新闻价值观传播“环境认知”偏向的结论

根据相关性分析和多元线性回归分析，人机交互视角下算法新闻的价值观传播在环境认知层面发生偏向，偏向的要素包括圈层信息、群体归属、情绪感染、自我价值认同、刻板印象威胁、情境归因，至此已经能够验证研究假设，结果如下：

假设H5a“信息推荐内容的圈层化不利于价值观的良性传播”不成立，两者呈显著正相关。

假设 H5b：“算法新闻的群体画像偏差对价值观的良性传播起反作用”不成立，两者无显著相关性。

假设 H5c“个体在算法新闻虚拟社交中的群体归属对价值观传播有显著影响”成立。

假设 H5d：“个体在算法新闻中感受到的群体差异越明显，越不利于价值观的良性传播”不成立，两者无显著相关性。

假设 H6a“刻板印象威胁对价值观的良性传播起反作用”成立。

假设 H6b“对极端观点接受程度越高，越不利于价值观的良性传播”不成立，两者无显著相关性。

假设 H6c“视频新闻比文字新闻更能激发用户对内容中价值观的认同”不成立，两者无显著相关性。

假设 H6d“算法新闻的印象牵引对价值观传播有显著影响”不成立，两者无显著相关性。

假设 H6e“情绪感染越强烈，越不利于价值观的良性传播”不成立，两者呈显著正相关。

假设 H7a“个体受算法新闻影响，焦虑感越强烈，越不利于对核心价值观的认同”不成立，两者无显著相关性。

假设 H7b“情境归因对价值观的传播有显著影响”成立，两者呈显著负相关。

假设 H7c“自我价值认同的程度越高，越有利于价值观的良性传播”成立。

人机交互视角下算法新闻的价值观传播偏向的纠偏，可以针对个体环境认知的相应要素进行优化，包括在算法新闻生产和传播的算法机制中强化合理的圈层信息推荐；为用户提供优良的虚拟交往体验，令其产生适宜的群体归属感；优化信息的内容、形式、载体，做好平台优化，为用户提供良好的情绪体验；强化用户的参与机制，为其提供自我价值认同的场景；同时要优化热词与网友观点表达的关联算法，避免使用户由于过多接触负面、同质化的信息，在心理上产生刻板印象威胁；强化算法新闻的内容审核，减少与现实情境区别较大的内容场景对用户的影响。

本章从个体环境认知层面分析了人机交互视角下算法新闻的价值观

传播偏向，为优化算法、个体改良环境认知的模式和行为、外界对个体进行环境认知的良性引导提供了思路，详细的纠偏对策同样将在第七章集中阐述。下一章将分析网络行为层面的算法新闻价值观传播偏向。

第六章

人机交互视角下算法新闻价值观传播的网络行为偏向

自我感知是个体对自我的知觉反应，体现了价值观内化的方式；环境认知是个体对外界环境的知觉反应，体现了价值观输入的方式。个体在完成自我感知和环境认知后，要与社会进行实践交互，在与社会信息系统进行交互的过程中，价值观体现在具体的行为中。算法新闻的实践主要在网络环境下进行，因此，本研究以“网络行为”替代“社会实践”，将其作为观察个体价值观外显的依据。在算法新闻的具体应用实践中，人们的网络行为呈现怎样的特点？人与人之间的社交行为文化如何变迁？网络行为从哪些方面体现了价值观的偏向？会产生怎样的社会后果？这些是本章力求回答的问题。

第一节　网络行为概述及其在研究中的应用

一　格式塔心理学理论体系内的网络行为

要在认知心理的框架下研究个体在算法新闻接触下的网络行为，离不开格式塔心理学（Gestalt Psychology）的理论体系。格式塔系德文“Gestalt”的音译，指具有分离特性的各个部分组成的有机整体，这种整体特性运用到心理学研究中，就产生了格式塔心理学。格式塔心理学的理论核心是整体决定部分的性质，主张研究应从整体出发，在此基础上理解部分的作用。

格式塔心理学是西方现代心理学的主要学派之一，该学派反对行为主义心理学的“刺激—反应”公式，认为心理学研究的对象应该有两个，一个是直接经验（即意识），另一个就是行为。直接经验是人类主体在对事物的认知过程中收获的，是感受和体验到的一切，对于任何一个个体而言，对于同一外界刺激所产生的经验都不尽相同，这也决定了直接经验的重要性和特殊性。行为则是个体在整个社会大环境中的活动，在进行细化研究时，会将焦点集中于某一方面的显性行为，并在这个行为的引领之下拓展到其他相关行为，将之作为一个研究的整体。格式塔心理学认为，直接经验和行为描述是科学研究的基本材料。①

格式塔心理学的渊源是康德和胡塞尔的哲学思想。康德认为，人的经验是认知客观世界的方法，人类对现象和行为的认知必须借助既有经验，个体的经验是一个整体，不能拆解为简单的要素累加②。胡塞尔则认为，对客观现象的内容要作如实描述，使观察到的对象的本质得以展现，这对人的认知能力的要求很高，只有坚持人的直觉，才能掌握研究对象的本质，要从人的经验入手，以及综合分析人的行为方式，包括目的、手段、结果等。③ 这为格式塔心理学的研究方法提供了指导。因此，格式塔心理学的研究方法主要是整体观察法，要将直接经验作为研究对象，必须依赖主体的内省和观察，并且从整体上去把握个体的行为。

格式塔心理学强调整体论，这对认知心理学的人本主义研究取向有很大的启示。认知心理学在建模的时候，就强调应重视研究心理的内部机制，从整体上对信息的输入、加工和输出进行模拟。而在社会心理学方面，人本主义的取向让相关的研究都以整体为出发点，尤其对于实验现象，强调从个体社会行为的心理、动机、情感、态度、价值观念等方面进行全面分析。格式塔心理学为社会心理学提供了卓有成效的方法论基础。

可见，从网络行为的视角研究算法新闻的价值观传播，要从整体的层面分析个体的某个网络行为，如新闻工作者借助智能数据分析从而获

---

① ［美］库尔特·考夫卡：《格式塔心理学原理》，李维译，北京大学出版社 2010 年版，第 103 页。

② ［德］康德：《纯粹理性批判》，邓晓芒译，人民出版社 2017 年版，第 212 页。

③ ［德］胡塞尔：《现象学的观念》，商务印书馆 2018 年版，第 64 页。

取新闻素材，不能仅观察人与数据的交互，还应拓展到摄取数据的行为目标、新闻生产行为中内含的价值观念、与用户的行为交互等行为方面的表征，并从职业道德、新闻价值理念等方面考量其中体现的价值观传播偏向。

二　网络亲社会行为

（一）亲社会行为概述

美国心理学家罗伯特·韦斯伯格（Robert Weisberg）提出"亲社会行为"（Prosocial Behavior）的概念，用来与伤害、侵犯、贬低等否定性行为相对立，亲社会行为可能发生在很多情境之下，如同情他人、分享成果、慈善捐助、协助救灾等，目的是让他人或社会获得自己的帮助。① 亲社会行为能够给个体带来积极的价值观取向，如在社会情境中促进道德自律，在工作情境中提升职业素养和自我价值感，在独处时建立积极的自我感知，在给予帮助中建构健康的社交关系，等等。亲社会行为是个体社会化中非常重要的一部分，是人与人之间形成良好关系和社会互动的基础。

那么，亲社会行为是如何产生的呢？根据动机的不同，亲社会行为可以分为自发性的和常规性的。自发性亲社会行为的动机是"关心他人""社会责任"，常规性亲社会行为的动机则是为自身利益创造条件或规避惩罚。自发性亲社会行为趋近于利他行为，即行为者不计报酬，不为规避惩罚，试图为他人利益而行事，其根源在于个体本身对道德价值观念的内化，部分学者认为亲缘关系也是自发性亲社会行为的重要因素。在现实中，为希望工程默默捐资助学而不留姓名，新冠肺炎疫情期间部分司机自愿向医务人员提供免费接送服务，父母为儿女的无私付出，等等，都是自发性亲社会行为。而常规性亲社会行为则强调个体的价值交换，社会交换理论（Social Exchange Theory）认为，人们做很多事情的目的是追求利益的最大化和成本的最小化，对个体来说，帮助他人或社会是一种投资，无论是获得荣誉、获得报酬，还是获得他人的赞许、获得与某

① Robert Weisberg, "Positive Forms of Social Behavior", *Journal of Personality and Social Psychology*, No. 4, 1972, p. 117.

人交往的可能性，都是常规性亲社会行为的强烈动机。

无论是自发性亲社会行为，还是常规性亲社会行为，都受到个体认知的影响，在面向需要帮助的人时，个体往往通过归因做出推理和决策，这取决于个体的认知能力尤其是对社会的认知能力。① 个体在积极的价值观引导下，会更多地从他人的境遇去理解需要，把“利他心理”转化为亲社会行为。如2020年新冠肺炎疫情期间，某武汉小伙看到各地医务人员驰援武汉，自愿为定点医院的医务人员提供免费的接送，部分饮食店老板免费为定点医院提供两餐。这些都是个体在社会交往活动中做出的有益于社会和谐的行为，其前提是对他人奉献精神的认知和内化，也就是说，通过社会认知产生的共情心与利他的价值观念。

（二）算法新闻传播中的网络亲社会行为

当个体通过网络接收特定的信息，激发了自身的亲社会行为，就是网络亲社会行为，这是一个从认知到行动的过程。首先，个体通过网络，认知他人的需求，在特定的社会情境下感受他人的境遇，识别他人的情绪和情感，这个阶段起作用的主要是个体的认知能力、道德价值观和共情心理。其次，个体要确定助人的意图，客观分析和理解他人的状态，结合社会文化、自身条件、具体情境、经验感知等，对助人的方式进行最优化决策。最后，是意图转化为行为的阶段，即使有了个人认知，如果不付诸实践，就还未达成网络亲社会行为的目标。网络亲社会行为与现实中亲社会行为的最大不同，在于网络亲社会行为的实践更依赖个人道德观念和价值观，由于网络的匿名性，直接产生报酬和荣誉的常规性亲社会行为的机会并不比现实中多，网络亲社会行为更多体现在自发性方面。比较典型的就是社交筹款平台如“水滴筹”，个体通过平台获知他人需求，在第三方证明信息真实性的前提下认知具体情况，结合自身道德层次和情感认知，不计个人报酬和荣誉，在可承受范围内捐款，只为病患能够尽早得到治疗。

在算法新闻的接触中，个体会基于对社会的认知，做出相应的网络亲社会行为。如某人日常比较关注慈善事业，其接收的新闻推送和抖音

---

① 俞国良：《社会认知视野中的亲社会行为》，《北京师范大学学报》（社会科学版）1999年第1期。

视频推送就很有可能与慈善信息相关，如山区学生的励志故事、网友拍摄的贫困山区教育条件现状等，根据对这些社会现象的认知，首先他会关注贫困山区教育资源的落后，然后确定当地获得物资支援的需求，最后再选择特定的方式实践助人行为，如寄送物资、组织捐款、支教支学、联系当地政府，等等，目的是无条件地"利他"。这是典型的网络自发性亲社会行为。又如某人通过今日头条的算法推荐精准推广自己运营的头条号，为他人提供心理咨询服务，为他人解决心理困惑，帮助他人防止心理疾病的恶化，在助人的同时获得一定的报酬，就是一种较典型的网络常规性亲社会行为。

总之，从网络行为的视角研究算法新闻的价值观传播，要分别从自发性亲社会行为和常规性亲社会行为的层面，分析个体在具体的算法新闻接触中所体现的价值观，在访谈和问卷调研时，引导受访者和被试回顾自己在算法新闻中可能经历过的亲社会行为，总结激发这些亲社会行为的动机并进行分类，提炼其中的关键要素。

三　网络印象管理行为

（一）印象管理概述

印象管理（Impression Management）是指个体在具体的社会情境中，控制自我的形象展示，以期达到控制他人形成自己所期盼的印象的目的，对这一形象的维持和保护是一个持续的过程。这与符号互动论有相似之处，均强调参与人际互动的个体要站在他人的角度去理解自己，从而有效地调控自身的行为，使行为更符合社会的规范和让他人满意。戈夫曼将印象管理称为戏剧实现，从而提出了"拟剧理论"（Dramaturgical Theory），他认为人际交往就像一个戏剧舞台，每个人都在扮演特定的角色，从而在互动中维持自己的形象，以确保他人对自己的良好印象和积极评价。①

个体的印象管理与个体差异、社会情境紧密关联。个体差异决定了是否能够对自我和他人进行良好感知、是否能够清晰地理解自身的角色

① ［美］欧文·戈夫曼：《日常生活中的自我呈现》，周怡译，北京大学出版社2008年版，第231页。

定位、是否能够准确感知他人对自己的印象期盼，从而很好地将这些感知结合起来，并应用于印象管理行为。个体的差异性是个体的印象管理行为呈现效果不一的重要原因，如过分注重自我，会给人自私自利、个人主义的印象；过于注重人际和谐，会给人缺乏主见、溜须拍马的印象。

个体的差异主要体现在对自我、他人和环境的认知能力上，有些人会经常自省，从他人的视角反思自己的印象，有些人则不会；有些人会补救、优化自己的印象，有些人则不会。个体对他人和环境的认知差异很大程度上体现在价值观上，如对家庭伦理的理解，有些人认为父母眼中的“孝顺”是心灵和身体的双重陪伴、照顾，有些人则认为只需给予父母基本生活补助就是“孝顺”，这就是典型的对自我在他人心中的印象的认知差异，从而导致印象管理行为的巨大偏差。

社会情境要素，即个体要将印象管理与主流文化、传统价值观、职业道德、社会公德等结合起来，在正确感知具体社会情境的基础上开展印象管理。印象管理往往反映个体试图对社会文化的契合，以年轻网民为例，他们对各类“亚文化”有较高的认同度，在网络话语表达、表情包运用、社交时将自我的印象呈现尽可能与广泛认同的文化结合起来，如近年流行的“丧文化”“小确幸”“嘻哈”“二次元”“鬼畜”等亚文化。他们在印象管理中会主动贴近“亚文化”的内涵，如会在 QQ 群、微信群里喊出动漫人物的经典语录；会在朋友圈放出自己额头的照片，然后说“我变秃了，也变强了”；在辛苦工作一周后，会放出一张“葛优躺”的图片，然后添加“好想这样一整天”的注解。从符号互动和心理认同的视角来看，社交网络塑造了一个具有共同文化价值理念的亚文化群体，年轻网民们使用符合该文化规则的符号参与社会互动，保持与群体内成员的价值观趋同，以彰显他们在群体中的合法地位。

（二）算法新闻传播中的网络印象管理行为

在算法新闻的网络传播环境下，个体通过人机交互实现对自我印象的感知和塑造，再通过人际交互实施印象管理。算法新闻的内在机理是人机交互，外在机理则是人与社会信息系统的交互，其中就包括个体与他人的人际交互。算法新闻人机交互的行为指向免不了涉及网络人际交往，如个体在接收算法新闻推送后，在自己的朋友圈与他人分享；看到抖音推送的一条有趣的短视频后，评论、点赞，或分享至朋友圈，或给博主私信；应用智能影像“换脸”后，与朋友分享自己的新形象；等等。这些都是常见的印象管理行为，个体或以“主我”的姿态呈现自己的形象，或基于他人对自己的判断而展现形象，最终目标都是建构与他人的良好人际交往。因此，在日常人际交往中，印象管理是一种非常普遍、重要的心理行为，有必要在自我感知和环境认知的基础上，将个体的网络行为延伸至印象管理的心理学范畴，将其作为考察算法新闻价值观传播偏向的一部分。

可见，从网络行为的视角研究算法新闻的价值观传播偏向，可以将个体的印象管理行为作为重要的观察视角，在个人访谈和问卷调研时注重从社会情境认知入手，分析受访者和被试在算法新闻应用中进行印象管理的目标、方式和效果，并衡量在印象管理行为中体现的核心价值观偏向，总结算法新闻影响个体印象生成和印象管理的核心要素。

第二节　基于网络行为的算法新闻价值观传播偏向扎根理论研究

研究方法与设计、访谈过程与第四章第二节“基于自我感知的算法新闻价值观传播偏向扎根理论研究”、第五章第二节“基于环境认知的算法新闻价值观传播偏向扎根理论研究”相同，此处略过。

一　一级主题“网络行为”访谈资料分析

（一）二级主题一：亲社会行为

三级主题一：情感支持

个体在接触算法新闻后，如果对内容产生足够的认同，首先会在情感上产生认同，只有在情感认同的基础上，才会有更进一步的行为。情感支持的重要触发条件之一就是个体价值观与信息价值观的契合，同时，情感支持又会固化个体对既有价值观的认知，两者相辅相成。

LMS 热衷于短视频的点赞、评论、收藏：

“玩抖音比较多，经常会点赞一些觉得比较好的视频，（打开抖音‘喜欢’栏）你看像这条是交警现场执法的，这是大学生毕业留

念的视频，这条是南宁人行天桥几十年前的影像……我都点赞和收藏了。”（LMS，程序员）

HX 会评论比较能激发情感的信息：

“有些客户端推送的信息，我会去评论，像这段时间国家允许地摊经济，我就在‘广西云’留言了，希望多关注一下摆摊之后的卫生问题。”

“有些视频也知道是摆拍，但确实内容很不错，还是会去点赞或评论支持。有个‘陈连仁不容易’的号就经常拍以搞笑方式抨击社会不良现象的视频，我就经常去留言，表示支持。”（HX，出版社编辑）

三级主题二：参与传播

参与传播即个体在接触算法新闻后，自身也加入该新闻产品的传播过程，并与他人产生信息交互。参与传播是比情感支持更进一步的亲社会行为要素，代表了个体不仅从价值观和情感上对算法新闻的内容表示认可，还愿意将其与他人分享，即信息传播由人内传播向人际传播转化，这是价值观交互的行为基础。

ZB 经常转发信息至家族微信群和同学群：

“会经常转发一些养生、保健、健身的新闻或者视频到家庭群里面，老一辈他们都喜欢看这些，对他们平时买什么药，吃什么菜才能养生，都挺有帮助的。”

“有时会转发一些抖音的视频到同学群里，像比较好的美食店、新开的店、好玩的景区，就会向同学们推荐。平时我们几个玩得比较好的，看到了就约出去玩，联络一下感情。”（ZB，个体户）

CYJ 会邀请他人参与算法新闻传播：

“我自己本身对军事非常感兴趣，那年军装照，我就在朋友圈@

了好几个同学，意思就是让他们也来参与一下，上传自己的军装照，那个程序特别有意思。”（CYJ，烟草公司员工）

LS 会主动转发正能量的信息：

“当看到特别能激发精气神的新闻，或者是视频的时候，都会转发。像每年国庆节，还有神舟发射的时候，像今年珠峰测量登山，连续发了好几条。就感觉比较自豪，想和大伙分享一下。”（LS，铁路局动车司机）

三级主题三：社会实践

社会实践意指个体经由算法新闻的影响，在现实中从事与算法新闻内容相关的活动，或以算法新闻为手段完成某些活动，这是个体价值观受到算法新闻影响的显著表现。

SZQ 通过算法新闻，曾参与多次慈善社会实践：

“我通过一个媒体人发起的慈善会的抖音号认识了（组织里的）其他人，参加过几次现实中的活动，送过书和衣物到山里，也认识了很多支教的年轻人。在这样的组织里，有很强的归属感。”（SZQ，律师）

WYX 认为算法新闻帮助所在单位更好地组织了每年的世界环境保护日活动：

“每年的世界环境保护日我们局都会去科技馆、青少年活动中心‘摆摊’，每年都会联系媒体，让他们帮助我们宣传，通过客户端、公众号推送，这两年都有通过抖音、快手、头条号，效果还是挺好的。”（WYX，环保技术人员）

（二）二级主题二：印象管理

三级主题四：身份契合

印象管理的出发点是强化自己在他人眼中的优势，弱化自己的劣势，其中很重要的衡量标准就是要与自身的身份契合。如老师会在学生面前表现得和蔼可亲，医生在病患面前表现得专业和平易近人，法官在庭审时表现得大公无私。在接触算法新闻后，个体会将其作为在他人面前强调自我身份的工具，从而塑造和维护个人形象，而这一形象往往与工作、生活中他者对自身的期待相关。在契合身份的印象管理过程中，个体很可能就会将自我形象与职业道德价值观、传统道德价值观等结合起来。

HYM 会通过转发各类新闻，巩固下属对自己的印象：

> “平时会接收很多其他媒体的推送新闻，包括短视频，我会挑选其中质量非常高的、值得我们部门学习的内容，然后转发到群，督促我们部门的小伙子和小姑娘应用在我们自己的平台上，像我们推出的‘点亮南宁夜生活’就是借鉴《人民日报》的‘点亮武汉’。”
>
> “这样一方面能让我们进步，另一方面我本身也要起带头作用，善于学习和引导（下属）。”（HYM，报社新媒体部主任）

LSY 会通过塑造形象来契合自己的职业身份和民族身份：

> “我的 QQ 和微信头像一直是用当时人民日报客户端推出的一个功能，上传自己的图片后就能生成 56 个民族的服饰，我选的是壮族，本身我就是壮族人。遇到民族节日时出外景和主持节目也是穿壮族服饰，挺符合我的需要的。”（LSY，电视台主持人）

三级主题五：颠覆自我

如果说身份契合是为了对接现实中的印象管理，颠覆自我则是在虚拟准社会交往中的印象管理。在颠覆自我的印象管理行为中，个体既可能遵从自我价值认同，也可能展现出与“客我”大相径庭的话语或行为，并在此基础上动摇既有的价值观念。如平时沉默寡言的人可能会通过智能影像展示自己阳光热情的一面，也可能会在短视频的虚拟社交中轻浮放荡，这些都可以视作个体潜意识下对“未曾体验的领域”的探索。算法新闻在一定程度上激发了个体对某类价值观的实践，但不能认定个体的颠覆自我是对其所持稳定价值观的“背叛”，倒更接近于心理学上的

“角色代入”（体验某类角色的特有行为，但并不代表自身认可该角色），如某个人可能在虚拟世界中喜欢调侃、戏谑、批判，而日常生活中却异常镇定、稳重。

CFY 在短视频平台的印象管理迥异于日常的印象：

> “会在直播间与主播互动，但确实感觉到与平时的自己不太一样。可能平时的自己还是比较拘束的，在直播平台就不用顾忌平时的形象了，像会说一些骚话、俏皮话吸引主播。”（CFY，私企员工）

XRH 由于职业关系，会通过短视频直播展示与日常不同的形象：

> “平时都是做一些严肃、偏时政的新闻，现在台里有任务，也是拉来的项目，要帮县里做直播，像推介旅游、农产品、美食之类的，出镜时就要活泼一些，我们栏目小姑娘还顶不上去，只能我硬着头皮上。和平时的状态真是太不一样了，有时真挺佩服那些做得好的带货网红，真不是谁都能做到的。”（XRH，电视台记者）

YRY 认为在聊天机器人面前展示了自己的另一面：

> “我自认为平时还是一个‘乖乖女’的形象，也没有什么出格的说话和行为。以前玩微软小冰的时候，经常会问她一些奇怪的问题，就是不用那么含蓄，不用顾忌面子。比如跟喜欢的明星相关的吧，其他也不好说了（笑）。”（YRY，学生）

三级主题六：获取赞同

获取赞同即通过特定的行为，吸引他人的关注，并期盼获得他人的赞同和肯定。该种心理的根源在于自尊心、自信心，甚至是虚荣心，从动力心理学来看，行为是由内部力量和外部力量共同驱动的，这是一种人作为高级生物的本能，即解决个人需要、解决社会要求与自身的冲突（获得社会的肯定），成长的需求会驱动个体自我完善，从而获得社会的接纳和认可。① 如果个体在参与算法新闻传播的过程中获得了他人的赞同，有很大可能会强化自身在某一方面的价值认知，如在国庆节转发了爱国主题的推送新闻或智能影像应用，获得了大量朋友的点赞和积极的评论，其对富强、民主、文明、和谐、爱国等价值观必定有更深刻的认同和认知。

ZS 觉得转发新闻推送，从而获取他人的赞同是印象管理的有效路径：

> “我会把媒体推送的时评，像在今日头条里那些，转发到我的朋友圈，自己有时也评论一两句，如果其他人看到后点了赞，或者跟着评论的话，我会觉得很开心，毕竟也算是得到了别人的赞同。经常是时不时就刷一下（朋友圈），想尽快回复评论的人。”（ZS，高校教师）

HYM 认为自媒体算法推荐的本质就是争取获得更多用户的赞同：

> “我的头条号主要是做采编经验分享和单位里的项目推介，要让其他人在看我做的内容的时候产生‘她很专业’的信赖感，根本还是在于做好内容，口碑要积累起来很难，要垮掉却很容易，所以平时都在很用心地做。用户多了，算法就会向你倾斜，所以一定要争取别人对你的肯定。”（HYM，报社新媒体部主任）

（三）二级主题三：虚拟交往

三级主题七：聚类交往

虚拟社交中的聚类交往是一种精神交往。当个体以“兴趣和观念的一致”作为虚拟交往的重要准则时，就很容易出现聚类交往，即有着相似价值观和兴趣的个体在虚拟网络中形成“想象的共同体”，个体会认为对方具有“可信赖”“有共同语言”“值得进一步交往”等特质。聚类交往类似于现实中的“物以类聚，人以群分”，尤其在与 KOL 的准社会交

---

① ［美］罗伯特·伍德沃斯：《动力心理学》，高申春、高冰莲译，中国人民大学出版社 2019 年版，第 63 页。

往中，个体的价值观念很可能受其影响，如果产生了错误的价值导向，还会引发个体行为的偏差。如未成年人痴迷于美女主播，认为与其进一步交往是“可想象、可期待”的，就会拼命刷礼物，甚至会偷窃家长的钱财，这在现实中并不乏个案。

HHJ 觉得在短视频虚拟社交中能够感受到群体的情感认同：

> “我很喜欢《柯南》和《龙珠超》，刷的抖音和快手里面很多都是这两部漫画，非常享受与博主还有其他网友互动的感觉，就是大家能够一起讨论剧情走向、预测人物身份、讨论战斗力排名、讨论人物。尽管都不认识，但感觉大家有相同的兴趣，自己也能够有知音，像朋友聊天一样。”（HHJ，外企员工）

LSS 认为与 KOL 的准社会交往增加了自己对群体的认同：

> “我平时很喜欢看一些美食博主发的视频，都是介绍当地特色美食，还有很多是去挖掘多年的老店或是新开的店，很多网友会在底下留言。感觉‘宠粉’的博主都是比较有趣的人，会回复得很勤快，网友之间还能交流和吐槽。想和朋友去的话，@一下他（她）就可以了，我个人是‘吃货’，这种方式对我们去找美食来说就很高效了。”（LSS，建筑公司员工）

三级主题八：交往效能

交往效能是人际交往行为评价中非常重要的一个测量指标，指代交往目的和手段的正确性，以及效果的有利性。虚拟交往中的交往效能即个体需求得到满足的程度，其对应马斯洛需求层次模型当中的第三层次，包括获得他人认同、个人目标实现、积极的情绪体验、对进一步交往的期盼，等等。与现实社交相类似，在虚拟交往中个体同样会对交往效能进行衡量，并不断调适自身的行为，以确立适宜的社交模式，或针对当前的社交行为值不值得进行下去做出决策。在接触算法新闻的过程中，如果个体对交往效能的满意度较高，很可能更容易接受其中传递的价值观念。

XYW 认为通过短视频的虚拟社交，有助于自我能力的提升：

“平时关注健身、长跑的号，我经常去一些‘大神’的号里留言，请教长跑中遇到的问题，还能够和其他遇到相似问题的网友交流，大家互相请教、借鉴，学到了很多科学长跑的知识。”（XYW，私企老板）

YF 和 ZY 均通过内容推荐精准地获取了能够满足自我需求的信息：

“头条会给我推荐很多作家的文章，因为我平时都在写作，也做有自己的公众号，这些信息就特别有价值，能知道很多运营公众号的知识，还可以向作者发私信请教。”（YF，学生）

“通过抖音的推送，我关注了很多健身瑜伽的号，买瑜伽垫回来，有空闲的时候，晚上花半个小时来跟着主播练就好，我觉得动作、饮食什么的都蛮专业的，出去外面上课又贵又不方便，现在在家就能锻炼了。”“她们也会带货，我就买过一条瘦腰带和一把筋膜枪，和某宝比价格贵一些，但比较相信她们的推荐吧。”（ZY，公务员）

三级主题九：情感充实

众多研究成果指出基于互联网的虚拟社交淡化了现实中人与人之间的联系，不少受访者在访谈中言及应用各类算法新闻的心理状态时，多提及打发时间（如在上班通勤时刷新闻和视频）、放松身心、帮助消除疲劳、精神寄托等要素。学界中提出了诸如精神社交、视觉沉迷、人格虚拟化等批判结论，均指向短视频、新闻推荐、VR 新闻有可能对个体施加的负面影响。情感充实即个体将算法新闻作为自身精神生活的一部分并表现出一定的依赖，过分的情感沉溺有可能对个体的价值观认知注入惰性的元素。

DHY 感觉刷短视频一定程度上填充了自己的业余生活情感空白：

“下班之后除了打打球，平时比较无聊嘛，靠刷手机打发时间，娱乐方式就是逛论坛或刷快手，主要是看一些影视剧片段、搞笑段子、美女直播。”

“会看快手推荐的‘附近的人’，也会留个言什么的，不过人家都不理我，交友还是现实中靠谱。”（DHY，私企员工）

ZYL 觉得虚拟交往填补了生活中的精神空虚：

“在准备考研的时候，宿舍就我一个人（备考），刚开始感觉很孤独、空虚，没人可以诉说。我在抖音上关注了好些考研导师，会经常看那些推荐视频的网友留言，大家互相鼓励、开玩笑，有很多和我一样的同学都在努力，有人甚至都四战、五战了。就会感觉自己不是一个人在战斗，精神上还是有依靠。”（ZYL，学生）

（四）一级主题四：公共行为

三级主题十：冲突话语

算法新闻不仅是人与机器的交互，还为人际传播、群体传播建构了各类媒介情境。在涉及公共事务的算法新闻传播情境中，部分用户往往乐于表达自己的观点，当用户之间存在观点不一致时，有可能出现话语冲突。公共事件传播本身就容易激起舆论场的变化，算法新闻作为公共事件的传播技术载体之一，成为个体表达价值观的重要途径。根据霍尔的编码/解码理论，个体由于文化观念、价值观念的差异，会站在霸权立场、协商立场或对立立场看待其他话语，并将自己的价值观映射在相应的行为（话语表达）中。算法新闻中的冲突话语往往并不是针对公共事务的理性讨论，而是演变为群体之间的情绪对抗。如果算法新闻激发了太多冲突性话语，对于舆论引导而言显然并不是有利的要素，对价值观的引导也会面临困难。

YH 认为错误的新闻推荐导致网络上冲突性的话语增加：

“在监测后台数据时，我们最头疼的就是那些‘标题党’，特别容易引骂战，如果是与政治话题相关的话，更麻烦了。像前段时间今日头条推送的一条本地新闻就特别令人恼火，大概是‘南宁暴雨

导致内涝 有人说是人祸'，搞得底下留言全是骂政府的，其实我猜大多都是只看标题不看内容就进来骂的，偏偏这种新闻看的人多，它（今日头条）就拼命地推荐。"（YH，网警）

LMS认为在公共议题的传播过程中，群体里的个人会因观点不一致而发生话语冲突，非常难以理解：

"最近抖音里很多主流媒体都在推美国'弗洛伊德事件'，有些网友在评论里表达同情，说种族歧视在哪个国家都不应该有，特别是看到一些小孩在示威时受到伤害；而有些网友就说是'活该''谁让你生在美国''感恩建国同志吧'。网友在评论那里还相互指责，都说对方道德有问题，连'美分''五毛'这样的人身攻击都用上了，实在不能理解，都是同胞，搞得这么针锋相对。"（LMS，程序员）

三级主题十一：政见表达

相比冲突式的话语，政见表达指个体在情绪相对缓和的前提下，比较理性、清晰地抒发自身对于公共事务的见解。平和的政见表达是一种比较理性的政治参与方式。算法新闻塑造了一系列公众能够表达政治观点的场景，如时政新闻（视频）推送、交互式智能影像、时政新闻机器人（交互式虚拟主播）、新闻聊天机器人等。当个体拥有合适的表达政见的平台，有利于加深对国家治理理念的理解，以及加强对国家、社会层面核心价值观的内化。

HYM认为通过算法数据分析得出网民对待公共事务的态度，是新闻生产的方向：

"很多同行都在开发用户数据，像上报（上海报业集团）和华为云就有合作。我们现在和阿里的技术部谈合作，其中一个功能就是提取用户观点，与舆情监测有一点相似，能够分析网友对待某件时事的看法，自动处理和分类，一是能丰富我们的数据库，二是能够有效推送。"（HYM，报社新媒体部主任）

LJ 会通过转发推送的新闻，委婉地表达自己的政治见解：

> "一般我不会直接在（新闻、视频）评论里发表政治见解，我会转发到朋友圈，然后配上几个字，像'呵呵''奇怪的知识又增加了''活久见'，或是用'ORZ''RZ''XSWL'（分别表示'跪倒、膜拜或失意''弱智''笑死我了'）这样的符号，其他人都能够理解我的立场和意思了。"（LJ，公务员）

三级主题十二：情感动员

在中国的网络公共事件传播中，情感动员是贯穿其中的主线。[①] 从情感主义的视角来看，众多网络集体行为的触发机制是集体兴奋、社会感染等情感动员，而不是理性思辨。在复杂多变的舆论场下，谣言感染、悲情叙事、道德批判、戏谑恶搞等往往能够激发网民的情感动员，在以情感参与为主的政治参与下，个体价值观更易于受到各类媒介情境的影响。算法新闻以生动、活泼、高沉浸度体验吸引网友参与政治传播，个体的价值观在一定程度上受到情感动员的影响，如果情感动员积极、正向，则有利于引导舆论和健康的价值观传播；如果情感动员消极、负面，对舆论和健康价值观的传播则是伤害。

YRY 觉得形式活泼的算法新闻能够激发爱国情感：

> "我是听我们老师在课堂上讲了'我是主角'那个智能程序，然后就去尝试了，能够在电影换上自己的脸，真的太神奇了，我还发给爸妈看了，他们还一直在那里赞叹。这种程序真的非常好，爱国心简直爆棚了。"（YRY，学生）

TJF 认为集中、持续性的信息推荐在特殊时期能够给予民众信心：

> "今年疫情期间整个氛围都感觉很压抑，网上总会时不时就有令

---

① 郭小安：《公共舆论中的情绪、偏见及"聚合的奇迹"——从"后真相"概念说起》，《国际新闻界》2019 年第 1 期。

人沮丧的消息发出来，反倒是平时偏向娱乐的直播平台，那时发了很多积极向上的视频，我记得印象很深刻，武汉有个外卖员坚持义务送饭给医院，还有私家车接送医生护士来回，小区晚上高唱‘我和我的祖国’，真是让人热血澎湃。”（TJF，学生）

三级主题十三：意见跟随

在算法新闻涉及公众言论的场景中，部分网民尽管不是特定领域的专家，也能够起到“意见领袖”的作用。如在算法推荐的新闻消息、短视频中，某些被置顶、点赞数很高、回复量多的评论很容易就能影响后来者的观点和情感，在单篇消息和单条视频中，甚至有可能形成局部的“沉默螺旋”。这对于舆论引导而言是非常好的启示，如根据特定算法而设计的聊天机器人、控评机器人等，就在各个领域获得了广泛应用。

CS 认为被置顶的热门评论对个体的影响很大：

“在看短视频的时候，很多人都只看前面几条热评，很少会往下翻的，如果是三观正的（评论）还好，当碰到那种很奇葩、毁三观的（评论），你真的是只能无语了。”（CS，学生）

LDY 喜欢在热门评论下跟评：

“我喜欢‘抱大腿’（笑），就是跟在热评后，这样容易被其他人看到，看到了就会给颗小心心（点赞），很多热评的质量其实是不错的，要不然也不会有这么多人点赞了。”（LDY，程序员）

三级主题十四：达成共识

算法新闻建构的媒介情境接近“观点的自由市场”，个体可以在其中自由辩论。在公共事件的传播过程中，舆论的形成需要经由网络空间的共识，需要在特定的时间和空间内，公众对特定公共事务公开表达基本一致的意见或态度。① 当舆论发酵时，新闻往往已经形成了强大的传播力基础，尤其是通过以流量为重要权重的算法推荐，各类平台能够迅速为公众“设置议程”，经过观点的自由碰撞，共识得以在网络空间快速生成。其积极效应是能够广泛凝聚社会共识和宣扬正确的价值理念，消极效应则是当舆论涉及假新闻、炒作等不良动机的传播行为时，会造成网络秩序的混乱，导致部分民众对价值观的曲解。

XRH 认为算法的定向推送有利于凝聚民心：

> “很多媒体在做推送时，除了人工选取，很重要的就是根据地点标签。我们的全媒体平台在做设计时，就很强调范围的定向，像黄文秀、梁小霞这样的典型，都是定向全广西用户推送的，全覆盖。主要是考虑到需要鼓舞人心，激励学习先进榜样。”（XRH，电视台记者）

LS 觉得集中推送让新闻更丰富，在国家大事中多维度感受爱国热情：

> “以前都是通过网站、电视看新闻，现在有公众号、微博、头条和抖音就可以了。像珠峰测量登山队登珠峰那段时间，我在抖音看了央视、新华社、人民日报、光明日报的直播，每个媒体直播的内容都不一样，能学到很多知识。还有疫情期间推送的火神山、江汉关 24 小时直播和云监工，只要刷到了，我都会看一会儿，还是非常自豪的。”（LS，铁路局动车司机）

二　“网络行为”的三级主题划分

通过对访谈资料的扎根理论分析，得出在网络行为的层面存在 4 个二级主题，二级主题之下分为 14 个三级主题，具体总结见表 6－1。

① ［美］李普曼：《舆论》，常江、肖寒译，北京大学出版社 2018 年版，第 95 页。

表6－1　　网络行为层面的主题类属划分情况

一级主题	二级主题	三级主题
网络行为	亲社会行为	情感支持
		参与传播
		社会实践
	印象管理	身份契合
		颠覆自我
		获取赞同
	虚拟交往	聚类交往
		交往效能
		情感充实
	公共行为	冲突话语
		政见表达
		情感动员
		意见跟随
		达成共识

（一）亲社会行为

亲社会行为即个体在接触算法新闻的过程中，以积极、友善的态度扮演信息传播者的角色，并且期盼信息的接收者能够获得效益；亦指个体经由算法新闻的激发，在现实中做出利他的行为。需要特别指出的是，亲社会行为不一定必然带来积极、正面的传播效果，其更多指代个体带有“为他人着想”的主观动机去从事相应的活动，而该活动带来的是正效应抑或负效应，还需另外看待。如某位家长转发“小学老师关爱学生，应该做到……”的消息至班级群，尽管他可能出于善意，但是群里的老师们可能会认为该家长对他们日常的教育工作不满意或有怨言，引发猜忌。三级主题包括个体对算法新闻的内容产生足够的情感认同、加入算法新闻的传播过程、与他人产生互动，或在现实中有与算法新闻内容相关的行为活动。亲社会行为涉及三个层面的核心价值观要素。

（二）印象管理

印象管理是网络行为的重要触发机制，个体综合判断自我、他人、社会、媒介情境等要素，从而决定在网络世界中展示怎样的形象。三级主题包括将算法新闻作为在他人面前强调自我身份的工具，从而塑造和维护个人形象；或是在虚拟准社会交往中颠覆式地构建自我形象；为满足自尊心、自信心，为了获得他人的赞同和肯定而进行印象管理。印象管理的目标具有“两极化”特征，或强化自己在他人眼中的优势，或在暗处展示“不一样的自我”，因此展现出来的核心价值观需要辩证看待。

（三）虚拟交往

虚拟交往是个体在算法新闻接触过程中价值观形成的重要情境，其与现实当中的人际交往有着相似的规律，健康的虚拟交往有利于核心价值观对个体的良性渗透，反之则有害于个体正确理解和认同核心价值观。三级主题包括个体与有着相似价值观和兴趣的他者在虚拟网络中结成“想象的共同体”；个体在虚拟交往中的需求得到一定程度的满足，并以此调适自身行为，并追求适宜的社交模式；将算法新闻作为自身精神生活的重要部分，其体现是一定的依赖性。虚拟交往对于个体在社会和个人层面的核心价值观影响较多。

（四）公共行为

公共行为是个体参与算法新闻中涉及公共事件信息的传播过程，是个体价值观在行为模式中的体现。如果说印象管理和虚拟交往要素并不能够完全代表个体对价值观的真实态度的话（如为了印象管理，个体可能会为了迎合他人而展示“虚假的自我”），公共行为则能够趋近于再现个体潜意识下的价值观认同。三级主题包括涉及公共事件内容的算法新闻引发的冲突性话语；个体抒发对于公共事件的见解；个体融入算法新闻政治参与情境下的集体兴奋和情感社会感染；附和他人的热门观点；以及经由算法新闻而形成的关于公共事件的基本意见、态度。公共行为大多涉及国家、社会层面的核心价值观要素。

第三节 算法新闻价值观传播网络行为偏向的理论建构

以上通过对访谈资料的扎根理论分析，总结了网络行为偏向的影响要素，本节将依据三级主题，对算法新闻环境下的网络行为进行理论建构。

一 准社会交往的实像与幻象：KOL 的价值观传播放大效应

唐纳德·霍顿（Donald Horton）和理查德·沃尔（Richard Wohl）研究了受众与媒介（电视）上角色的交流特质，提出了准社会交往（Parasocial Interaction）理论，用以指代受众与媒介中角色（如脱口秀主持人、演员、政客、体育明星等）的关系类似于面对面的人际交往，媒介中的角色会假定受众时刻都在关注自己，受众则期盼媒介中的角色符合自己的幻想，在这种虚拟建构的双方交往中，交互的信息是残缺的，甚至有错误和不规范之处，因此交往的本真性离现实还有很大的距离。[①] 在算法构建的自媒体推荐、短视频推荐、聊天机器人等应用场景中，个体与屏幕另一端的自媒体博主们、聊天机器人产生准社会交往的关联，并由此衍生一系列的网络行为或现实行为。在此过程中，媒介情境呈现了实像与幻象并存的场景，这也导致了个体价值观受到复杂、多变环境的影响。

中国互联网络信息中心（CNNIC）发布的第 44 次《中国互联网络发展状况统计报告》显示，截至 2019 年 6 月，中国网络视频用户规模达 7.59 亿，占网民整体的 88.8%；其中，短视频用户规模为 6.48 亿，占网民整体的 75.8%。随着抖音、快手、Bilibili、火山小视频、西瓜视频等短视频和直播平台在网络中的流行，短视频博主和网络主播成为引领网络流行文化的一股不可忽视的重要力量。

"抖音 5 分钟，人间 1 小时"，这是对沉迷短视频的戏谑，却足以窥见短视频和直播对网络文化以及现实生活的冲击。保罗·梅萨里（Paul Messaris）提出视觉说服理论，他认为摄像摄影是比文字更具有情感和生命力的符号，影像通过模拟客观世界，让观众与现实之间产生直接的联系；在视觉的冲击下，同理心更加容易形成，影像的生动性和冲击力刺激着观众主动融入虚构的情境，在这种环境下，观众在解码信息时能够更省力，因此也更容易产生沉浸感和心理认同感。[②] 这就不难解释短视频

---

① ［美］伊莱休·卡茨：《媒介研究经典文本解读》，常江译，北京大学出版社 2011 年版，第 143 页。

② ［美］保罗·梅萨里：《视觉说服：形象在广告中的作用》，王波译，新华出版社 2004 年版，第 97 页。

何以受到广大网民尤其是青少年网民的热捧。根据视觉说服理论，在不再需要那么高水平思考能力的渲染式媒介情境下，个体价值观更容易与媒介情境中的关键要素取得一致，其中关键意见领袖（KOL）的作用不容小觑。

例如，古风美食博主李子柒的视频在海外走红，她的团队制作的视频将中国乡村生活美化、精致化，呈现的劳作和生活方式传递出中国传统文化的意蕴之美，是一种创新式的文化对外输出，传播了质朴、回归自然的中国传统生活和文化价值观。在国内，短视频平台和内容推荐平台上 KOL 的价值导向影响已经受到国家层面的重视。今日头条、抖音、快手、火山小视频等平台都曾经由于部分影响力较大的博主传播有违社会主义核心价值观的内容、舆论导向存在偏差，受到国家网信办和国家广电总局的严肃处理和问责。

霍顿和沃尔认为，在准社会交往中，媒介中的角色会尽一切努力将受众拉到自己特意创设的情境中，造成双方在“交流”并“取得一致”的假象，典型的如脱口秀主持人的烘托氛围、政客的巧舌如簧，目的都是引发受众的情感和心理认同，进而做出行为参与。也就是说，准社会交往本身就是一种幻象，这是准社会交往的逻辑根本。[①] 而对于短视频平台和新闻推荐平台的博主而言，这一逻辑贯穿他们内容生产的始终，让用户产生心理和情感上的共鸣就是他们进入这一领域的初衷。可见，KOL 作为传播者的角色，有非常强的与用户交往的动机。

尽管新闻分发平台和短视频平台均发出过类似“再微小的声音都能上头条”的宣传语，但在构建实践的算法时，偏向“头部作者”（粉丝数量大、增长速度快的博主）和热门流量已经是“潜规则”。粉丝数量大和内容交互指数更高的 KOL 更容易进入用户的视野，算法对这些博主更青睐。平台借助大数据和算法，选拔商业价值潜力大的内容生产者，将其纳入自身盈利体系之中，KOL 在平台拥有的话语权是其他小博主难以企及的。

为了增加用户黏性，KOL 的内容生产并不会特意关注价值观的导向，严肃内容有时很难被算法推荐，这并不是内容本身的质量问题，算法推

---

① ［美］伊莱休·卡茨：《媒介研究经典文本解读》，常江译，北京大学出版社 2011 年版，第 147 页。

荐内含的商业导向和流量逻辑决定了一条内容的传播效果更倚重它的传播者，而不是内容，这不可避免会带来泛娱乐化的风险。①

事物的两面性决定了基于短视频和内容推荐的准社会交往并不全是虚幻的景象，写实、客观、充满正能量的内容经过算法的效果放大，同样能够实现直抵人心的传播效应。如 2020 年新冠肺炎疫情期间，自媒体人“林晨同学”发布主题为“武汉 UP 实拍”的系列 Vlog，其中《武汉 UP 实拍，封城后的 24 小时》在各个平台刷屏，央视也转播了该视频。此视频描述了“空城”武汉的物价、交通等生活各方面的真实状况，在以流量为基准的算法推荐下，很快冲上了各个平台的热搜，为疫情期间的舆论导向注入了理性的要素。在这样的情况下，“林晨同学”博主与广大网民的准社会交往呈现了“实像”的状态，网民的诉求是“疫区真相”，媒介人物的回应则是真诚的记录，双方的交往原则是“达成真相的一致”，而不是掺杂了兴趣、流量等利益元素。

以流量、热门点击、焦点人物等要素为主要依据的算法在新闻分发和视频推荐领域获得广泛应用，这在一定程度上助推了“马太效应”的显现，KOL 脱颖而出，获得大量与广大网民进行准社会交往的机会，这也意味着他们的价值观念有更大的概率传递给社会个体。可以说算法放大了某种价值观在特定群体内固化的概率，部分群体会因为接触更多的正能量信息而优化对社会价值理念的认知，也有群体可能深陷糟粕而不能自拔。

总之，KOL 引发的网络群聚效应使其成为不可忽略的意识形态阵地，当前以市场逻辑为主的算法有两面性，既能助推核心价值观的健康、理性传播，也能助长不良价值观念在特定群体中的灌输，正负效应的发挥在一定程度上依赖于媒介人物与个体之间准社会交往的取向。但无论如何，警惕 KOL 中的“劣币驱逐良币”现象是非常有必要的。

二 人机话语互动的主体间性和价值观传递

微软第三任 CEO 萨提亚·纳德拉（Satya Nadella）曾提出“对话即平台”（Conversation as a Platform）时代的来临：未来数字世界的愿景主

---

① 翟秀凤：《创意劳动抑或算法规训？——探析智能化传播对网络内容生产者的影响》，《新闻记者》2019 年第 10 期。

要围绕着人类（humans）、数字助理（Digital Assistants）和机器人（Bot）展开。聊天机器人有望成为人类与社会信息系统的中介。

在全世界范围内，新闻聊天机器人已经不是罕见的事物。定位于“新闻 + 聊天”的 Quartz 是新闻聊天机器人的标杆，既能够就推送的新闻与用户进行话语交互，又能够根据语境的变化推送图片、表情包和 Emoji（表情符号）。Buzzfeed 推出的 Buzzbot 通过与用户对话，收集用户拍摄的照片和视频，将之作为新闻素材，处理和加工后推送给其他用户。2019 年，由阿里巴巴人工智能实验室自主研发的机器人“福袋”与真人主持搭档，在央视春晚彩排直播中亮相，不仅与主持人互动，还与前方记者连线对话。另外，微软小冰、Windows 小娜 Cortana、苹果 Siri、百度小度等聊天机器人也各有精彩表现。在算法新闻领域，新闻聊天机器人尽管在中国尚未普及，但将其视作未来传播生态的一部分，从人机交互的视角率先展开理论建构，显然是有必要的。

从表面现象来看，新闻聊天机器人呈现出来的是人机对话，这是一种虚像；从算法程序的实质来看，人机交流深层次上是对人际交流的回归。以下从人际交往的视角切入，探索人机对话的实质，思考其作为价值观传播路径的现实性。

（一）新闻聊天机器人的人性化趋势

从保罗·莱文森（Paul Levinson）的媒介进化论来看，作为一种技术，算法必然存在其人性化的发展趋势。媒介进化论认为，技术的演进有一个稳定的逻辑，即一个渐进、持续变化的过程，其方向是更加符合人类的需求，技术的实用性如何、如何美观以符合大众审美等，完全由人的需求决定，而通常人的需求是理性和合理的，是对现实问题的回应，因此技术也会被导向人性化的未来。① 传播技术也是如此，新的技术被创造出来，它就会沿着人的理性走下去，报纸、电报、广播、电视，无不如此。

同时，技术也是“补救性”的。莱文森的“补救性技术”理论认为，任何一种创新的技术都有对先前技术的功能补偿，这确保了新技术在某

---

① ［美］保罗·莱文森：《人类历程回放：媒介进化论》，邬建中译，西南师范大学出版社 2017 年版，第 150 页。

个方面的进步。[①] 人类为了抵御外来侵害、保护族人，用土砌成房子，代替了茅草房，然而完全封闭的墙却阻隔了阳光和新鲜空气，于是，聪明的人类在墙上凿了一个洞；然而问题随之而来，暴雨会从洞口打入，于是窗户被发明出来；之后为了保护隐私，窗帘应运而生。在这个进化的过程中，墙、洞、窗户、窗帘都是补救性的技术。

作为一种技术，算法新闻符合媒介发展的人性化趋势，同时补救了现有媒介技术的缺陷。从认知心理的层面看，个体都是“认知吝啬鬼”，尽可能少地消耗精力，同时获得大量的有效认知是人的天性。新闻聊天机器人借助大数据和算法，为每个用户构建适宜的语境，从推送新闻、观点交流、话题追踪、实时交互、情绪识别等方面，满足用户快速、有效、精准获知信息的人性化需求，同时产生愉快的社交体验。另外，新闻聊天机器人以“新闻推送 + 即时社交”的功能补救了现有媒体平台只专注新闻信息传递、或多或少难以顾及用户交互的局限，个体在浏览新闻时，能够与新闻聊天机器人实时互动，包括提问、调侃、征询意见、讨论议题、请求预测等，甚至还能拉家常、抱怨，机器人都能实现“拟人化”的回应，这超越了社交媒体、新闻客户端等平台目前具备的评论、转发、点赞、发朋友圈等交互功能。

（二）人机交往的主体间性

算法新闻凭借“可交流”的特质，彰显了人性化和补救性，此外，人机交往还体现了主体间性。雅克·拉康（Jacques Lacan）从认识论的领域提出了“主体间性”（Intersubjectivity）的概念，即个体对他人意图的推测与判定，主体间性不是将“自我”看作独立的存在，而是与其他个体的共存，主体间性的根本在于自我主体与对象客体的交往和对话。[②] 尤尔根·哈贝马斯（Habermas）则提倡交往行为建立在互相理解和沟通的理性上，而不是纯粹的工具性行为，即主体间性。在哈贝马斯看来，主体间性意味着对他人意图的判断和推测，并以此调适自身的社交行动和言语，以求与对方达成思想共识；在主体间性发挥作用的过程中，包括

---

① ［美］保罗·莱文森：《人类历程回放：媒介进化论》，邬建中译，西南师范大学出版社2017年版，第92页。

② ［法］雅克·拉康：《拉康选集》，褚孝泉译，华东师范大学出版社2019年版，第221页。

了价值观判断、交往话语伦理趋同、相互理解主张等。①

Quartz 在开发过程中的核心考量要素就是“拟人性”，即将用户参与度和体验感作为新闻聊天机器人设计的首要原则，将传统客户端上“读新闻”的模式转变为轻松、互动性十足的“聊新闻”模式，以生动有趣的形态展现新闻。可见，新闻聊天机器人与个体的准社会交往是基于主体间性的，即算法会根据用户的阅读个性和习惯，不断修正话语和行为，目标是为用户带去尽可能舒适的阅读享受。

马丁·海德格尔（Martin Heidegger）指出，在主体间性引导下的交往中，自我和他人的立场具有相互交换性，双方的意识和价值观念在交往过程中向对方渗透，这是一个双向的过程，而不是一个单向嵌入的暴力行为。② 反映在人机话语交互的实质中，就是个体与社会群体对话的延伸。

在个体与新闻聊天机器人的交互过程中，算法会基于主体间性，对语料数据库、群体兴趣认知、用户画像等进行分析，在这个过程中，算法不断建构的语言数据库实质上已经融入了社会群体的情感、态度和价值观。微软聊天机器人 Tay 在 Twitter 上的“飙脏话”和种族歧视话语就是典型的社会群体价值观偏向，是部分群体扭曲价值观的镜像。这也彰显了新闻聊天机器人作为未来社交网络体系中的重要意识形态阵地，尚有大片值得深挖的研究价值。

（三）聊天机器人：一种新的“树洞”

树洞心理效应来源于童话故事《皇帝长了驴耳朵》：有一个国王长了一对驴耳朵，帮他理发的理发师总会把这个秘密告诉别人，国王十分恼怒，杀掉了许多理发师。有一次，一个理发师从皇宫出来后努力不将此事告诉他人，实在忍不住时，就跑到山上，朝一个树洞说出这个秘密，他的心理负担就卸下了，从而保住了性命。后来，“树洞”在心理学上被引申为一个裸露心声的方式，人可以毫无顾忌地把秘密告诉“树洞”而不担心会泄露，这样就能够摆脱心理上的压力。

---

① Jurgen Habermas, *The Theory of Communication Action*, Boston: Beacon Press, 1984, p. 77.

② 仲霞：《走向主体间性：海德格尔思想的发展历程》，《云南师范大学学报》（哲学社会科学版）2014 年第 5 期。

“@微博树洞”就是典型的树洞心理应用，在其简介中写明了“请将你的秘密私信给我，不会暴露身份哦”。微博树洞发布的内容均为匿名用户“不能说的秘密”，涉及情感、学业、事业、兴趣等生活的各个方面。这些留言的负面情绪表达多于正面情绪，在表达自杀意念时，“跳楼”“割腕”等词被多次提及，这表明了很多网民在日常生活中存在负面情绪被压抑的情况，这对于心理健康极为不利。[①]

当前中国处于社会转型发展时期，社会利益冲突、文化多元化、自我境遇复杂性等因素导致个体的情绪积压，类似“@微博树洞”的平台发挥了“安全阀”作用，让个体的负面情绪和冲动倾向有了发泄的空间。

聊天机器人有着天然的“树洞”属性，它无法辨识用户的真实身份，只能够根据语料库和算法与用户交互。从准社会交往来看，个体将聊天机器人当作一个“树洞”，可能会将自身的负面价值观、埋藏在心底的恶俗话语灌输给聊天机器人。在人机交互的过程中，一方面个体的社交模式会呈现“双面人”特性，无形中固化对负面价值观的认同；另一方面聊天机器人的语料库遭遇“语言污染”，很可能导致在与其他人交流时话语失调，微软的聊天机器人 Tay 就是错误“学习”了含有性别和种族歧视的话语，才会言语失当。

在本章针对算法新闻价值观传播的网络行为偏向实证调研中，考虑到受访者在涉及“在算法新闻应用中有意发泄含有负面价值观的话语”（如在短视频平台对主播“说骚话”、调戏聊天机器人等）话题时不一定能够真实阐述，因此在访谈环节不涉及此内容，但会在匿名的问卷调查中有所体现。

三 算法新闻下的公共行为景观

哈贝马斯的公共领域理论认为，国家和社会之间存在一个公共空间，公众可以聚集在这个空间之中，探讨共同关注的公共事务，或发表对国家政策的见解，或批判政治权力性，他们能够自由表达并形成接近舆论的一致性意见，最终的目标是谋得公共利益和福祉。在这个公共空间中，

---

① 陈盼、钱宇星、黄智生：《微博“树洞”留言的负性情绪特征分析》，《中国心理卫生杂志》2020 年第 5 期。

公众享有自由表达的权利，政治权力无法干涉。[①] 公众在公共领域中的参与效能感，在很大程度上对一个人的文化认同和国家认同具有牵引作用，左右了怎样的价值理念能够留存在其心中，以及怀有怎样的政治理想和为之奋斗的动力[②]，即对个体在国家、社会和个人层面的价值观均产生不可估量的影响。

媒介技术对公共领域的塑造有着决定性影响。当哈贝马斯口中的公共领域由咖啡馆、沙龙、俱乐部，转化为报纸评论栏、广播中的读者来电、电视中的群众问政、社交媒体上的政治意见表达时，公共领域的内涵在不断延展。有理由相信，作为技术的算法能够并且已经在塑造新的公共领域景观，而这个技术景观对个体的价值观影响路径，则是个体通过算法新闻参与政治议题的讨论，或自身行为表征了一定的政治态度，即个体在公共领域中的网络行为。

（一）公共领域与自我需求实现

马斯洛需求层次理论认为，人的需求从低到高可以依次分为生理需求、安全需求、社交需求、尊重需求和自我实现需求五种需求。当个体的生理和安全需求得到基本满足后，会追求更高层次的社交、尊重和自我实现。[③] 党的十九大报告在论及新时代中国社会主要矛盾变化时，提出人们对于物质生活和精神文化生活的需求层次已经上升到对于政治参与、公平法治和生态保护等更多领域及更高水平，基于自我价值实现的政治参与和影响公共决策的需求开始强烈显现。网络公共领域的衍变，显然已经渗入网民的意志和自我需求，如网络反腐、网络问政、网络建言等。

新闻生产和传播本身就具备帮助个体实现高层次自我需求的属性。迈克尔·舒德森（Michael Schudson）就认为新闻对于社会发展而言有两个重要价值，一是建构一个情感共同体，二是建构一种公共的交谈。[④] 这

---

① Jurgen Habermas, *The Structural Transformation of the Public Sphere: An Inquiry into a Category of Bourgeois Society*, Massachusetts: MIT Press, 1989, p. 23.

② Jurgen Habermas, *The Structural Transformation of the Public Sphere: An Inquiry into a Category of Bourgeois Society*, Massachusetts: MIT Press, 1989, p. 201.

③ ［美］亚伯拉罕·马斯洛：《动机与人格》，许金声译，中国人民大学出版社 2012 年版，第 126 页。

④ ［美］迈克尔·舒德森：《新闻社会学》，徐桂权译，华夏出版社 2010 年版，第 53 页。

是社交需求和自我实现需求的体现。当社交媒体普及时，为网民带来了在公共领域实现自我价值的优越感，如言论的进一步开放、合理诉求的表达、公共意见的交互、公共议题的生成，等等。算法新闻则为个体满足社交、尊重和自我实现需求提供了更多的可能性，如部分新闻聊天机器人不仅是用户的对话者，还能帮助用户参与新闻内容的生产和分发环节，这种在交往中生成新闻的模式显然更符合个体在自我实现层次的需求。

对话式新闻互动、内嵌的“闪聊”社区讨论、用户在社交媒体的行为等，都是新闻生产流程再造的一部分，个体的参与和卷入体验获得激发。新华社“媒体大脑”的新闻会话机器人具备智能采访的功能，用户能够与其进行实时新闻对话，亲身参与新闻的生产和传播的环节。2019年国庆期间人民日报客户端推出基于AI“换脸”功能的首部全民定制国庆献礼片《70年，我是主角》，借助算法和智能图像识别，用户“参与”影片的制作，“亲身”融入历史事件中，形成爱国价值观的“想象共同体”，借助社交网络与他人形成情感互动，产生自我在国家全面进步中付出贡献的“权力在场感”，社交、情感、自我价值实现的需求获得满足。

（二）公共行为中的印象管理

社交媒体为个体的印象管理提供了平台，为维护自身在他人眼中的印象，个体会通过观点表达、图像、表情包、点赞、转发、账号头像变换等方式表达对特定事物的态度和观点，以塑造自我在他人心中的形象。这些形象建立在他人对“我”的期盼之上，如个体会预先设定“我在同学眼中应该是一个拥有独立判断能力的人”“我的道德水准应该符合中国的传统观念”“我应该展现出家国情怀”“我是一个幽默的人”等形象定位，并在社交行为中主动适配这些形象。

在算法新闻的传播生态下，技术的高度嵌入为个体提供了更多印象管理的空间，并且形式更新颖、参与感更浓、传播力更强。主流媒体是算法新闻的主动建构者，在策划算法新闻时，舆论引导力、正能量、参与度往往是优先考虑的要素，这在算法新闻作品的传播中已有大量实践。2017年建军节，《人民日报》策划的基于算法的智能图像转换应用程序“快看呐！这是我的军装照”就给予了我们很好的启示，用户上传自己的照片后，算法自动捕捉人像，合成历史上不同时期的“军装照”。网民在朋友圈、微博、QQ 头像等平台展示自己的“军装照”，彰显了爱国热忱和对国家层面核心价值观的深刻认同。2018 年五四青年节，腾讯推出的“我的前世青年照”则激发了网民们表达投入国家建设、实现自我价值的热情，塑造了核心价值观的正能量传播图景。

可见，在涉及公共议题的算法新闻生产和传播中，如果媒体有意识地加以引导，能够激发个体的印象管理动力；通过自发式的公共行为，个体会主动调适与主流价值观的契合，并经由社交网络放大传播的效应，这对于社会主义核心价值观的引领是非常大的助益。因此，在针对算法新闻网络行为的访谈和问卷调研中，将对此方面有所侧重，以观察网民在类似的算法新闻传播过程中的态度、观念、意向和行为参与度。

四　“后真相”时代的价值观传播隐患

《牛津字典》将“后真相”（Post-Truth）作为 2016 年的年度词汇，这印证了在当前的媒介技术环境下，民众的感性诉求和个人信念对舆论的影响力如此之大，在信息传播的过程中，事实的真相仿佛已不是那么重要，社会上的民众经由事件而爆发的情绪甚至超越了事实本身。

在媒介事件中，算法技术往往能够再造社会舆论场景，尤其当前很多平台的算法采用协同过滤机制，即根据具备相近兴趣的用户群体画像数据，对这一群体进行集中推荐，或采用以流量为重要指标的推荐机制，向所有用户推荐浏览量、转发量、评论数超高的新闻信息。当公共事件突发时，算法新闻构建的“过滤气泡”很有可能将公众带入经验、思维和价值观的情感动员中，尤其是涉及政府官员、警察、教师、富裕阶层等人物身份，或涉及贪污腐败、公权力滥用、道德败坏、肢体冲突等行为要素时，更是容易引发“塔西佗陷阱”：当官方机构失去公信力时，做的事无论对与错，说的话无论真与假，都不会被信任和承认，因为他们在民众心中已经被固化为“厌恶的对象”。

如在新冠肺炎疫情期间，部分广西媒体在官方未发声明的情况下，依据流量算法，向广西境内的用户推送“广西医科大学一附院都安籍进修医师蓝某感染新冠肺炎，擅自从都安返回南宁，之后未作隔离并‘乱跑’，致医院内多名医护人员和就诊者感染”的社交网络流言，引发网络对该名医师的网络暴力，更是刺激了普通民众与新冠病毒携带者的对立情绪，误导了民众对医护人员的情感和态度偏向。直至广西医科大学一附院就蓝某的情况发布通告，谩骂的声音才逐渐平息。在以上案例中，尽管最后官方辟谣，但已造成公众对权威媒体和医疗机构的不信任，部分群体还可能会将这一错误的价值理念植入自我的社会认知体系中，并在往后的网络行为中以过激语言表达情感偏向，这显然不利于个体对核心价值观的认同。

由此可见，算法推荐机制放大了“后真相”对社会个体认知心理和价值观的冲击，随着一系列“反转新闻”实践活动的增加，个体在突发事件中对事物的认知往往会以情感偏向替代理性感知，从而产生价值观的偏移，这与强调流量的算法机制有着密切关联。对此，在访谈和问卷调查时，关注个体在部分影响力较大的“后真相”新闻传播事件中的网络行为，从而推演情感、态度、价值观认知的偏向。

第四节　算法新闻价值观传播网络行为偏向的关键因素分析

本章的前三节通过扎根理论研究，提炼出基于网络行为的算法新闻价值观传播偏向的影响要素，建构了三级主题，并以主题框架为依据，借助格式塔心理学、亲社会行为、印象管理、准社会交往、媒介进化论、公共领域、需求层次等理论，提炼出 KOL 的价值观传播放大效应、人机话语互动的主体间性交往、算法新闻下的公共行为景观、公共行为中的印象管理、“后真相”时代的价值观传播隐患等理论建构。本节将通过实证量化分析的方法，以图实现对第三级主题进行精确归因，找出网络行为视角之下影响算法新闻价值观传播偏向的关键因素。

一　研究假设

根据对访谈资料的扎根理论分析，结合算法新闻价值观传播“网络行为”偏向的理论建构，针对亲社会行为、印象管理、虚拟社交、公共行为四个领域，以及各三级主题，分别作以下研究假设：

H8a：算法新闻中的情感支持有助于价值观的良性传播。

H8b：个体参与算法新闻的传播，能够优化自身价值观。

H8c：个体通过算法新闻进行社会实践越多，越有利于对良性价值观的内化。

H9a：自我契合的印象管理行为有利于价值观良性传播。

H9b：颠覆自我的印象管理行为不利于价值观良性传播。

H9c：获得他人赞同的印象管理行为动机对价值观认同具有显著影响。

H10a：个体在算法新闻传播过程中的聚类交往对价值观认同有显著影响。

H10b：交往效能的感知越强，越有利于对核心价值观的认同。

H10c：个体在算法新闻中的情感充实程度对核心价值观的内化有显著影响。

H11a：话语冲突越严重，越不利于个体对核心价值观的认同。

H11b：个体通过算法新闻表达政治见解，对价值观的认知具有显著影响。

H11c：个体的价值观受到较多算法新闻情感动员的影响。

H11d：个体受到算法新闻意见跟随的引导，对价值观认知具有显著影响。

H11e：当个体通过算法新闻形成对公共事件的共识，会有利于核心价值观的传播。

以下将通过实证分析，验证这些理论假设的正确与否。

二　研究方法和过程

本部分的研究方法和过程参考第四章第四节“算法新闻价值观传播自我感知偏向的关键因素分析”部分，在此不再赘述。

三　结果与分析

共发放《网络行为层面的算法新闻价值观传播偏向调查问卷》1195 份，回收 1123 份，剔除无效问卷 72 份（主要包括涂改较模糊、无法辨认，以及明显连续选某序号的问卷），有效问卷共 1123 份。将数据录入 SPSS 软件，并利用 SPSS 对数据进行分析。对网络行为层面价值观度量量表进行信度和效度检验，经内部一致性检验，测得克朗巴哈系数（Cronbach’s Alpha）为 0. 723（见表 6 - 2、表 6 - 3），表明本问卷的内部信度较好。经过 KMO 和 Bartlett 检验（见表 6－4），KMO 为 0.832，表明网络行为层面价值观度量量表的效度检验符合要求，适合做因子分析。

表 6－2 网络行为案例处理汇总

	N	%
有效	1123	100.0
已排除	0	0.0
总计	1123	100.0

表 6－3 网络行为价值观量表可靠性统计量

Cronbach's Alpha	项数
0.723	10

表 6－4 网络行为 KMO 和 Bartlett 的检验

取样足够度的 Kaiser-Meyer-Olkin 度量		0.832
Bartlett 的球形度检验	近似卡方	1298.577
	df	45
	Sig.	0.000

（一）学历对网络行为层面价值观的影响并不显著

运用单因素方差分析（One-Way ANOVA），检验“学历”变量对个体的网络行为层面价值观度量数值是否有影响。在表 6－7 的 ANOVA 分析中，P＝0.103＞0.05，表明学历组间并不存在明显差异；且从表 6－6 可以看到，P＝0.210＞0.05，说明方差是齐的，可以进行方差分析。

从表 6－8 来看，通过比较组间的显著性，博士与本科、硕士有明显差异（P 值分别为 0.023 和 0.021，均＜0.05），其他组间并无明显差异；从表 6－5 来看，博士在网络行为层面的价值观要低于本科和硕士。由于博士的样本量过少（18 人），此结论还有待商榷，但已经能够启示我们，学历越高的个体，并不意味着其在网络行为中体现的价值观越趋近社会主义核心价值观。

另外，通过观察表 6－5、表 5－5、表 4－6，可以总结自我感知层面的价值观度量均值分别为 24. 3730（高职）、29. 4433（本科）、30. 8444（硕士）、35. 7619（博士），环境认知层面的价值观度量均值分别为 28. 2797（高职）、31. 4619（本科）、32. 8740（硕士）、35. 7333（博士），而网络行为层面的价值观度量均值分别为 26. 7094（高职）、27. 1502（本科）、硕士（27. 3309）、博士（24. 5000）。从总体上看，本科、硕士、博士的网络行为层面价值观比其自我感知层面价值观和环境认知层面价值观的数值都要低，尤其是博士，下降非常明显。可见，尽管个体在知觉上会趋向社会主义核心价值观，但在行为方面的表现却稍有落后，通俗理解，就是“想的和做的不一样，做起来更差”。

表 6－5　　网络行为层面价值观的总体描述

	N	均值	标准差	标准误	均值的 95% 置信区间		极小值	极大值
					下限	上限		
高职	117	26. 7094	4. 29527	0. 39710	25. 9229	27. 4959	20. 00	34. 00
本科	852	27. 1502	5. 02389	0. 17212	26. 8124	27. 4881	15. 00	39. 00
研究生（硕士）	136	27. 3309	4. 65245	0. 39894	26. 5419	28. 1199	18. 00	35. 00
研究生（博士）	18	24. 5000	3. 79241	0. 89388	22. 6141	26. 3859	21. 00	30. 00
总数	1123	27. 0837	4. 89954	0. 14621	26. 7968	27. 3706	15. 00	39. 00

表 6－6　　网络行为层面价值观的方差齐性检验

Levene 统计量	df1	df2	显著性
1. 511	3	1119	0. 210

表6－7　　网络行为层面价值观ANOVA分析

	平方和	df	均方	F	显著性
组间	148.632	3	49.544	2.070	0.103
组内	26785.500	1119	23.937		
总数	26934.132	1122			

表6－8　　网络行为层面价值观的多重比较

（I）学历	（J）学历	均值差（I—J）	标准误	显著性	95%置信区间	
					下限	上限
高职	本科	－0.44083	0.48237	0.361	－1.3873	0.5056
	研究生（硕士）	－0.62148	0.61693	0.314	－1.8319	0.5890
	研究生（博士）	2.20940	1.23872	0.075	－0.2211	4.6399
本科	高职	0.44083	0.48237	0.361	－0.5056	1.3873
	研究生（硕士）	－0.18065	0.45178	0.689	－1.0671	0.7058
	研究生（博士）	2.65023*	1.16530	0.023	0.3638	4.9367
研究生（硕士）	高职	0.62148	0.61693	0.314	－0.5890	1.8319
	本科	0.18065	0.45178	0.689	－0.7058	1.0671
	研究生（博士）	2.83088*	1.22713	0.021	0.4232	5.2386
研究生（博士）	高职	－2.20940	1.23872	0.075	－4.6399	0.2211
	本科	－2.65023*	1.16530	0.023	－4.9367	－0.3638
	研究生（硕士）	－2.83088*	1.22713	0.021	－5.2386	－0.4232

注：* 表示均值差的显著性水平为0.05。

（二）网络行为层面价值观度量的正相关变量：情感支持、参与传播、聚类交往、达成共识程序

将网络行为层面的14个三级主题度量与价值观度量进行相关性分

析，以皮尔逊相关系数（Pearson Correlation Coefficient）来检测三级主题与网络行为层面价值观的相关程度，结果如表6－9所示。

从表6－9可以看出，情感支持与网络行为价值观在0.01水平呈显著正相关（P＝0.006＜0.01），参与传播与网络行为价值观在0.05水平呈显著正相关（P＝0.038＜0.05），聚类交往与网络行为价值观在0.05水平呈显著正相关（P＝0.014＜0.05），达成共识程序与网络行为价值观在0.05水平呈显著正相关（P＝0.045＜0.05），说明随着情感支持、参与传播、聚类交往、达成共识等四个指标度量的增加，个体的网络行为层面价值观越向社会主义核心价值观趋近。

表6－9　　网络行为三级主题与价值观度量的相关性分析

		情感支持	参与传播	社会实践	身份契合	颠覆自我	获取赞同	聚类交往	交往效能	情感充实	冲突话语	政见表达	情感动员	意见跟随	达成共识
价值观	Pearson相关性	0.082**	0.062*	−0.024	−0.091**	0.010	−0.022	0.073*	−0.031	−0.075*	−0.077**	−0.074*	0.014	−0.107**	0.060*
	显著性（双侧）	0.006	0.038	0.417	0.002	0.735	0.452	0.014	0.300	0.012	0.009	0.014	0.646	0.000	0.045
	N	1123													

注：** 表示在0.01水平（双侧）上显著相关。

* 表示在0.05水平（双侧）上显著相关。

个体在算法新闻的传播中亲身参与和在情感上表达支持，有利于良好价值观的形成，其对应社会主义核心价值观的所有要素。这与研究假设相符。在个体价值意识的成长过程中，会以社会形式和精神形式呈现，社会形式离不开个体自身的参与和领会，任何价值心理的领会，包括欲望、愿望、动机、兴趣、趣味、情绪、情感、意志等，都必须依赖参与，价值意识的社会形式才能得以存在和构建。[①] 在算法新闻传播的过程中，个体的直接参与，如点赞、评论、转发、留言、私信、交互（如@其他人）等，都是价值心理形成的方式，个体通过这些方式深化对算法新闻

① 李德顺：《价值论》，中国人民大学出版社2013年版，第118页。

中内隐价值观的认知或认同。访谈对象 CYJ 表示会经常转发抖音上的正能量短视频或一些比较有趣的智能 H5 应用到家族群里，亲戚们或多或少都会给予一定回应，“家族里的年轻一辈志趣比较相近，有些话题很有共鸣，能感受到大家庭的和睦和团结”。

个体通过算法新闻体验虚拟交往，聚类交往的感受越深，越有利于良性价值观的形成，其对应社会主义核心价值观中的文明、和谐、诚信、友善等要素。这与研究假设相符。算法新闻的主要动力机制就是个体“兴趣”，尤其在短视频平台中，趣缘群体更是容易通过虚拟交往获得群体归属和群体认同，其中就包括了对价值理念的归属和认同。访谈对象 SZQ 就表示自己关注了很多慈善号，在现实中也参加过公益活动，对于抖音中的慈善群体有很高的情感认同，像对抖音博主“天志”，她就认为“切切实实地传播了社会正能量”。

个体通过算法新闻越能感受到共识的形成，越有利于良性价值观的形成，其对应社会主义核心价值观中的民主、和谐、平等、公正、法治、敬业、诚信、友善等要素，这与研究假设相符。哈贝马斯的交往行为理论就认为，人与人之间的绝大多数交往都是以获得“一致性意见”为主要目标的，建立在真实、真诚、正当的条件下的“达成共识”是最有可能被理解的主张，而其中的规范则被群体所认同，价值观念就是这些规范的重要组成部分。[①] 在算法新闻的传播情境下，涉及公共事务的新闻、视频、交互应用等为网民们提供了话语表达的平台，当其中理性的话语被聚合起来，就形成了某类群体的共识，如短视频下的热评、微博上的热评、经由社交平台转发而形成的群体内意见表达等，对个体的价值理念形成产生一定的影响。例如，抖音上单条短视频评论区的热评就很容易造成对社会价值观的引领或误导。[②]

（三）网络行为层面价值观度量的负相关变量：身份契合，情感充实，冲突话语，政见表达，意见跟随

从表 6 -9 可以看出，身份契合与网络行为价值观在 0.01 水平呈显著

---

① Jurgen Habermas, *The Theory of Communication Action*, Boston: Beacon Press, 1984, p. 93.

② 宓淑贤：《“抖音”上的个体形象建构与对社会价值观的呼应》，《民族学刊》2019 年第 4 期。

负相关（P＝0.002＜0.01），情感充实与网络行为价值观在0.05水平呈显著负相关（P＝0.012＜0.05），冲突话语与网络行为价值观在0.01水平呈显著负相关（P＝0.009＜0.01），政见表达与网络行为价值观在0.05水平呈显著负相关（P＝0.014＜0.05），意见跟随与网络行为价值观在0.01水平呈显著负相关（P＝0.000＜0.01），说明随着身份契合、情感充实、冲突话语、政见表达、意见跟随5个指标度量的增加，越不利于个体的网络行为层面价值观的向善发展。

个体自我契合的印象管理行为越多，越不利于价值观的良性传播。该结论与研究假设相反。可以理解为个体对核心价值观在认知上的应然与行为上的实然存在一定的矛盾，即个体可能通过算法新闻，意识到社会主义核心价值观的正确性，并且希望社会向此方向发展，但由于受到媒介信息或现实中身边事物的影响，认为遵循社会主义核心价值观并不会给自己带来切实的利益，因此在具体行为中做出与核心价值观并不是太契合的行为。例如，在现实中很多人会对"公正""平等""敬业""诚信"核心价值观高度认可，并且希望他人也遵循此价值观，自己在运用短视频、智能影像或转发推送新闻等方式进行印象管理时也会尽量展示自己"公正""平等""敬业""诚信"的形象，但在实际行为中却往往会为了自身利益而努力将自己置于"不平等""不公正"的优势一方。这与费斯廷格的认知失调理论相符，即当个体对于事物的态度和认知与现实具体行为不一致时，就会产生认知失调，此时个体会为了适应环境，而改变既有的认知和行为。①

个体通过算法新闻，越能感受到情感上的充实，越不利于对良性价值观的内化。研究假设成立。算法新闻满足个体情感充实的程度越高，意味着个体对算法新闻的沉溺程度越深，表现为个体的媒介依赖，而过分的情感沉溺会导致对价值观的错误认知，如部分青少年沉迷抖音，出现了过度精神社交、社会认知混乱、视觉沉迷、愤懑情绪增加、自我价值感知误入歧途等负面现象，显然这对核心价值观的良性传播是不利的。

个体在涉及算法新闻公共行为时的冲突话语、政见表达、意见跟随越多，越不利于对核心价值观的认同。这均与研究假设相符。在涉及突

① 王沛、贺雯：《社会认知心理学》，北京师范大学出版社2015年版，第116页。

发公共事件的算法新闻中，往往会伴随网友们的观点交锋，如新闻推荐和短视频下的热门评论区，会充斥大量的对抗性话语，夹杂着各异的价值观，而某些非理性的话语会对大学生产生负面影响，以去中心化的方式对其价值观进行解构。如果个体加入话语冲突中，则很可能受到谣言、诽谤、虚假新闻等误导，影响对客观真实的判断，从而掉入价值观认知错误的陷阱。

个体的政见表达越多，越不利于对核心价值观的认同，这可能与调研对象是大学生群体有一定关系，大学生们的价值观体系还远未成熟，他们对社会上某些事物的看法还不够全面，受自身经历和经验的局限较多，表达政见的方式往往是与他人进行话语对抗，或是采用情绪发泄、谩骂、诋毁、人身攻击等方式，难以对公共事务提出有建设性的意见。

意见跟随程度越深，意味着个体容易受到舆论的影响，在突发公共事件的传播中盲目接受他人的观点（不管是理性的，还是非理性的），缺少独立判断的能力，尤其当前的算法普遍采用用户画像、热门搜索、流量、信息分裂度量的机制，渗透了偏激评论的新闻信息更容易得到算法的青睐，导致个体陷入“观点茧房”，影响了对正确、理性价值的判断。这符合古斯塔夫·勒庞对大众心理的描述：人们在群聚的状态下，心理和行为会出现盲目、冲动、狂热、轻信等症状，个性会被埋没，心理趋同、情绪感染、心理暗示将个人拉到无意识的盲从当中。①

通过以上分析，可以发现在“公共行为”的二级主题之下，冲突话语、政见表达、意见跟随三个三级主题与个体网络行为层面价值观呈负相关，这在一定程度上反映了在算法新闻的传播环境下，以大学生为代表的青年群体的媒介素养，尤其是实践方面的政治参与，还有很大的提升空间，高校的媒介素养教育任重道远。

四 算法新闻人机交互下网络行为层面价值观度量的回归模型

以上明确了在算法新闻人机交互的前提下，情感支持、参与传播、聚类交往、达成共识程序与网络行为层面价值观呈正相关，身份契合、

---

① ［法］古斯塔夫·勒庞：《乌合之众：大众心理研究》，陈剑译，译林出版社2016年版，第37页。

情感充实、冲突话语、政见表达、意见跟随则与网络行为层面价值观呈负相关。以情感支持、参与传播、聚类交往、达成共识、身份契合、情感充实、冲突话语、政见表达、意见跟随 9 个三级主题为自变量，以网络行为层面价值观为因变量，进行多元线性回归分析，结果如表6－10 所示。从表中 Sig. 值可以看出，情感支持、情感充实、政见表达、意见跟随的差异性显著（$P<0.01$），聚类交往、身份契合、冲突话语的差异性显著（$P<0.05$），参与传播和达成共识程序无显著差异（$P>0.05$）。

对此，为使回归方程更为精确，将参与传播和达成共识程序三级主题删除，以情感支持、情感充实、政见表达、意见跟随、聚类交往、身份契合、冲突话语 7 个二级主题为自变量，以网络行为层面的价值观为因变量，再次进行多元线性回归分析，结果如表 6－11 所示。从表中 Sig. 值可以看出，情感支持、情感充实、政见表达、意见跟随的差异性显著（$P<0.01$），聚类交往、身份契合、冲突话语的差异性显著（$P<0.05$）。设网络行为层面价值观为 Y_3，情感支持为 X_{13}、情感充实为 X_{14}、政见表达为 X_{15}、意见跟随为 X_{16}、聚类交往为 X_{17}、身份契合为 X_{18}、冲突话语为 X_{19}，采用非标准化系数，线性回归方程为：

$$Y_3 = 31.509 + 0.251X_{13} - 0.243X_{14} - 0.265X_{15} - 0.326X_{16} + 0.197X_{17} - 0.176X_{18} - 0.217X_{19}$$

从该方程可以看出，各自变量前的系数正负值与相关性分析中的结果一致。根据量表的设置，X_{13}、X_{14}、X_{15}、X_{16}、X_{17}、X_{18}、X_{19}的取值区间为［2，10］，Y_3的取值区间为［10，50］，该方程能够用于描述网络行为层面价值观与这 7 个自变量的关系，但由于具体算法程序的赋值规则各不相同，只适宜作为参考。

表 6－10　算法新闻人机交互下网络行为层面价值观第一次回归的系数

模型	非标准化系数		标准系数	t	Sig.
	B	误差			
（常量）	29.825	1.415		21.084	0.000
情感支持	0.237	0.089	0.079	2.672	0.008
参与传播	0.163	0.092	0.052	1.775	0.076

续表

模型	非标准化系数		标准系数	t	Sig.
	B	误差			
聚类交往	0. 184	0. 093	0. 059	1. 984	0. 047
达成共识程序	0. 164	0. 093	0. 052	1. 770	0. 077
身份契合	-0. 179	0. 086	-0. 062	-2. 078	0. 038
情感充实	-0. 270	0. 089	-0. 091	-3. 037	0. 002
冲突话语	-0. 212	0. 089	-0. 070	-2. 371	0. 018
政见表达	-0. 269	0. 085	-0. 094	-3. 166	0. 002
意见跟随	-0. 308	0. 088	-0. 103	-3. 509	0. 000

注：因变量为“网络行为价值观”。

表6-11 算法新闻人机交互下网络行为层面价值观第二次回归的系数

模型	非标准化系数		标准系数	t	Sig.
	B	误差			
（常量）	31. 509	1. 260		25. 010	0. 000
情感支持	0. 251	0. 089	0. 084	2. 838	0. 005
聚类交往	0. 197	0. 093	0. 063	2. 119	0. 034
身份契合	-0. 176	0. 086	-0. 061	-2. 045	0. 041
情感充实	-0. 243	0. 088	-0. 082	-2. 749	0. 006
冲突话语	-0. 217	0. 089	-0. 072	-2. 430	0. 015
政见表达	-0. 265	0. 085	-0. 093	-3. 112	0. 002
意见跟随	-0. 326	0. 088	-0. 109	-3. 724	0. 000

注：因变量为“网络行为价值观”。

五 算法新闻价值观传播“网络行为”偏向的结论

根据相关性分析和多元线性回归分析，人机交互视角下算法新闻的价值观传播在网络行为层面发生偏向，偏向的要素包括情感支持、参与传播、聚类交往、达成共识程序、身份契合、情感充实、冲突话语、政见表达、意见跟随，至此已经能够验证研究假设，结果如下：

假设 H8a“算法新闻中的情感支持有助于价值观的良性传播”成立。

假设 H8b“个体参与算法新闻的传播，能够优化自身价值观”成立。

假设 H8c“个体通过算法新闻进行社会实践越多，越有利于对良性价值观的内化”不成立，两者无显著相关性。

假设 H9a“自我契合的印象管理行为有利于价值观良性传播”不成立，两者呈显著负相关。

假设 H9b“颠覆自我的印象管理行为不利于价值观良性传播”不成立，两者无显著相关性。

假设 H9c“获得他人赞同的印象管理行为动机对价值观认同具有显著影响”不成立，两者无显著相关性。

假设 H10a“个体在算法新闻传播过程中的聚类交往对价值观认同有显著影响”成立，两者呈显著正相关。

假设 H10b“交往效能的感知越强，越有利于对核心价值观的认同”不成立，两者无显著相关性。

假设 H10c“个体在算法新闻中的情感充实程度对核心价值观的内化有显著影响”成立，两者呈显著正相关。

假设 H11a“话语冲突越严重，越不利于个体对核心价值观的认同”成立。

假设 H11b“个体通过算法新闻表达政治见解，对价值观的认知具有显著影响”成立，两者呈显著负相关。

假设 H11c“个体的价值观受到较多算法新闻情感动员的影响”不成立，两者无显著相关性。

假设 H11d“个体受到算法新闻意见跟随的引导，对价值观认知具有显著影响”成立，两者呈显著负相关。

假设 H11e“当个体通过算法新闻形成对公共事件的共识，会有利于核心价值观的传播”成立。

人机交互视角下算法新闻的价值观传播偏向的纠偏，可以针对个体网络行为的相应要素进行优化，包括在算法新闻生产和传播的算法机制中优化情感支持类指标的类型和比例，如结合流量、点赞数、评论数、转发量与正能量关键词进行推送，还应探索各种指标的最佳权重；对于群体标签的归类尽可能合理，具有一定的导向性；精准定位社会声誉不良的群体，如被投诉多、评论区话语检测问题较多的，降低其在相似群体内的传播概率；设计参与性高、沉浸度强的算法新闻应用，吸引用户更多地参与传播。从个体来看，则需要全方位提升媒介素养，降低从算法新闻中获得的情感充实度，在进行印象管理时平衡好自我身份定位的各个要素，在通过算法新闻进行政治参与时尽量避免卷入话语冲突，学会辩证地看待算法推送下的热门时政新闻及其热点评论，不盲从，不随波逐流。

本章从个体网络行为的层面分析了人机交互视角下算法新闻的价值观传播偏向，从优化算法的思路，个体改良自身媒介素养、培养适宜的网络行为习惯，新闻媒体如何引导用户的网络行为等方面提供了思路，详细的纠偏对策将在下一章集中探讨。

第七章

人机交互视角下算法新闻价值观传播偏向的纠偏

以上分别在自我感知、环境认知、网络行为三个社会认知心理的层面，论述和验证了人机交互视角下算法新闻对价值观的传播偏向，总结了其中的关键核心要素，这为纠偏算法新闻的价值观传播偏向奠定了扎实的理论和实证根基。本章从算法重组和优化、新闻生产机制优化、智能媒介素养教育等方面，综合提出算法新闻价值观传播的纠偏对策，以体现研究的实际应用价值。

第一节　算法新闻价值观传播偏向的影响要素总览

综合第四章、第五章、第六章分别对算法新闻价值观传播的理论分析和实证调研，总结算法新闻价值观传播偏向的机理如图 7－1 所示。综合观察所有影响要素，可以发现算法新闻对价值观的传播是一个涉及多元主体的体系，这些影响要素在个人社会认知心理、算法、新闻内容、新闻形式、传播平台、人机数据交互、网络群体传播等融合共生的环境之下发挥效用。因此，对算法新闻价值观传播偏向的纠偏不能完全将希望寄托于纯粹算法技术上的优化和进步，而是在技术创新的基础上，从新闻生产和传播的机制、个体的媒介素养、政策外部环境的优化等方面综合着力，从而全方位提升算法新闻对价值观的传播效能，助推中国网络意识形态阵地的建设。

明晰基于人机交互的算法新闻价值观传播偏向机理，挖掘出其中的个体社会认知心理关键影响要素之后，还需要找到一根将这些要素串联起来的主线，循着这条清晰的主线，在提出算法新闻价值观传播偏向的纠偏对策时，才能有的放矢，牢牢地把握核心抓手。

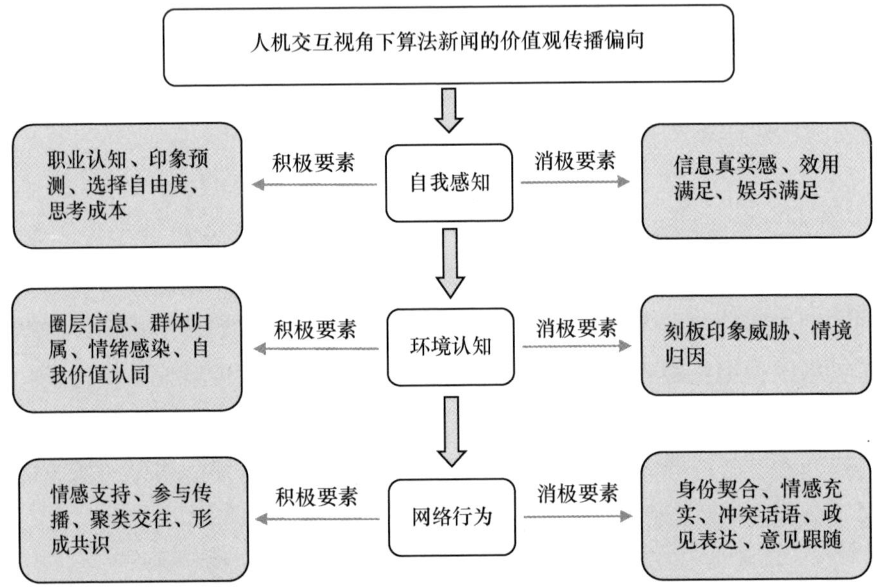

图7－1 人机交互视角下算法新闻价值观传播偏向的机理

第二节 算法新闻价值观传播偏向纠偏的主线：人类价值观

2018年，快手、火山小视频爆出“早孕网红”事件之后，快手创始人兼CEO宿华在回应和道歉中多次提出算法价值观的问题，其中的一句话“社区运行用到的算法是有价值观的，因为算法的背后是人，算法的价值观就是人的价值观，算法的缺陷是价值观上的缺陷”被其他媒体广泛转载。

实际上，近年来新闻分发和短视频平台相继遇到了类似的行业问题，因为算法导致不良信息传播而被国家部门批评或约谈的例子不胜枚举。

社会对于算法的认知在不断进步，对于算法价值观的问题也有了更清晰的概念。

数年前新闻业界尚存在“算法是否拥有价值观”的行业争议，流行的说法是“算法只是一个工具，它公正对待传播的内容，因此没有价值观”，然而大量的事实已经表明，由算法构建的新闻推荐、短视频、直播、问答等平台都深深地嵌入了价值观：不断优化的算法是新闻媒体“把关人”新闻职业理念的体现；新闻写作机器人如果没有记者和编辑对新闻价值的把握定式，就不会有优质的机器新闻作品。

作为“运算程序”的算法并没有体现价值观的偏向，但在算法新闻中，算法是靠算法工程师团队去定义和搭建的，他们对世界的认知就是算法价值观存在的依据，他们对待客观事物的思维方式会体现在算法之中，他们的价值观就是算法的价值观。

一　技术的人性化和补救性：人类价值观在算法中的嵌入

（一）算法的人性化趋势

媒介技术是技术哲学研究领域的一个重要对象，在麦克卢汉看来，媒介技术指代了人类为了提升信息生产和传播的效率，确保信息能够在特定范围内有效流通，从而创造的所有物质工具和操作手段的总和。[①] 麦克卢汉、莱文森等媒介环境学派的学者将媒介技术从“泛技术”的范畴中精简出来，将其视作技术的一个特殊维度，提出了媒介技术如何与人类意识观念产生关联，这对于思考算法新闻如何与人类价值观合理融合提供了理论依据。

莱文森对媒介技术持天生乐观的态度，他的“补救性媒介”和“人性化趋势”理论认为媒介发展的重要规律之一是新技术必定能弥补上一代媒介的疏漏，“人性化”是人类对技术的追求，也是媒介演变的方向。[②] 他认为，技术人性化趋势决定了人类会倾向于通过创新技术，将前一个技术时代所无法融入的人类文化价值融入新的技术当中，只要新的技术被创造出来，它就必然带着更合理的人类情感和理性。莱文森以媒介技

① ［加］马歇尔·麦克卢汉：《理解媒介》，何道宽译，译林出版社 2011 年版，第 3 页。
② ［加］保罗·莱文森：《思想无羁》，何道宽译，南京大学出版社 2003 年版，第 86 页。

术为例，阐述了人类之所以不断更新传播机器，像印刷机、电报、电视、电影等，是因为都是对以面对面交流为代表的前技术时代某一方面特质的再现。莱文森认为，技术的发展趋势完全由人的合理需求决定，人类对技术的创造和选择过程，其实就是人类的价值理性与现实需求不断契合的过程，毫无疑问媒介技术也会朝向人性化的未来发展。①

麦克卢汉在“媒介即人的延伸”的论述中，对于技术如何反映人类的价值观念也有充分反思，他认为媒介技术的实质是人的需求的延伸，文字和印刷反映了人类尊崇知识的信仰，广播和电视反映了人类对场景真实和自我代入的痴迷。② 弗洛伊德则直接指出了技术反映了人类心底最原始的欲望和观念，技术（特别是生存工具）表达了人类对操控自然、对抗自然、把握生存环境的生命观，技术的趋向与人类的价值观是高度关联的。③ 马克思认为，所有人类的技术发展，都是人类潜意识下的文化价值延伸，就像书本的印刷和流行，就是人们想窥见他者的思想，代表了一种对自身以外文化或知识的向往。④ 技术发展的最宝贵特质就是“人性化”，算法新闻的“人性化”可以体现为其服务于人文主义式的关怀，引导用户沉浸于情感关怀之中。例如，人民日报客户端推出的首部全民定制国庆献礼片《70 年，我是主角》，经由智能图像识别和算法精准迭代，用户能够渲染于智能算法建构的视频场景中，成为电影的主角，“亲身经历”70 年来中国社会经济发展过程中的重要历史节点变迁。显然这对于个体提升对中华文化的认同，形成“富强、和谐、爱国、敬业”等核心价值观大有裨益。

（二）算法的补救性

媒介技术总会迎来新的时代，在新的技术时代，先进技术与先前技术的关系如何？两者是迭代还是共生的关系？对于这些问题，媒介环境学派的众多学者都有系统的思考，其中莱文森的“补救性技术”理论对此给予了深刻阐释。他认为，技术的创新从本质上来看，都是对先前技

① ［美］保罗·莱文森：《人类历程回放：媒介进化论》，邬建中译，西南师范大学出版社 2017 年版，第 150 页。

② ［加］马歇尔·麦克卢汉：《理解媒介》，何道宽译，译林出版社 2011 年版，第 167 页。

③ ［美］迈克尔·S. 特鲁普：《弗洛伊德》，李超杰译，中华书局 2014 年版，第 56 页。

④ ［美］温迪·林恩·李：《马克思》，陈文庆译，中华书局 2014 年版，第 23 页。

术的功能性补救，新的媒介技术总会想方设法补救既有媒介技术的缺憾，这样的技术进化规律有效地保障了媒介总会在某一方面实现或多或少的进步，让信息的传播更能满足人类的欲望。①

当前，移动互联技术让媒介信息传播再上一个大台阶，“四全媒体”描绘了媒介融合的未来图景，可以肯定的是，算法新闻还会以更多样化、更多元的形式与用户见面，媒介技术的补救依然处在进行时，算法新闻能带给我们怎样的惊喜，依然有足够大的想象空间。西方国家媒体在此方面已有大胆尝试：早在 2015 年，《纽约时报》就提出新闻的未来不再是“文章”，而是经过一系列“编码”的富有可读性和适配性的信息。这需要研发一种既可以利用算法精准定位，也可以通过人工编辑或用户自行调适的智能系统，对元始数据进行凝练和再利用，形成可阅读性极强的“新闻积木”，即新闻可以搭建成不同的样式，但其实质未变。对于算法新闻而言，通过技术手段，让用户享受到更快捷、更舒适的阅读体验，就是对现有新闻形式的“补救”。例如，智能算法在音、视频领域的应用不断深化，越来越多根据用户特征而定制的新闻产品不断涌现，《华盛顿邮报》的“读新闻”工具 Amazon Polly 可以播报经由文字转化而成的语音新闻，Newsela 研发的阅读水平转换器（Reading Level Converter）可以根据用户的阅读水平，利用智能算法对新闻报道进行转化，进而提供个性化的新闻文本。

如果说媒介技术的“补救性”体现在其内部功能上，除了人类为其赋予的技术内涵，人工干预也是不容忽视的要素。在生态学的意义上，算法新闻为人类构建了感知、理解、想象、表达的复杂系统，对于技术“补救性”的完善，我们就要给予积极的回应，而不是作为一个被困于算法中的“容器人”，再次娱乐至死。例如，面对算法导致的信息价值观偏向，今日头条和 Facebook 都在新闻生产机制中融入了人工干预的元素，大批人工编辑参与内容审核，在此基础上收集编辑方案和实施效果的大数据，并用于对之前算法的完善，目的就是优化内容的推荐分发，使新闻的生产和传播更合乎道德伦理。

---

① ［美］保罗·莱文森：《人类历程回放：媒介进化论》，邬建中译，西南师范大学出版社 2017 年版，第 97 页。

二 基于主体间性的价值观人机交互

哈贝马斯提出交往行为理论，解释了人类是如何通过心智的契合进行交往的，社会个体在与他人交往的过程中，会借助符号（语言或非语言）来理解他人的行为，或传递自己的价值观念，以求达成共识，而双方之间在观念上的相互理解是交往行为发生的前提，个体会在表达自我、确立合理人际关系时努力建立与他人的意识沟通。① 哈贝马斯认为，人类要在交往中达成共识，需要共享文化理念、价值信仰和可沟通的话语，要认同和理解对方的文化价值观，才能决定该用怎样的方式与他人交往，这涉及主体间性。拉康认为，主体间性体现为主体中的他性，主体自身的行为结构与他者有着紧密的关联，甚至在一定程度上由他者的价值观念所界定，即人会对他人的意图进行合理推断，以求自身的话语或行为尽可能促成完美的社交。②

对于人与人的交往，哈贝马斯的交往行为理念和拉康对主体间性的阐释未免带有乌托邦的色彩，但在现实的绝大多数社交场景下，交往的双方均会将自身置于互相理解、理性沟通的场景下，通过判断他人的价值观、文化认同、情感态度等要素，达成基于主体间性的交往行为，从而实现促成双方共识、满足个体与环境适配的目的。在哈贝马斯看来，基于主体间性的价值观协调能够帮助稳定社会关系，促进个体与个体、个体与群体、个体与社会、群体与群体间的融合，在此条件下，人类的社会化进程才能更为理性。

从技术目标视角来看，算法新闻的生成机制就包括了一种特殊的单向式、基于主体间性的人机交互。机器在与人进行信息交互时，会基于特定的算法来对用户的兴趣、情感、习惯等进行理解和引导，可以将此过程理解为机器在层层试探用户的价值观倾向，算法会努力与用户达成共享，并用人机交互的效果来满足用户的情感价值需求，与用户共享文化价值理念，与用户产生“可沟通”的话语，增加用户对算法应用的黏性，是一种典型的基于主体间性的精神交往。例如，基于算法的短视频

---

① Jurgen Habermas, *The Theory of Communication Action*, Boston: Beacon Press, 1984, p. 394.

② ［英］霍默：《导读拉康》，李新雨译，重庆大学出版社 2014 年版，第 51 页。

推荐平台，就是算法基于主体间性，满足用户与视频作品之间的适配。

从实际效果看，算法新闻的人机交互是机器对用户价值观的判断和调适；从本质原理上看，是算法建构者、信息生产者和传播者与用户价值观的契合，双方之间取得精神契合的媒介就是各式各样的符号。米德的符号互动论认为，人类通过互动来实现在社会活动中的表意，而符号就是互动的中介，人类无论是自我互动，还是与他人、社会的互动，必须经由符号。① 而布鲁默则认为，符号的意义是在“解释”中得到的，人与人之间的互动就是对彼此发出符号的理解，同时伴随着对他人情感和文化观念的判断。

算法新闻的生产过程往往伴随着对用户价值观的理解。如 2019 年全国“两会”期间，新华社的“媒体大脑”依托大数据和算法，深度采集互联网数据，挖掘出网民最关注领域的热点，并将数据用于智能化数据新闻的生产；同样是在 2019 年全国“两会”期间，中青舆情监测室依托中青华云大数据，利用算法分析“两会”期间的微博文本，归类各个年龄层次网友所关注的共性议题，并用于机器人写作中；2018 年全国“两会”期间，新华社尝试利用“Star”生物传感智能机器人，直接将人机交互延伸至用户的精神层面，抓取和分析用户情绪和生理变化数据后，生产出生理传感新闻，成为中国业界将情感交互技术应用于时政新闻生产领域的首例。以上算法新闻应用为媒体编辑与网民之间的政治价值观交互架设了桥梁，媒体编辑借助算法新闻的生产和传播，较好地回应了网民的政治诉求，有利于他们加深对社会主义核心价值观的认同。

第三节　算法新闻价值观传播偏向的纠偏路径

通过挖掘算法新闻人机交互之下价值观传播的社会认知心理关键指标，以及明确了人类主体是算法新闻价值观传播的本质后，已经能够针对算法新闻价值观传播的偏向提出纠偏的对策，对策的实施主体包括算法工程师、媒体记者和编辑、各级教育工作者、相关政府部门和算法新

① ［美］乔治·米德：《心灵、自我与社会》，赵月瑟译，上海译文出版社 2018 年版，第 46 页。

闻的所有用户，涉及的优化客体则包括算法技术、算法新闻产品、媒体素养教育模式、国家法律法规等。

一 算法来源数据的优化

算法的学习、检验以及算法新闻的生成都依赖于大量的数据集，在人机交互的过程中，算法可能在有意无意之中受到高隐匿性、失衡的偏颇数据影响，从而在生成新闻产品时过多嵌入了人的价值偏见。如数据集对某些群体的边缘化，并不是绝大多数社会个体都能够成为数据的主体，由于地域、贫富差距、知识水平、媒介接触情境等要素限制，部分社会个体的数据化网络行为并不会被纳入算法新闻的数据学习系统中，他们的情感和诉求被技术有意无意地忽略了。以当前算法技术来看，算法学习来源数据存在的比较突出的缺陷包括：一是最原始数据在采集时已经被嵌入了人类的偏见或歧视，二是具体的算法在设计时被渗入了工程师的偏见，三是算法在与用户交互并采集数据时错误地习得了偏见或歧视。数据集是机器学习的根本，算法如果以缺乏合理性、代表性的数据为学习对象，生成的新闻产品就很难反映现实，甚至会造成歧视，如2018年安徽池州市“贵池区人民政府发布”官方微信平台回复当地某位教师咨询的话语“你不说话没人把你当哑巴”“我仿佛听见了一群蚊子在嗡嗡嗡”，就源于自然语言识别软件“小黄鸡”对数据集的应用失误。数据集出现问题的原因之一是数据的占比偏差，在收集用于机器学习的数据时，出于采集便利性的考虑，数据集会倾向于向“主流”群体要数据，从而在性别、职业、阶层、地域等层面产生分布不均。

目前，从业内的技术视角来看，每一种算法背后的数据集都是含有偏见的。[①] 微软公司聊天机器人Tay在与网民对话时使用的性别和种族歧视话语，就是受到了学习数据源的污染。Facebook曾宣称其Labeled Faces in the Wild测试构建了最有效的智能人脸识别数据集，识别准确率能高达97%，但研究人员发现，该数据集中男性比例近77%，还有超80%是白人。这意味着该数据集训练出来的算法天然就存在着性别和种族歧视，

① ［瑞典］大卫·萨普特：《被算法操控的生活》，易文波译，湖南科技出版社2020年版，第52页。

如在识别特定的群体时，黑人会被识别为“大猩猩”，谷歌 AI 就曾发生这样的纰漏。亚马逊在用户喜好算法方面也曾经遭遇数据集的问题，由于男性用户偏多，算法应用更倾向于满足男性的需求，或多或少忽略了女性的需求。可见，如果原始数据本身就包含了社会偏见，算法自然也会习得其中的偏见，从而导致算法新闻的价值观传播偏向。

算法新闻的重要数据源还包括网络上的舆情信息，从理论上讲，舆情传递的网民话语总体上代表了民众对特定事件的态度、情绪和价值观，但并不是所有的话语表达都表征了真情实感，网络水军故意混淆视听、不怀好意的势力恶意误导舆论、缺乏辨识能力的网民被骇人听闻的话语诱导、部分网民有意正话反说和反讽，等等，都会造成话语文本原始数据在算法分析系统中的偏离真实。而算法对这些“意料之外”话语数据的处理显然并不符合新闻生产者的初衷。

这就需要人工智能算法的创新和“更加智慧”，一方面，算法工程师应为其注入更多符合网络舆情话语规律的文本，用于深度学习，在海量语料数据库、话语符号与实际观点对比、话语真实性适配度、敏感信源可信度、语境分析与话语匹配等功能方面实现突破和技术创新，以“补救”目前算法机制中的缺陷，促进算法新闻更显“人性化”。另一方面，在新闻媒体中为结构化数据集“打标”（对描述性文字、图片、视频等新闻资源进行归类和标注）的负责人，要人工为数据进行标注，或在机器自动分类后进行细致核查，以利于维护新闻资源数据的真实有效性和训练算法。如在标注负面突发事件的新闻资源时，不刻意以性别、地域、职业、特殊群体等为关键词进行标注，否则算法有可能将特定的词汇与特定的负面事件建立起强关联，如“女司机”与“车祸”，“歧视”与所有地域关键词，等等。作为数据的标注人员，不应将自身的价值观融入数据集的“打标”，避免为算法增添包含歧视和偏见的原始学习数据集。

二　对算法三个关键向量相应指标权重的优化

算法工程师是算法的建构者，算法的整体架构是由他们负责搭建的，包括算法目标的设定、采用的计算模型、将哪些数据指标作为模型中的代数、以怎样的数据来衡量特定的指标、原始数据的预处理，等等，都需要算法工程师统筹考量。其中的数据衡量指标是决定算法达成效果的极重要因素。

算法工程师会为数据集中的各类数据设置特定的标签，并指定这些标签中的数据如何获取，如用户的点赞、评论、转发、网页停留时长、浏览时段、性别、年龄测算、教育水平、职业、所在地域、消费水平、感兴趣的新闻话题、交互频率较高的应用场景等，都有可能被纳入算法的程序之中，并被赋予一定的权重和代数算式中的角色（如正向判定要素，还是负向判定要素）。不恰当的标签设定，可能导致算法从一开始就被引入了偏见的陷阱。

当工程师认为某个指标是一个重要的衡量标准时，无疑会影响到算法对相应数据的处理和反应，直接的效果就是算法新闻的实际应用效果。如在新闻推荐应用中，算法工程师往往会将点击率高、转发量大、评论数多的新闻作为推荐算法模型中的重要正向衡量指标，在特定监测时段内会为用户优先推荐所谓的“热闹话题”，这也是微博“热搜”的运行机制；但在其中不乏表征信息热度的伪数据，如网络营销公司会花费大量的金钱“买热搜”、公关公司会收买“僵尸粉丝”操纵信息热度和流量、被部分网民的错误观点或片面解读误导的突发事件信息、媒体平台有意的推送等，都会导致用户接收了自己并不想接触的信息。可见，纯粹以点赞、评论、转发的数量作为算法新闻分发的关键指标并不科学。

在前述的分析中，个体在自我感知、环境认知、网络行为等层面均有相关要素与价值观的度量呈显性相关，其中的部分要素可以通过算法的权重调整，从而达到合理调适算法新闻价值观传播的目标。

（一）自我感知层面的指标

在自我感知层面，职业认知与价值观传播的度量呈显性正相关，信息真实感、娱乐满足与价值观传播的度量呈显性负相关，这些要素可以在算法相应衡量指标中得到调节。

增加职业标签的权重。算法工作师在构建算法程序时，可以为与“职业”相关的标签赋予更高的权重，帮助用户增加对各类职业的认知，达到提升社会主义核心价值观认同的目的；如2020年新冠肺炎疫情期间，标签包括“医务工作者”“医生”“护士”“抗疫人员”等的新闻更适宜获得广泛传播。

在算法中嵌入真实性甄别功能模块。个体对算法新闻的信息真实感越强烈，可能意味着其在面对假新闻时甄别能力越有限，在潜意识下对各类算法推送的内容有较高信任度，如老年人对各类推送信息的痴迷就是非常好的例证。他们一旦过于相信平台推送的虚假新闻，对价值观的传播极为不利。因此，应在算法功能中增加新闻真实性甄别的模块，充分利用大数据、区块链等技术，通过相关新闻信息的穷尽比对，尽可能在技术层面防止假新闻通过各类推荐平台向用户传播，遏制虚假新闻给网民带来的认知和价值观混乱。

降低与娱乐相关指标的权重。算法工程师应适当减少娱乐性指标在算法程序中的作用和地位，如涉及娱乐明星、绯闻、娱乐场所、娱乐活动、女性器官等标签的新闻，应降低其传播效能，目的在于减轻个体在自我感知层面的娱乐满足，从而降低受到不良价值观侵害的概率。

（二）环境认知层面的指标

在环境认知层面，圈层信息、情绪感染与价值观传播的度量呈显性正相关，刻板印象威胁与价值观传播的度量呈显性负相关，这些要素可以在算法相应衡量指标中得到调节。

增加不同圈层信息标签的权重。这与“职业”标签有相似之处，工程师在算法程序中增加其权重，能够为用户呈现不同职业领域人群的工作和生活状态，有助于他们开阔视野，对自身进行良性定位，对社会发展现状有更全面的认知，感受不同群体的生活场景，有针对性地调适自己的心态和价值观。

增加情感标签的权重。在目前的大多数算法程序中，都会包括对情感标签的判断，应提升正向情感要素标签的权重。在其中，网民话语的复杂性为算法精准判断情感带来较多困难（如水军恶意诽谤、正话反说等），这需要算法提升自然语言处理的匹配度，借助海量的话语文本数据库，通过大量的机器学习才能实现。

降低可能引发刻板印象威胁的组合标签的权重。在算法程序中，避免在标签判断中将某类群体与特定的负面现象或行为关联起来，如当标签中出现同时包含“女司机”“车祸”“撞车”，“医生”“家属”“矛盾”等情形时，应降低其推荐指数。算法新闻应帮助用户产生多元化的认知，而不是对某类群体的单向度了解。

（三）网络行为层面的指标

在网络行为层面，情感支持、聚类交往、达成共识程序与价值观传播的度量呈显性正相关，冲突话语与价值观传播的度量呈显性负相关，这些要素可以在算法相应衡量指标中得到调节。

优化积极情感标签在算法中的权重。在算法程序中增加积极情感类标签的指标权重，将点赞数、积极评论占比、转发量与正能量关键词结合起来进行综合权重评价，探索积极情感标签与其他传播指标的最佳配比。

将能够引发某一领域意见领袖集中表达意见的信息设置为传播热点。算法可以通过抓取核心传播节点（意见领袖）数据，对其话语进行比对分析，如果话语指向较统一的意见，则赋予高传播权重；如在新冠肺炎疫情期间，涉及医学专家的新闻，如意见表达一致，则进行热点推送。另外，聚类分析网民话语，对达成较多共识且情感积极正向的新闻进行热门推送，以进一步提高核心价值观传播的效率。

在算法中体现媒体平台对自媒体信用的质量评价。对于在各类基于算法推荐的自媒体平台（如今日头条、抖音、快手等）中有过不良信息传播记录、被投诉并被核实的用户，降低其作品的传播热度。

对于引发网友话语冲突的新闻，算法应通过内容分析，识别涉及群体矛盾、歧视、公共事件等敏感要素的新闻，降低相关要素的指标权重，降低类似新闻对网民的影响，避免导致部分网民的价值观认知冲突。

三　夯实算法工作师的人文价值意识

在传统新闻生产领域，媒介伦理规范的主体是记者和编辑；在算法新闻生产和传播领域，主体已经延伸至算法工程师，以及几乎所有接触各类媒介、与各类平台产生数据交互的用户群体。算法机制决定了新闻的生成效果和分发路径，决定了用户在客户端能看到的内容，信息的走向和人机交互则为算法机制提供源源不断的数据流，这都需要算法工程师为这些数据赋予特定的意义。

从传播学的视角来看，算法工程师深度介入了算法新闻的生产流程，也就是说他们通过编码算法，拥有了对新闻进行把关的能力甚至是为用户设置议程的能力，他们掌握的数据分析和编程技术是算法机制运行的基础，设置怎样的标签并使之与用户匹配、怎样识别用户的兴趣和偏好、在系统中应该如何过滤信息，等等，都基于算法工程师的主观价值判断，算法程序中天然就包含着他们的价值观。可见，算法工程师理应成为媒介伦理规范下的重要主体；然而，目前大多数算法工程师未接受过专业的媒介素养教育，也没有接受过系统的新闻职业道德培训，在设计算法程序的过程中未能体现对新闻伦理的把握，这更突显了夯实算法工程师人文价值意识的紧迫性。

首先，为算法工程师提供系统的伦理培训。算法新闻的软件工程师大多就职于互联网科技企业或新闻媒体，从他们入职开始，就应该接受包括新闻伦理在内的系统培训。除了技术培训、管理培训和企业文化培训，互联网科技企业和新闻媒体还应针对算法的伦理问题进行专门培训，帮助算法工程师理清算法与新闻职业道德、意识形态传播的高度关联，明晰算法的敏感性和自身应肩负的价值观引领职责，树立在算法中融入主流价值观的意识。

其次，多开展技术部门与其他部门的交流。算法工程师日常面向的工作对象是各类程序，相对来说封闭性较高，缺少与其他部门人员尤其是来自新闻传播领域的新闻工作者的接触和交流。因此，应致力于打破算法工程师在算法新闻生产和传播领域的“局外人”尴尬角色，多开展跨领域、跨部门的交流，让算法工程师明晰新闻采编、广告策划、活动策划、用户反馈、网络信息安全等多部门的需求，加深他们对算法伦理问题的了解和反思，从国家意识形态阵地建设的高度认清自己的职责，保持谨慎，树立在设计算法程序时主动融入人文价值的意识。

最后，计算机行业内明确算法工程师的职业道德规范。目前，计算机行业内还未形成获得广泛认同的职业伦理和道德规范体系，对算法工程师也缺少职业道德上的规制。在西方，2018 年欧盟就通过了《可信赖的人工智能道德准则草案》，提出算法必须尊重个人选择和自我决定、守仁慈、正义、透明；美国计算机协会（Association for Computing Machinery，ACM）的《计算机伦理与职业行为准则》则是国际认可度最高的计算机行业职业道德规范，其中就包括了诸多对算法工程师从精神到行为的约束。因此，传媒行业应与互联网技术行业合议，尽快明确在算法新闻领域的伦理原则和工程师职业道德规范，从根源上降低算法新闻价值观传播偏向的可能性。

四 媒体平台对算法技术的规范

（一）与人文科学界合作，探索将核心价值观嵌入算法新闻的路径

在中共中央政治局2019年就全媒体时代和媒体融合发展举行第十二次集体学习时，习近平总书记就提出“探索将人工智能运用在新闻采集、生产、分发、接收、反馈中，用主流价值导向驾驭‘算法’”①。在校媒合作、多领域交叉、算法新闻普及的大背景下，针对新的媒介应用场景和算法新闻的实践，传媒界应当与人文科学界开展积极的互动，探索在伦理、道德、法律的层面，如何推动人文价值观在算法技术中的内化。

无论是在传统媒体时代，还是当下的智能媒体时代，对新闻伦理与新兴媒体技术伦理结合的有效探索从来都不是新闻传播业界或学界能够单独完成的。算法的人文价值和伦理中包含了算法的法律责任体系，如公正、透明、可解释、利益冲突、隐私、可审计、共济等价值伦理的要素。目前，算法、大数据和互联网技术的业态融合还远未达到成熟市场所需要具备的高度合理性，在算法新闻生产与传播的过程中，需要一套能够起到引领作用的、普适的、合理的人文价值和伦理规范与之适配，这套伦理规则还需要以获得公允、可理解、可操作、具备高度公信力的规范文字表述出来，这远不是传媒业能够解决的难题。因此，传媒界与人文科学界的跨界交流势在必行。

例如，2018年快手和清华大学宣布成立未来媒体数据联合研究院（Institute of Future Media Data）。在技术领域，该研究院融入了快手的技术部门和清华大学软件学院；在人文价值领域，则融入了新闻与传播学院、社会学系等学术机构，探索如何将技术与人文价值结合起来，致力于解决在短视频内容定位、管理、分发、审核上的人文技术难题，走出了一条研究算法新闻价值观传播的跨界合作路径。

（二）完善算法验证新闻真实性的功能模块

在自我感知层次，个体的信息真实感与价值观度量呈负相关，表明个体越信赖新闻推送，负面的信息反而越容易颠覆个体的价值观认同，

---

① 习近平：《加快推动媒体融合发展 构建全媒体传播格局》，《求是》2019年第6期。

在环境认知层面，情境归因与价值观度量呈负相关，表明算法应强化对内容的审核，减少与现实情境区别较大的内容场景对个体的影响。这些都指向了算法应更好地服务于“新闻真实”的场域塑造。

在新闻传播多元化、多途径的媒介环境下，传统媒体对新闻真实性的人工把关已经不足以满足验证大批量新闻信息真实性的需求，算法被更多地引入新闻核查领域。通过机器算法，运用自然语言处理等技术，对非结构化的文本数据进行深度比对、分析，验证新闻信息的真实性。在新闻真实性核查领域，越来越倚重用户数据，特别是在突发公共事件中，智能机器人可以分析各平台用户实时上传的文本、图片、视频等要素，通过自然语言处理（Natural Language Processing）、知识管理（Knowledge Management）、情感分析（Sentiment Analysis）等技术，汇总和比对用户发布的各类信息，最终给出一个事件真实的置信度，便于媒体编辑判断是否该取信该信息。

新闻传播的实践证明，将算法技术融入事实核查是新闻生产的有效辅助。2016 年 Buzzfeed 推出聊天机器人 Buzzbot，将其应用于美国大选期间的新闻素材分析，通过对广大民众在新闻现场拍摄的照片、视频等第一手资料的深度分析，经由用户间数据的比对，发现了不少混入谣言的信息；再通过发布和反馈经过机器验证的新闻信息，就能够及时破除谣言。

在中国政府公共传播领域，利用算法验证新闻真实性，有利于官方及时辟谣，从而有针对性地引导舆论，让舆情传播的规律在算法公式和预测模型之下得到更直观的呈现，这样能避免民众的价值观被谣言中的负面情绪所影响，在自由、平等、公正、法治等社会层面价值观方面获得良性引导。

（三）冲破“过滤气泡”的尝试

目前，基于算法技术的媒体平台的服务旨趣大多是满足用户“个性化”的需求，对于用户其他领域的诉求还未能充分体现。其实，算法对用户兴趣的抓取还远未达成其设计的初衷，可以说算法还有巨大的潜力待挖掘。桑斯坦在《信息乌托邦》中提出，网络技术的广泛使用，目的就是让每个人都能获得自己所喜欢的信息。[①] 优秀的推荐算法不应仅仅停留在“发现用户喜好”的层面，还应该能够帮助用户拓展视野，去认知自身内心深处真正感兴趣却尚未自知的信息。这样，算法新闻的智能推荐才不会陷入“信息茧房”“过滤气泡”的质疑。

凭借算法和大数据的支撑，以上设想并不是毫无根据。随着算法新闻用户使用时长的累积，数据的质量也会经历从量变到质变的过程，随着算法验证新闻真实性技术的进步，以及系统在用户信息需求、行为模式等方面的精准数据收集，算法的设计理念应追求不断完善用户画像的图谱功能，进而使信息产品的推荐更加精准。

例如，美国新闻聚合平台 Buzzfeed 就致力于降低“过滤气泡”效应，在新闻板块引入了“泡泡之外”（Outside Your Bubble）的功能，用户在某篇文章的底部能够看到其他平台（如 Twitter、Facebook、Instagram、Reddit、YouTube 等）上的差异性观点，目的是让用户更全面地了解各类社交平台上对某类事物的观点和态度。

冲破“过滤气泡”，关键在于对算法中的目标变量和类属标签进行系统优化，不断调适数据模型，在为算法提供海量有效数据用于深度学习的基础上，探索算法推荐的最优化模型。当前，推荐算法模型还是普遍采用基于流量、基于内容和协同过滤的算法，基于流量的算法让个体更关注社会普遍关心的信息，基于内容的算法让个体收到更多自己喜欢或之前关注过的内容，协同过滤的算法则将拥有相关兴趣爱好的用户归为一个数据集，并向数据集中的其他用户推荐可能感兴趣的信息，这些用户在算法构建的媒介情境中形成一个“圈层”。这些算法或多或少对“过滤气泡”形成了推波助澜的效应；今后一个时期，对以上算法进行最优化组合的混合推荐算法将为各大媒体平台所使用，从而尽量避免“过滤气泡”的负效应。

五 算法新闻生产和传播的人机协作模式创新

在自我感知层面，选择自由度感与价值观度量呈正相关，这提示了帮助个体拥有越多的信息接收选择，其越能够理解来自不同领域的价值

---

① ［美］凯斯·桑斯坦：《信息乌托邦》，毕竟悦译，法律出版社 2008 年版，第 78 页。

理念，对社会主义核心价值观会更认同。在环境认知层面，情绪感染与价值观度量呈正相关，这提示了通过算法新闻，帮助个体产生积极、正向的情感体验，能够推动其对社会主义核心价值观的认同。在网络行为层面，情感支持、参与传播、达成共识程序等要素与价值观度量呈正相关，这提示通过借助丰富的算法新闻应用，引导用户产生与新闻内容的共鸣，形成一定范围的一致意见，甚至亲身参与新闻内容的生产和传播，能够提升他们对社会主义核心价值观的认同。对此，可以从以下两点入手，创新算法新闻生产和传播的人机协作模式。

（一）融入“媒体—算法—用户”交互的新闻生产创新

算法在新闻生产和传播领域的应用不断被创新，各种算法新闻应用为用户创造了丰富的场景，他们的价值观在其中受到影响。如果说社会场域中的文化价值观有被媒介技术引向消解的可能性，[①] 那么媒体就有将技术导向善良和责任的义务。媒体应积极探索引导用户广泛参与算法新闻的生产和传播，让他们受到充满正能量的情绪感染，产生积极的情感体验，并自然生成群体内的价值观共识。那么，如何在算法的框架内，建构一套理性、健康的人机交互规范，推动媒体、算法技术、用户三者的交互，塑造一个充满浓郁人文氛围的媒介场景，就成了媒体努力的方向。

在吸引用户参与算法新闻的生产和传播方面，新华社和光明日报均有较成功的探索。2020 年全国“两会”期间，新华智云“媒体大脑”首次推出“两会机器人”，利用大数据抓取技术，从海量的网络话语文本中精确地提炼出网友们关注的焦点话题，再利用机器算法，生产了一系列覆盖政治、经济、文化、社会领域的新闻作品，对网民的政治诉求形成了有效的良性反馈，在国家、社会层面的核心价值观引领中体现了“同心同向”。

2017 年全国“两会”期间，光明日报融媒体中心研发的“小明 AI 两会”提供了“媒体—算法—用户”交互的场景应用：用户上传一张代表或委员的照片，“小明”就能够识别代表或委员的身份，展示该名代表

---

① ［美］尼尔·波兹曼：《娱乐至死》，章艳译，广西师范大学出版社 2011 年版，第 67 页。

或委员的履职领域以及此次在“两会”上的议案提案。根据算法对人物报道的关系分析，还能形成人物图谱，为用户推荐相关领域的话题，帮助用户获得分享国家公共事务知识的体验。而这一功能的实现，有赖于程序工程师抓取了数万张照片、40多万篇媒体报道供算法学习和训练，通过智能算法对大数据的挖掘，“小明”才能够实现对近29万个词汇、近5000个“两会”关键词的分析，并生成针对每一位代表或委员的个性化报道。可以看到，在“小明AI两会”应用中，媒体、用户、算法技术形成了数据交互，算法新闻生成的依据是用户的数据输入，其传播则是融入了媒体的策划意识和用户的政治旨趣，这有助于个体在国家、社会层面的核心价值观方面产生积极的认同。

在通过算法新闻引发用户积极的情感体验、价值观共识等方面，“军装照”“我的前世青年照”“70年，我是主角”等智能算法应用均是较典型的个案，前文已有例证，在此不再赘述。

（二）算法新闻传播“把关”的人机协作

在算法新闻的生产机制中，算法程序对“社交手势”（Social Gestures，如搜索历史、使用时长、点赞、转发、评论等要素）的分析，预测用户的价值立场和情感态度倾向，同时还能够抓取网络上的信息，实现网络舆情预判。但是由于失真数据的嵌入、用户社交手势的随机性、程序本身的缺陷等因素，算法对于用户社交手势和网络信息的画像能力尚不能完整匹配“重现社会真实情境”的需求，造成部分算法新闻产品的失真，如渗入了歧视性的话语、对舆情信息的错误研判等。对于将真实视作生命的新闻创作而言，算法在此方面还不应被赋予过高的期望。在算法新闻的生产和传播中实施人机协作的“把关”就显得格外重要。

媒体平台将新闻价值尤其是信息真实性判断的任务全部移交给算法，是不现实的。算法还不能完全取代技能纯熟的新闻工作者，绝大多数算法新闻还需要专业媒体人的把关。新闻媒体应建立人机协作的把关机制，要将算法监控、人工编辑、用户纠错等要素纳入其中。同时将人机协作把关的行为数据化，将其作为机器学习的丰富养分，不断丰富和提升机器的纠错和验核性能。例如，以算法推荐作为技术核心的今日头条在2018年招聘2000名内容审核编辑，致力于从算法主导向人机结合的转变，还邀请了学者、媒体人、公职人员成立专家团队，监督今日头条平台的内容和服务，希望通过一系列措施，规范平台内容的传播；另外，2018 年年底，今日头条还宣布借助算法的迭代和升级，推出国内首款人工智能反低俗小程序“灵犬”，能够在内容被推送之前检测其健康指数，确保到达用户终端的是更优质、更健康的信息。短视频平台快手在算法之外也有许多人工通道，专门用于内容审核、评级和处理投诉，将人作为信息筛选的重要主体。可以说，人机结合的内容审核是今后一个时期算法新闻应用的趋势。

六　国家健全关于算法和数据的法律法规

（一）监督算法，确保算法的透明性

2018 年美国皮尤智库研究中心发布了《公众对计算机算法的态度》，调查显示 58% 的美国民众对于依赖算法做出决策是怀有忧虑的，尤其在个人理财、风险评估、简历筛选等重要领域，算法决策虽然带来了前所未有的便利，但是存在很大的风险。该报告还指出，美国民众并不希望算法帮助他们决策，除非算法能够向世人证明其合理且没有任何偏见。在这份报告发布的前一年，2017 年美国计算机协会公共政策委员会（US-ACM）就制定了算法透明七大责任原则：意识原则、准入和补救原则、问责原则、透明原则、数据来源原则、可审计原则、验证和测试原则，目的就是全方面规范算法的应用。

算法是智能新闻生产和传播的核心技术，但由于商业机密性和程序设计的排他性，算法对于用户而言就如同一只“黑箱”，数据究竟是怎样被挖掘出来的、怎样的网络使用行为会产生对各类平台有价值的数据、算法会以怎样的方式反馈用户，等等，这些都是无从得知的。例如，以今日头条为代表的新闻聚合平台广泛采用了算法推荐技术，但其推荐机制长期以来受到了众多质疑：新闻推送的标准到底是什么，为什么传播了如此多有违社会主义核心价值观的新闻，部分用户长期接收低俗信息却很难矫正，等等，可以说算法推荐的一系列负面效应对中国的意识形态传播早已提出警告。互联网技术企业却一直以“商业秘密”为由拒绝公开算法程序，其回应往往是“算法对于每个人都是公平公正的，用户的兴趣和爱好才是关键”，诸如此类语焉不详的搪塞并不能服众，因为公众根本无法判断这些技术企业是否与某些利益集团有着深度关联，毕竟

百度竞价搜索的恶果尚历历在目。

在某种程度上讲，算法新闻建构的语境融入了多方的价值观，传播格局和权力结构的衍变都处于算法的框架之中，算法如何引导网络的意识形态传播，理应作为一种知情权的内容，从“黑箱”中剥离出来。国家有必要建立算法的信息透明机制，要求互联网技术企业、媒体机构等涉及算法设计的机构作为责任主体，对算法的数据源、设计流程、实现目标、可能产生的后果等进行阐明，公众拥有对相应算法的知情权和监督权，确保自身接收的是合理、合法、无污染的信息。

大量的事实证明，国家对算法技术应用的适当监督，能够在一定程度上减缓算法应用带来的价值观偏向。2020 年 6 月 10 日，针对新浪微博根据点击量、引用、转发为主要权重的算法引致的蒋某舆论事件“热搜”，及其对网络传播秩序带来的负面影响，国家互联网信息办公室指导北京市互联网信息办公室，约谈新浪微博负责人，责令暂停更新微博热搜榜一周，并予以行政处罚。这体现了算法技术不能作为网络平台逃避“传播健康信息，维护网络空间风清气正”责任的挡箭牌，国家网信部门有必要督促媒体规范应用算法技术，确保其传播效应不能与国家的意识形态工作背道而驰。

因此，若想纠正算法新闻的价值观传播偏向，必须对算法进行适当监督，提升算法运行的透明度。如鼓励技术领域开发多元化的算法，让互联网技术企业参与市场竞争，让更优秀的算法能够脱颖而出，如由中国科学院计算技术研究所、北京智源人工智能研究院共同举办的互联网虚假新闻检测挑战赛，就是非常好的尝试；国家聘请计算机科学和人工智能领域的专家对算法进行评估，注重对其人文性的评价，严格检验算法的技术逻辑；媒体平台在对算法进行深度开发和应用之前，要经过行业规范的检验，主动公开算法是否符合社会责任。

（二）确保数据的安全

2018 年年初，英国《卫报》采访了名为“剑桥分析”（Cambridge Analytica）的数据分析公司，爆料人 Christopher Wylie 称“剑桥分析”曾通过非法数据挖掘，获得 Facebook 上 5000 万用户的数据，目的是分析用户行为与他们政治态度之间的关系，挖掘用户关系圈内其他亲朋好友的信息，追踪用户心理，从而有目的性地针对个人投放政治广告，影响他们在总统大选中的投票偏好。社交媒体是网络舆情的重要发生地，用户在日常的媒介接触和使用行为中留下痕迹，后台则借此生成了海量数据，如果这些数据被非法利用，大到网络秩序的稳定，小到社会个体的权益，都会受到损害，这引发了人们对用户隐私数据保护的深度思考。如何保护数据，防止数据被潜在的非法势力利用，应当在法律的范畴内得到回应。

在世界范围内，很多国家已经意识到算法技术与数据保护的极端重要性，2018 年正式生效的《通用数据保护条例》（*General Data Protection Regulation*，*GDPR*）明确规定，算法的功能必须具有“可理解性”，算法对个人数据的收集和使用，以及对用户的画像，必须经由数据主体的同意。该条例将数据隐私作为一项基本的人权，可以说是数据保护的典范。

七　个体媒介素养的培养和提升

在自我感知层面，印象预测与价值观度量呈正相关，这提示了个体越能从“客我”和印象管理的视角进行思考，越有利于对社会主义核心价值观的认同；效用满足与价值观度量呈负相关，这提示了个体如果在自我满足方面减轻对算法新闻的依赖，则有利于对社会主义核心价值观的认同。在环境认知层面，情境归因与价值观度量呈负相关，这提示了个体将算法新闻的媒介情境与现实区别开来，在对社会现象进行归因时能够辩证看待，有助于深化对社会主义核心价值观的认同。在网络行为层面，身份契合、冲突话语、政见表达、意见跟随等要素与价值观度量呈负相关，这提示个体可以通过有意识地降低导致认知失调的身份契合心理，在网络行为中减少与他人的话语冲突、不合理的政见表达、非理性的意见附和，从而优化对社会主义核心价值观的认同。

以上路径均涉及个体媒介素养的培养和提升，可以从个体有意识地提高辩证思维能力、接受有效的媒介教育两个方面切入。

（一）个体有意识地提高辩证思维能力

当人们通过算法新闻进入新的媒介情境，享受高度交互和智能的感官体验，在一定程度上就要让渡部分权利，很多用户一旦妥协或半妥协式地默认了算法的规则，就进入了算法塑造的空间，很多涉及价值理念的问题会由此而生。然而，当我们在享受技术带给人类的福祉时，却不得不承受隐私数据的流出，同时又会刻意地指责算法无权“算计”个人信息，这其中的逻辑恐怕在未来一个时期内还难以达成完全的平衡。

个体在面对算法的“算计”时，如果在算法新闻塑造的媒介情境中随波逐流，沉溺于无意识的信息享受，很可能会逐渐降低思辨能力以及对敏感事物的警惕性，在精神方面被算法禁锢，从而变成“单向价值观的人”。要打破这种困境，个体自身必须建立起辩证思维能力的体系，摆脱无意识、混沌的心理状态，在意识层面提升自我，自觉提高媒介素养，清醒地认识到自己是在由算法技术建构的媒介场景下，客观、辩证地评估和看待算法带来的正、负效应，认清自己可能身处其中的角色定位，做出理性、合法的价值观选择。

个体在尝试提高辩证思维能力的过程中，会有很大概率遇到认知失调的情形，如尽管对社会主义核心价值观有较高的认同度，却可能会在现实生活中屈服于个人私利，形成“意识—行为”的矛盾和失衡，还可能在一定程度上造成认知心理失调，如在短视频平台看到许多正能量的视频，却在现实中接触社会的黑暗面，两者正好在同一领域相悖。这需要个体按照费斯廷格对克服认知失调的建议，包括改变自己的行动、挑战彼此矛盾的信念、接受艰难的决定①；必要时还可以接受来自其他个体的帮助，如咨询心理医生。

（二）开展面向多元主体的媒介素养教育

面对媒介技术对社会文化价值观的冲击，麦克卢汉、波兹曼、凯瑞均主张利用教育来对抗，如麦克卢汉就非常重视媒介教育，认为媒介教育是专业教育的应有之义，在培养学生的时候，应重视他们感知社会环境和在媒介环境中迁移知识的能力，以便调适自身的文化价值理念。哈贝马斯提出的交往行为理论中给出的对策则是以“理性的交往”化解（媒介）技术给人带来的精神压抑。

面向各级各类学校开展媒介素养教育。青少年是算法新闻的主要用户群体，他们的价值观远未成熟，容易受到算法新闻中多元思潮、复杂媒介情境的影响，因此，在各级教育阶段尤其是高等教育阶段，对各类学生开展适配智能媒体时代的媒介素养教育，应是新时代教育的应有之

---

① 钟毅平：《费斯廷格人际关系思想解析》，人民教育出版社 2017 年版，第 175 页。

义。各级各类学校可以面向青少年学生开设专门课程和专题讲座，中小学在科学课、思想品德课中加入关于人工智能时代的伦理思考，为中小学生概述智能技术与人类价值观念的关联。高校则应面向全体学生，开设内容新颖、形式多元化、旨在提升学生媒介素养的公共选修课程，如“人工智能与新闻传播”“智能新闻经典传播案例分析”等，主讲教师不需要系统讲授传播学理论，重在通过分析鲜活的智能传播个案，引导学生思考算法新闻如何影响网络化社会生活、自身所处信息环境面临怎样的境况、如何辨析各类媒介平台上的信息，等等，帮助他们提升正确的自我感知能力、学会辩证地审视媒介情境与社会环境的异同、在多平台合理地开展社交或其他网络行为，最终养成优良的媒介素质。

面向新闻传播学类专业大学生开展深度的媒介素养教育，培养新闻工匠型人才。算法新闻的策划者是新闻工作者，而在媒体工作的很大一部分新闻工作者在大学时期的专业就是新闻传播学，因此，高校新闻院系加强对新闻传播专业人才的培养，帮助他们牢固树立马克思主义新闻观更显重要。2020 年，中共中央办公厅、国务院办公厅印发《关于加快推进媒体深度融合发展的意见》，其中就提到“要大力培养全媒体人才”“要优化人才队伍结构，把更多熟悉新媒体的中青年优秀人才充实到关键岗位”。在全媒体时代，传播渠道多样、文化冲突频繁，更需要新闻工作者把握算法新闻的价值观导向。

近年来，中国许多高校的新闻院系对新闻传播学专业教学进行了大刀阔斧的改革，如大幅度修订人才培养方案，增设与先进媒介、先进技术适配的课程，强调学生新媒体技术能力和实践创新平台的大规模投入建设，以适应传媒产业对人才的需求。这是可以理解的，但从另一个角度思考，这样的教学改革步子是否迈得过急？是否有急功近利之嫌？新闻专业教育面对先进媒介技术的冲击和传媒业对技能型人才的渴求，如果只是心急火燎地将学生往“新闻技工”的方向引导，而忽略了培养善于精工细作的“工匠型人才”，这或多或少有些得不偿失。

习近平总书记在 2016 年党的新闻舆论工作座谈会上，提出新闻工作者“要转作风改文风，俯下身、沉下心，察实情、说实话、动真情，努力推出有思想、有温度、有品质的作品”①；在2018年全国宣传思想工作会议上，习近平总书记又指出要“不断增强脚力、眼力、脑力、笔力，努力打造一支政治过硬、本领高强、求实创新、能打胜仗的宣传思想工作队伍”②。在这“四力”中，脑力指明了新闻工作者对新闻作品的策划、生产和加工，既要通过复杂的脑力劳动，对信息去粗取精、去伪存真，又要在新闻创作中传播正确的价值观，体现思考的广度和深度，制作精良的新闻作品，这样才能更好地回馈用户的需求、传递好社会主义核心价值观。

高校新闻院系应不断打磨新闻专业大学生的“工匠精神”，使他们不忘初心、牢记使命，帮助他们在走上岗位后善于策划出有质量、有温度的算法新闻作品，而不是无底线、只顾赚取点击量的“标题党”小编。高校新闻院系在开展好马克思主义新闻观教育的同时，应引导新闻学子对作品精耕细作，在优化他们的新闻价值理念方面多加探索。

例如，加州大学伯克利分校新闻学院在学生入学的第一学期就派他们去当地没有报纸的社区创建一个博客网站，为社区居民的新闻和信息需求服务，③ 就是非常好的培养新闻专业大学生人文情怀的新闻实践。以此为参照，中国新闻院系可借助“部校共建新闻学院”的契机，与合作的媒体单位精诚合作，为学生参与体验式采访报道或基于田野调查的视频创作提供锻炼平台，不仅培养学生的职业技能，更能帮助他们将社会主义核心价值观和职业情怀内化于心。

---

① 《习近平在党的新闻舆论工作座谈会上强调：坚持正确方向创新方法手段 提高新闻舆论传播力引导力》，http：//cpc. people. com. cn/n1/2016/0220/c64094 –28136289. html。

② 《习近平出席全国宣传思想工作会议并发表重要讲话》，http：//www. gov. cn/xinwen/2018 –08/22/content_5315723. htm。

③ 余秀才：《新媒体语境下新闻传播教育面临的困境与革新》，《新闻大学》2015年第4期。

结　语

行文至此，已可对全书做以下总结：

在第四次工业革命的浪潮下，智能技术已经融入人类生活的各个领域，人机交互也越来越频繁；从认知心理学的视角来看，人机交互是算法新闻生产和传播的元传播环节。人机交互的实质是人与计算机之间相互感知、知觉、理解的进化史，感知、认知和行为三个功能模块构成了人机交互的信息处理系统，三个模块相互配合，完成信息的接收、处理、加工、存储、反馈等功能。算法新闻中的人机交互，实现了传统“以机器为中心”向“用户中心”的转移。

媒介技术之所以具有价值理念的偏向性，在于它能够催生新的生产方式、生活方式和文化观念。作为一种社会化实践的媒介技术，算法新闻必定渗透了人类的价值观，对价值观的传播也会有自己的偏向。传播的“偏向”并不是一个带有完全贬义的词汇，其重在阐明媒介技术在某些方面对社会文化的变迁产生的影响，以及此种影响的发生机理和可能的后果。在批判视角下，技术价值观传播是“冲突式”的，这表现在技术的内在价值与外在价值之间往往会存在众多的不和谐；在辩证视角下，技术则是对人类美好价值观的探究，推进了人类社交和思维模式的变迁。

自我感知是个体对自身的主观性认识，是个体行为指向的心理基础，感知的水平、经验、需要和动机都会影响个体对自身的判断和评价，并通过自我调控、自我评价等心理活动来实现，这包括符号互动的自我感知、态度的自我感知、情感的自我感知。在自我感知的视域下，算法新闻“按摩”了个体的内省理性，人对事物的思考和自省也消解在对算法的依赖中；同时，在符号互动的偏向之下，算法新闻对个体公共意识的消解越来越频繁，人机交互的增多导致面对面交流后获得知识的快感越来越少，知识互动的交往仪式被进一步撕裂和分解。经过实证分析，发现“职业认知”“印象预测”“选择自由度”“思考成本”等要素与自我感知层面的价值观呈正相关，“效用满足”“信息真实感”“娱乐满足”则与自我感知层面价值观呈负相关。

环境认知是个体对外界环境的知觉反应，体现了价值观输入的方式。个体在算法新闻的环境下如何看待客观世界的他人、群体和环境，决定了价值观影响个体的方式；算法新闻影响了个体的群体认知模式和对社会环境的认同，刻板印象的生成机制也有了新的衍变。学界内普遍批判的“信息茧房”并未得到明确证实，过多地强调技术带来的伦理缺陷，可能并不利于我们从人类主体性方面去内省，以及反思如何凭借个体的努力去破除所谓的“信息茧房”。在算法新闻人机共建的拟态环境下，个体的主体性使得消减刻板印象成为可能。算法重构了媒介情境的“前台—后台”界线，个体能够借助算法平台，展现作为“前台”的自我，同时作为“后台”的角色更为模糊。而算法新闻中的群体认知圈层化和阶层偏见可能会导致信息“内爆”，使个体处在由兴趣爱好划分的众多缺乏稳定性的“超真实”空间中。经过实证分析，发现圈层信息、群体归属、情绪感染、自我价值认同等要素与环境认知层面的价值观呈正相关，刻板印象威胁、情境归因这两个要素则与环境认知层面价值观呈负相关。

个体在完成自我感知和环境认知后，要与社会进行实践交互，在与社会信息系统进行交互的过程中，价值观体现在具体的行为中。从格式塔心理学理论体系看算法新闻环境下个体的网络行为，亲社会行为和印象管理行为均受到明显影响，在算法构建的各类应用场景中，呈现了实像与幻象并存的特征，这也导致了个体价值观受到复杂、多变环境的影响。包括：KOL 放大了价值观的传播效应，基于主体间性的人机交互增多，个体在公共领域显现了更多的自我需求，印象管理的需求增加；算法对大数据的过度、不正当挖掘，可能会导致“后真相”时代价值观传播隐患的爆发。经过实证分析，发现情感支持、参与传播、聚类交往、达成共识程序等要素与网络行为层面的价值观呈正相关，身份契合、情感充实、冲突话语、政见表达、意见跟随这五个要素则与网络行为层面价值观呈负相关。

从本质上来看，算法新闻价值观传播偏向纠偏的主线是“人的价值观”，算法作为一种技术，体现了人性化和补救性，人类价值观在算法的嵌入使得价值观偏向的纠偏成为可能，这依赖于基于主体间性的价值观人机交互。据此提出算法新闻价值观传播偏向的纠偏对策，包括：对算法来源数据的优化，对算法中自我感知、环境认知、网络行为三个层面相应衡量指标权重的优化，夯实算法工作师的人文价值意识，媒体平台对算法技术的规范，在算法新闻生产和传播实践中创新人机协作模式创新，国家健全关于算法和数据的法律法规，培养和提升个体的媒介素养。

本书尝试了从以下三个方面对算法新闻的研究进行创新：

一是提出人机交互是算法新闻的元传播环节。元传播是一个能够解释人际交互和社会实践的概念，它描述和解释了人的意识和人际关系的形成；通过元传播的视角，可以从人的意识、感知、认知等内部层面理解人际传播的形成，获得比较合理的人际交互行为理论解释。如果要从微观上审视算法新闻，人机交互是其中的关键点：算法不是凭空产生的，而是科学家知识和经验的产物；算法新闻依赖新闻工作者与计算机的交互、依赖用户与计算机的交互。可见，人机交互是算法新闻生产与传播过程中的基本关系构成，不是传统意义上的人类拥有对机器的绝对支配权，人类与机器的关系更趋向于在信息传播环境中的“共生”，两者相互扶持。人机交互是算法新闻内容生成的前提，人类与智能算法交互的进步推动了媒介环境的变革，两者共同构建了新的网络文化场域，信息生态也随之衍变，这也反过来推动算法的自我更新和人机关系的改良，以实现更有效、合理的人机交互。因此，将人机交互视作算法新闻生产和传播的“元传播”，从本质上分析与算法新闻有关的传播现象，并最终从微观的层面上探讨算法新闻与人类的关系生成和变化。

二是提出算法作为一种技术，与价值观传播具有高度关联，并以认知心理学为切入点，建立了两者关联的理论框架。从媒介技术哲学来看，媒介天然具有文化价值理念的偏向；算法新闻作为一种在传媒产业领域获得广泛应用的技术，与算法工程师、媒体从业者、用户等主体均有着密切的联系，个体从信息交互中获得对事物的知觉并产生表象，在长期的交互后形成记忆，并逐渐在人机交互中试图创造性地进行信息再生产和利用，在实践后形成具有自我特色的价值观模式，即算法的社会实践属性决定了人们的文化价值理念必定受其影响。算法本质上是对用户认知心理的模拟和测算，从认知心理学的视角来看人机交互中的运行机理，算法计算可以分为感知计算模块、认知计算模块和动作反应计算模块。在算法新闻生产与传播的情境下，作为在技术层面上向人际传播趋近的人机交互而言，用户也会形成对机器传递信息及其内含价值观的感知、认知、动作。因此，自我感知、环境认知、网络行为成为算法新闻影响价值观传播的三个关键向量。

三是在算法新闻人机交互的框架内，初步建构了自我感知、环境认知、网络行为三个层面的价值观偏向评测回归模型，为基于社会主义核心价值观引领的算法程序设计提供了理论和实践的参考。包括：在算法新闻生产和传播的算法机制中，致力于提升用户的职业认知；减少用户对单个算法应用的依赖；加入信息真实性甄别模块，引导用户对信息真实的良性感知；减少娱乐信息传播的权重；强化合理的圈层信息推荐；优化热词与网友观点表达的关联算法，避免使用户由于过多接触负面、同质化的信息，在心理上产生刻板印象威胁；强化算法新闻的内容审核，减少与现实情境区别较大的内容场景对用户的影响；在算法机制中优化情感支持类指标的类型和比例；对于群体标签的归类尽可能合理，具有一定导向性；等等。

展望未来，对算法新闻价值观传播的研究，可从以下三个方面突破：

一是基于认知心理的价值观度量指标在具体算法中的构建研究。本研究探索了基于认知心理三个方向的算法新闻价值观度量指标体系，并通过实证研究初步建构了线性回归模型。具体的指标在算法中应该以哪类用户行为或特征数据作为测量的依据，依然是尚待探索的领域，如自我感知层面的“职业认知”指标，是否可以通过算法新闻中关于职业的标签、内容关键词的提取、用户的私人信息（从事行业）、评论区的话语分析、信息转发的走向（如转发至某群的类型）等数据来衡量，都是值得在微观视角上进行再测量的问题。这需要多学科交叉开展综合研究，包括新闻传播学、心理学、应用数学、计算机科学等，经过多次反复实验和实效测量，才能最终建立起具体的、经得起检验的、可直接应用于最终算法程序应用的数据模型。

二是针对算法新闻专门应用场景价值观传播的深度研究。算法新闻的应用场景目前呈现多元化发展的态势，写稿机器人、新闻精准推送和分发、新闻信息数据分析、数据可视化新闻生产、聊天机器人、智能视频和图像应用等方面对算法的应用程度各异。本研究中的算法新闻价值观传播兼顾了各个领域的场景，未来可以增加对单项算法新闻应用场景的价值观进行专门的深度研究，因为每种算法新闻应用的算法程序和数据结构可能大相径庭，场景激发个体的认知心理维度是不一样的，如新闻推送和分发主要面向环境认知维度，聊天机器人面向自我感知维度，智能视频和图像则更多面向网络行为维度。每种认知心理维度之下价值观传播的度量理应获得更深层次的研究，以不同方向的、丰富的研究成果服务价值观传播的实践。

三是学界与业界精诚合作，对算法新闻的理论成果进行动态化检验研究。新闻传播学本身就是研究视野常新的领域，与媒介技术发展高度关联的算法新闻更是处在快速发展的阶段，其具体应用的场景层出不穷，在此背景下，学界和业界（包括新闻业界和互联网技术业界）应精诚合作、互通有无、打破隔阂双方的壁垒，将算法新闻新场景价值观传播视作动态化衍变的要素，持续对其进行理论分析和效果的实证检验。根据美国媒体预测，未来新闻聊天机器人、传感器新闻、视频智能创作将是智能技术在新闻生产和传播领域的发展趋势；近年来中国各媒体平台对智能图像和视频应用、新闻信息数据分析、数据可视化新闻生产等应用的推陈出新也极其迅速。学界和业界应坚持对算法新闻应用的新场景开展动态化的研究，既包括理论探索，又包括基于特定理论视角的算法效能检验，从根源上和实践中推演优化算法的路径。

畅想算法新闻发展的未来，算法不仅是一种技术工具，还是一种意识形态引领的技术范式。用户的情感追求、价值取向、社会正能量体现等，都应是算法程序设计中需要衡量的要素。从本质上看，算法新闻是回应用户需求的技术产物，目标是追求信息的个性化传播，为用户提供尽可能优质的体验，其生产和传播将遵循新的人机交互机制，更多地体现技术与人的共情性交流，算法新闻生产者、传播者、算法工程技术人员的价值观交织缠绕，这些传播主体都应融入价值观引领的体系中。如何将人的价值观与算法新闻的价值观较好地对接起来，归根结底应当由学术界与技术界协同解决；可以确定的是，在未来一个时期，人机交互还应由人的价值判断所引导，以人文价值体系为依据，实现人文精神与技术文化的平衡。

参考文献

一　中文著作

《克思恩格斯文集》（第二卷），人民出版社 2009 年版。

《马克思恩格斯文集》（第三卷），人民出版社 2009 年版。

《马克思恩格斯文集》（第四卷），人民出版社 2009 年版。

《马克思恩格斯文集》（第七卷），人民出版社 2009 年版。

陈彬：《科技伦理问题研究》，中国社会科学出版社 2014 年版。

李明伟：《知媒者生存：媒介环境学纵论》，北京大学出版社 2010 年版。

李德顺：《价值论》，中国人民大学出版社 2013 年版。

廉师友：《人工智能技术导论》，西安电子科技大学出版社 2007 年版。

牟怡：《传播的进化：人工智能将如何重塑人类的交流》，清华大学出版社 2017 年版。

盛国荣：《技术哲学语境中的技术可控性》，东北大学出版社 2007 年版。

涂子沛：《大数据：正在到来的数据革命》，广西师范大学出版社 2012 年版。

王海明：《人性论》，商务印书馆 2014 年版。

王沛、贺雯：《社会认知心理学》，北京师范大学出版社 2015 年版。

武汇岳：《人机交互中的用户行为研究》，中山大学出版社 2019 年版。

徐涵：《大数据、人工智能和网络舆情治理》，武汉大学出版社 2018 年版。

许万增：《人工智能对人类社会的影响》，科学出版社 1996 年版。

袁贵仁：《价值观的理论与实践》，北京师范大学出版社 2013 年版。

张放：《想象的互动：网络人际传播中的印象形成》，北京大学出版社 2017 年版。

张亮、李媛媛：《理解斯图亚特·霍尔》，北京师范大学出版社 2016 年版。

张咏华：《媒介技术：传播技术神话的解读》，北京大学出版社 2017 年版。

钟义信：《信息科学与技术导论》，北京邮电大学出版社 2015 年版。

钟毅平：《费斯廷格人际关系思想解析》，人民教育出版社 2017 年版。

钟毅平：《社会认知心理学》，教育科学出版社 2012 年版。

周晓虹：《现代社会心理学》，上海人民出版社 1997 年版。

周志华：《机器学习》，清华大学出版社 2016 年版。

二 中文期刊论文

别君华：《智媒传播中的人机融合关系及其实践维度》，《现代传播》2019 年第 11 期。

曹观法：《杜威的生产性实用主义技术哲学》，《北京理工大学学报》（社会科学版）2002 年第 2 期。

常江：《生成新闻：自动化新闻时代编辑群体心态考察》，《编辑之友》2018 年第 4 期。

陈昌凤、仇筠茜：《“信息茧房”在西方：似是而非的概念与算法的“破茧”求解》，《新闻大学》2020 年第 1 期。

陈昌凤、霍婕：《权力迁移与人本精神：算法式新闻分发的技术伦理》，《新闻与写作》2018 年第 1 期。

陈昌凤：《让算法回归人类价值观的本质》，《新闻与写作》2018 年第 9 期。

陈昌凤、师文：《智能化新闻核查技术：算法、逻辑与局限》，《新闻大学》2018 年第 6 期。

陈昌凤、虞鑫：《智能时代的信息价值观研究：技术属性、媒介语境与价值范畴》，《编辑之友》2019 年第 6 期。

陈力丹：《传媒，究竟宣传公民意识还是臣民意识?》，《新闻记者》2008 年第 1 期。

陈盼、钱宇星、黄智生：《微博“树洞”留言的负性情绪特征分析》，《中国心理卫生杂志》2020 年第 5 期。

程明、程阳：《论智能媒体的演进逻辑及未来发展——基于补偿性媒介理论视角》，《现代传播》2020 年第 9 期。

程明、赵静宜：《论智能传播时代的传播主体与主体认知》，《新闻与传播评论》2020 年第 1 期。

仇筠茜、陈昌凤：《黑箱：人工智能技术与新闻生产格局嬗变》，《新闻界》2018 年第 1 期。

崔中良、王慧丽：《人工智能研究中实现人机交互的哲学基础——从梅洛·庞蒂融合社交式的他心直接感知探讨》，《西安交通大学学报》（社会科学版）2019 年第 1 期。

丁汉青、刘念：《情绪识别研究的学术场域——基于 CiteSpace 的科学知识图谱分析》，《新闻大学》2017 年第 2 期。

董天策、何旭：《算法新闻的伦理审视》，《新闻界》2019 年第 1 期。

段鹏：《智能媒体语境下的未来影像：概念、现状与前景》，《现代传播》2018 年第 10 期。

范红霞、叶君浩：《基于算法主导下的议程设置功能反思》，《当代传播》2018 年第 4 期。

范俊君、田丰、杜一、刘正捷、戴国忠：《智能时代人机交互的一些思考》，《中国科学：信息科学》2018 年第 4 期。

方师师：《算法机制背后的新闻价值观——围绕“Facebook 偏见门”事件的研究》，《新闻记者》2016 年第 9 期。

高山冰、汪婧：《智能传播时代社交机器人的兴起、挑战与反思》，《现代传播》2020 年第 11 期。

郭全中、胡洁：《智能传播平台的构建——以今日头条为例》，《新闻爱好者》2016 年第 6 期。

郭小安：《公共舆论中的情绪、偏见及“聚合的奇迹”——从“后真相”概念说起》，《国际新闻界》2019 年第 1 期。

郭小平、秦艺轩：《解构智能传播的数据神话：算法偏见的成因与风险治理路径》，《现代传播》2019 年第 9 期。

郭小平：《智能传播的风险治理：技术创新观与人文价值观的平衡》，《青年记者》2018 年第 22 期。

胡弘弘：《论公民意识的内涵》，《江汉大学学报》（人文科学版）2005 年第 1 期。

黄旦、李洁：《消失的登陆点——社会心理学视野下的符号互动论与传播研究》，《新闻与传播研究》2006 年第 3 期。

黄漫、刘同舫：《现代技术文化之拯救与超越——以海德格尔的技术文化观为基点》，《自然辩证法通讯》2010 年第 3 期。

黄希庭、窦刚、郑涌：《当代大学生价值观的离散选择模型分析》，《心理科学》2008 年第 3 期。

黄希庭、张进辅、张蜀林：《我国五城市青少年学生价值观的调查》，《心理学报》1989 年第 3 期。

姬德强：《深度造假：人工智能时代的视觉政治》，《新闻大学》2020 年第 7 期。

贾国华：《吉登斯的自我认同理论评述》，《江汉论坛》2003 年第 5 期。

姜涌：《中国的“公民意识”问题思考》，《山东大学学报》（哲学社会科学版）2001 年第 4 期。

靖鸣、管舒婷：《智能时代算法型内容分发的问题与对策》，《新闻爱好者》2019 年第 5 期。

靖鸣、娄翠：《人工智能技术在新闻传播中伦理失范的思考》，《出版广角》2018 年第 1 期。

匡文波、张一虹：《论新闻推荐算法的管理》，《现代传播》2020 年第 7 期。

李丹、周同、刘俊升、戴艳、陈梦雪、陈欣银：《新时代青少年价值观及其与社会、学校和心理适应的关系：三个地域的比较》，《心理科学》2018 年第 6 期。

李静、郭永玉：《物质主义价值观量表在大学生群体中的修订》，《心理与行为研究》2009 年第 4 期。

李亮、宋璐：《大学生群体中价值观、感知环境质量与环境意识的关系研究》，《心理科学》2014 年第 2 期。

李林容：《网络智能推荐算法的“伪中立性”解析》，《现代传播》2018 年第 8 期。

李思琪：《当前公众对人机交互的体验与期待》，《人民论坛》2019 年第 11 期。

李昭熠：《智能传播数据库偏见成因与规制路径》，《当代传播》2020 年第 1 期。

林爱珺、刘运红：《智能新闻信息分发中的算法偏见与伦理规制》，《新闻大学》2020 年第 1 期。

林升梁、叶立：《人机·交往·重塑：作为“第六媒介”的智能机器人》，《新闻与传播研究》2019 年第 10 期。

刘海明、付莎莎：《技术的界碑：人工智能对新闻真实的伦理挑战》，《现代传播》2019 年第 9 期。

刘慧：《传播中的仪式对于群体归属感建立的作用分析》，《编辑之友》2012 年第 6 期。

刘烨、汪亚珉、卞玉龙、任磊、禤宇明：《面向智能时代的人机合作心理模型》，《中国科学：信息科学》2018 年第 4 期。

卢维林、宫承波：《间性论视野下智能传播的算法审视》，《当代传播》2019 年第 5 期。

陆新蕾：《算法新闻：技术变革下的问题与挑战》，《当代传播》2018 年第 6 期。

吕尚彬、黄荣：《智能技术体“域定”传媒的三重境界：未来世界传播图景展望》，《现代传播》2018 年第 11 期。

吕尚彬：《媒体融合的进化：从在线化到智能化》，《人民论坛·学术前沿》2018 年第 24 期。

吕新雨：《生存，还是毁灭——“人工智能时代数字化生存与人类传播的未来”圆桌对话》，《新闻记者》2018 年第 6 期。

罗昕、肖恬：《范式转型：算法时代把关理论的结构性考察》，《新闻界》2019 年第 3 期。

罗新宇：《智媒体传播中“算法推荐”伦理的冲突与规制》，《新闻爱好者》2020 年第 11 期。

毛湛文、孙曌闻：《从“算法神话”到“算法调节”：新闻透明性原则在算法分发平台的实践限度研究》，《国际新闻界》2020 年第 7 期。

宓淑贤：《“抖音”上的个体形象建构与对社会价值观的呼应》，《民族学刊》2019 年第 4 期。

牟怡、夏凯、Ekaterina Novozhilova、许坤：《人工智能创作内容的信息加工与态度认知——基于信息双重加工理论的实验研究》，《新闻大学》2019 年第 8 期。

聂静虹、宋甲子：《泛化与偏见：算法推荐与健康知识环境的构建研究》，《新闻与传播研究》2020 年第 9 期。

彭兰：《导致信息茧房的多重因素及“破茧”路径》，《新闻界》2020 年第 1 期。

彭兰：《假象、算法囚徒与权利让渡：数据与算法时代的新风险》，《西北师大学报》（社会科学版）2018 年第 5 期。

彭兰：《未来传媒生态：消失的边界与重构的版图》，《现代传播》2017 年第 1 期。

彭兰：《智能时代人的数字化生存——可分离的“虚拟实体”、“数字化元件”与不会消失的“具身性”》，《新闻记者》2019 年第 12 期。

彭增军：《巧夺人工？人工智能与新闻自动化》，《新闻记者》2020 年第 1 期。

阮小林、张庆林、杜秀敏、崔茜：《刻板印象威胁效应研究回顾与展望》，《心理科学进展》2009 年第 4 期。

邵国松：《媒体智能化发展的伦理与法律问题初窥》，《现代传播》2018 年第 11 期。

盛国荣：《杜威实用主义技术哲学思想之要义》，《哈尔滨工业大学学报》（社会科学版）2009 年第 2 期。

宋素红、王跃祺、常何秋子：《算法性别歧视的形成逻辑及多元化治理》，《当代传播》2020 年第 5 期。

孙玮：《交流者的身体：传播与在场——意识主体、身体—主体、智能主体的演变》，《国际新闻界》2018 年第 12 期。

唐剑岚、周莹：《认知负荷理论及其研究的进展与思考》，《广西师范大学学报》（哲学社会科学版）2008 年第 2 期。

唐亚阳、黄蓉：《抖音短视频与社会主义核心价值观的融合共生：价值、矛盾与实现》，《湖南大学学报》（社会科学版）2019 年第 4 期。

王慧莉、李雪娇：《现象学视域下人机交互的主体间性分析》，《东北大学学报》(社会科学版)2020年第5期。
王金礼:《元传播:概念、意指与功能》,《新闻与传播研究》2017年第2期。
王沛:《刻板印象的社会认知研究述论》,《心理科学》1999年第4期。
王茜:《批判算法研究视角下微博“热搜”的把关标准考察》,《国际新闻界》2020年第7期。
王潇、李文忠、杜建刚:《情绪感染理论研究述评》,《心理科学进展》2010年第8期。
王颖吉:《在技术与理性之间:互联网时代对李普曼、杜威之争的再度审视》,《中国地质大学学报》(社会科学版)2015年第5期。
吴锋:《发达国家“算法新闻”的理论缘起、最新进展及行业影响》,《编辑之友》2018年第5期。
吴国盛:《海德格尔的技术之思》,《求是学刊》2004年第6期。
吴致远:《有关技术中性论的三个问题》,《自然辩证法通讯》2013年第6期。
夏保华:《杜威关于技术的思想》,《自然辩证法研究》2009年第5期。
许天颖、顾理平:《人工智能时代算法权力的渗透与个人信息的监控》,《现代传播》2020年第11期。
许向东、王怡溪:《智能传播中算法偏见的成因、影响与对策》,《国际新闻界》2020年第9期。
薛宝琴:《人是媒介的尺度:智能时代的新闻伦理主体性研究》,《现代传播》2020年第3期。
严三九:《融合生态、价值共创与深度赋能——未来媒体发展的核心逻辑》,《新闻与传播研究》2019年第6期。
杨保军、李泓江:《论算法新闻中的主体关系》,《编辑之友》2019年第8期。
杨洸、佘佳玲:《新闻算法推荐的信息可见性、用户主动性与信息茧房效应:算法与用户互动的视角》,《新闻大学》2020年第2期。
杨经建:《“江湖文化”与20世纪中国小说创作——侠文化价值观与20世纪中国文学论之三》,《天津社会科学》2003年第4期。
易遵尧、张进辅、曾维希:《大学生性道德价值观的结构及问卷编制》,

《心理发展与教育》2007 年第 4 期。

殷乐、高慧敏：《具身互动：智能传播时代人机关系的一种经验性诠释》，《新闻与写作》2020 年第 11 期。

余秀才：《新媒体语境下新闻传播教育面临的困境与革新》，《新闻大学》2015 年第 4 期。

於春：《传播中的离身与具身：人工智能新闻主播的认知交互》，《国际新闻界》2020 年第 5 期。

俞国良：《社会认知视野中的亲社会行为》，《北京师范大学学报》（社会科学版）1999 年第 1 期。

喻国明、杜楠楠：《智能型算法分发的价值迭代："边界调适"与合法性的提升》，《新闻记者》2019 年第 11 期。

喻国明、耿晓梦：《算法即媒介：算法范式对媒介逻辑的重构》，《编辑之友》2002 年第 7 期。

喻国明、曲慧：《"信息茧房"的误读与算法推送的必要》，《新疆师范大学学报》（哲学社会科学版）2020 年第 1 期。

喻国明、杨莹莹、闫巧妹：《算法即权力：算法范式在新闻传播中的权力革命》，《编辑之友》2018 年第 5 期。

翟秀凤：《创意劳动抑或算法规训？——探析智能化传播对网络内容生产者的影》，《新闻记者》2019 年第 10 期。

张超：《社交平台假新闻的算法治理：逻辑、局限与协同治理模式》，《新闻界》2019 年第 11 期。

张奇勇、卢家楣：《情绪感染的概念与发生机制》，《心理科学进展》2013 年第 9 期。

张小龙、吕菲、程时伟：《智能时代的人机交互范式》，《中国科学：信息科学》2018 年第 4 期。

张兴旺、赵乐、葛梦兰：《人工智能时代数字图书馆智能化人机交互技术分析》，《图书与情报》2018 年第 5 期。

张志安：《人工智能对新闻舆论及意识形态工作的影响》，《人民论坛·学术前沿》2018 年第 8 期。

张志安：《算法推荐及其应用实践的中国"在地性"思考》，《新闻界》2019 年第 7 期。

张志安、汤敏:《论算法推荐对主流意识形态传播的影响》,《社会科学战线》2018 年第 10 期。

张志安、周嘉琳:《基于算法正当性的话语建构与传播权力重构研究》,《现代传播》2019 年第 1 期。

郑晨予、范红:《从社会传染到社会扩散:社交机器人的社会扩散传播机制研究》,《新闻界》2020 年第 3 期。

郑二利、王颖吉:《人工智能时代的数据意识形态——基于大数据对价值观和行为活动影响的思考》,《新闻与传播评论》2019 年第 1 期。

仲霞:《走向主体间性:海德格尔思想的发展历程》,《云南师范大学学报》(哲学社会科学版)2014 年第 5 期。

周晓虹:《认同理论:社会学与心理学的分析路径》,《社会科学》2008 年第 4 期。

朱丽丽:《网络与现实:煽情传播背后的社会焦虑》,《新闻记者》2011 年第 8 期。

三 学位论文

安亚会:《个性化推荐系统的多样性与新颖性研究》,博士学位论文,电子科技大学,2020 年。

陈诚:《上下文感知的移动用户新闻偏好获取及推荐算法研究》,博士学位论文,北京邮电大学,2017 年。

陈仲夏:《个性化文本生成及其在推荐与对话中的应用》,博士学位论文,中国科学技术大学,2020 年。

郭磊:《社会网络中基于社会关系的推荐算法研究》,博士学位论文,山东大学,2015 年。

贾军:《媒体智能化背景下的新闻生产研究》,博士学位论文,武汉大学,2017 年。

李泽中:《多维数据融合的虚拟知识社区个性化知识推荐研究》,博士学位论文,吉林大学,2020 年。

刘存同:《位置社交网络中的兴趣点推荐关键技术研究》,博士学位论文,北京邮电大学,2019 年。

芦文龙:《技术主体的伦理行为:规范、失范及其应对》,博士学位论文,大连理工大学，2014 年。

吕鹏涛：《基于多维度领域特征的新闻推荐模型研究》，博士学位论文，北京邮电大学，2020 年。

苏娜：《面向微博数据流的实时话题发现与动态推荐算法研究》，博士学位论文，山东科技大学，2017 年。

苏雪平：《基于交叉多模信息的新闻图像人物标识算法》，博士学位论文，西北工业大学，2015 年。

王东浩：《机器人伦理问题研究》，博士学位论文，南开大学，2014 年。

王庆人：《新闻个性化推荐中描述文件的构建研究》，博士学位论文，合肥工业大学，2018 年。

许可：《融合社交信息的个性化推荐研究》，博士学位论文，华南理工大学，2019 年。

袁帆：《中国网络新闻传播领域算法伦理研究——基于“三视角”理论框架》，博士学位论文，华东师范大学，2020 年。

张志军：《社交网络中个性化推荐模型及算法研究》，博士学位论文，山东师范大学，2015 年。

四 中译著作

[美] C. R. 斯奈德、沙恩·洛佩斯：《积极心理学：探索人类优势的科学与实践》，王彦、席居哲、王艳梅译，人民邮电出版社 2013 年版。

[英] 阿德诺·佩斯：《技术文化》，黄发玉等译，广东人民出版社 2012 年版。

[美] 艾里希·弗洛姆：《健全的社会》，孙恺祥译，人民文学出版社 2018 年版。

[加] 安德鲁·芬伯格：《技术批判理论》，韩连庆、曹观法译，北京大学出版社 2005 年版。

[古希腊] 柏拉图：《理想国》，郭斌、张竹明译，商务印书馆 1986 年版。

[美] 保罗·莱文森：《人类历程回放：媒介进化论》，邬建中译，西南师范大学出版社 2017 年版。

[加] 保罗·莱文森：《思想无羁》，何道宽译，南京大学出版社 2003 年版。

[美] 保罗·梅萨里：《视觉说服：形象在广告中的作用》，王波译，新华出版社 2004 年版。

[法] 鲍德里亚：《象征交换与死亡》，车槿山译，译林出版社 2012 年版。

[美] 查尔斯·库利：《人类本性与社会秩序》，包凡一、王湲译，华夏出版社 2015 年版。

[瑞典] 大卫·萨普特：《被算法操控的生活》，易文波译，湖南科技出版社 2020 年版。

[英] 迪克·赫伯迪格：《亚文化：风格的意义》，陆道夫、胡疆锋译，北京大学出版社 2009 年版。

[加] 哈罗德·伊尼斯：《传播的偏向》，何道宽译，中国传媒大学出版社 2018 年版。

[加] 哈罗德·伊尼斯：《帝国与传播》，何道宽译，中国传媒大学出版社 2013 年版。

[美] 赫伯特·马尔库塞：《爱欲与文明》，黄勇、薛民译，上海译文出版社 2018 年版。

[英] 霍默：《导读拉康》，李新雨译，重庆大学出版社 2014 年版。

[德] 卡尔·雅斯贝斯：《历史的起源与目标》，李夏菲译，漓江出版社 2019 年版。

[英] 卡麦兹：《建构扎根理论：质性研究实践指南》，边国英译，重庆大学出版社 2009 年版。

[美] 凯斯·桑斯坦：《信息乌托邦》，毕竞悦译，法律出版社 2008 年版。

[美] 凯文·凯利：《必然》，周峰、董理、金阳译，电子工业出版社 2016 年版。

[美] 凯文·凯利：《技术元素》，张行舟、余倩、周峰译，电子工业出版社 2012 年版。

[德] 康德：《纯粹理性批判》，邓晓芒译，人民出版社 2017 年版。

[美] 库尔特·考夫卡：《格式塔心理学原理》，李维译，北京大学出版社 2010 年版。

[美] 拉里·希克曼：《杜威的实用主义技术》，韩连庆译，北京大学出版社 2010 年版。

[美] 李·丹尼尔·克拉韦茨：《奇特的传染：群体情绪是怎样控制我们

的》，刘晓艳译，中信出版社 2019 年版。

［美］李普曼：《舆论》，常江、肖寒译，北京大学出版社 2018 年版。

［加］德里克·德克霍夫：《文化肌肤：真实社会的电子克隆》，汪冰译，河北大学出版社 1998 年版。

［美］刘易斯·芒福德：《技术与文明》，陈允明、王克仁、李华山译，中国建筑工业出版社 2009 年版。

［美］罗伯特·伍德沃斯：《动力心理学》，高申春、高冰莲译，中国人民大学出版社 2019 年版。

［美］马特林：《认知心理学：理论、研究和应用》，李永娜译，机械工业出版社 2016 年版。

［加］马歇尔·麦克卢汉：《理解媒介》，何道宽译，译林出版社 2011 年版。

［加］马歇尔·麦克卢汉：《媒介即按摩：麦克卢汉媒介效应一览》，何道宽译，机械工业出版社 2016 年版。

［美］玛格丽特·米德：《文化与承诺：一项有关代沟问题的研究》，周晓虹、周怡译，河北人民出版社 1987 年版。

［美］迈克尔·S. 特鲁普：《弗洛伊德》，李超杰译，中华书局 2014 年版。

［美］迈克尔·舒德森：《新闻社会学》，徐桂权译，华夏出版社 2010 年版。

［法］米歇尔·福柯：《规训与惩罚》，刘北成、杨远婴译，生活·读书·新知三联书店 2013 年版。

［美］南希·罗森布卢姆：《边沁的现代国家理论》，王涛译，华东师范大学出版社 2018 年版。

［美］尼尔·波兹曼：《娱乐至死》，章艳译，广西师范大学出版社 2011 年版。

［美］尼古拉·尼葛洛庞帝：《数字化生存》，胡泳、范海燕译，电子工业出版社 2017 年版。

［美］诺伯特·维纳：《控制论》，陈娟译，中国传媒大学出版社 2018 年版。

［美］欧文·戈夫曼：《日常生活中的自我呈现》，周怡译，北京大学出版

社 2008 年版。

［美］乔治·米德：《心灵、自我与社会》，赵月瑟译，上海译文出版社 2018 年版。

［法］古斯塔夫·勒庞：《乌合之众：大众心理研究》，陈剑译，译林出版社 2016 年版。

［英］斯图亚特·霍尔、托尼·杰斐逊：《通过仪式抵抗：战后英国的青年亚文化》，孟登迎、胡疆锋、胡蕙译，中国青年出版社 2015 年版。

［美］温迪·林恩·李：《马克思》，陈文庆译，中华书局 2014 年版。

［法］雅克·拉康：《拉康选集》，褚孝泉译，华东师范大学出版社 2019 年版。

［美］亚伯拉罕·马斯洛：《动机与人格》，许金声译，中国人民大学出版社 2012 年版。

［美］伊莱休·卡茨：《媒介研究经典文本解读》，常江译，北京大学出版社 2011 年版。

［美］约翰·彼得斯：《交流的无奈：传播思想史》，何道宽译，华夏出版社 2003 年版。

［美］约书亚·梅罗维茨：《消失的地域：电子媒介对社会行为的影响》，肖志军译，清华大学出版社 2002 年版。

五　外文论著

Allport G. W., *Personality: A Psychological Interpretation*, New York: Henry Holt, 1937.

Avern, Barr, Feigenbaum, *The Handbook of Artificial Intelligence*, Computer Music Journal, No. 3, 1982.

Claude Steele, "Stereotype Threat and the Intellectual Test Performance of African-Americans", *Journal of Personality and Social Psychology*, No. 69, 1995.

Colby K. M., Watt J. B., Gilbert J. P., "A Computer Method of Psychotherapy: Preliminary Communication", *The Journal of Nervous and Mental Disease*, No. 2, 1966.

Da, H. S., & Shin, S. J., "Implementation of Algorithm to Write Articles by

Stock robot", *The International Journal of Advanced Smart Convergence*, No. 4, 2016.

Da, H. S., & Shin, S. J., "Implementation of Algorithm to Write Articles by Stock Robot", *The International Journal of Advanced Smart Convergence*, No. 4, 2016, p. 40.

DeVito, "From Editors to Algorithms: A Values-based Approach to Understanding Story Selection in the Facebook News Feed", *Digital Journalism*, No. 6, 2017.

Dubois, Blank, "The Echo Chamber is Overstated: the Moderating Effect of Political Interest and Diverse Media", *Information, Communication & Society*, No. 5, 2018.

D. D. Lewis, W. A. Gale, "A Sequential Algorithm for Training Text Classifiers", *International Acm Sigir Conference on Research & Development in Information Retrieval*, No. 2, 1994.

Floridi L., *The 4th Revolution: How the Infosphere is Reshaping Human Reality*, Oxford: Oxford University Press, 2014.

Gardner H., *Frames of Mind*, New York: Basic Books, Inc, 1985.

George Herbert Mead, "Mind, The Social Self", *Journal of Philosophy*, No. 10, 1913.

Horton D., Wohl R., "Mass Communication and Para-social Interaction", *Psychiatry*, No. 19, 1956.

John Dewey, *Democracy and Education*, New York: The Macmillan Co., 1916.

John Dewey, *Experience and Nature*, Chicago: Open Court Publishing Co., 1925.

John Dewey, *Logic: The Theory of Inquiry*, New York: Henry Holt and Co., 1938.

John Dewey, *Science and Society*, *Philosophy and Civilization*, New York: Minton, Balch and Co., 1931.

Jones S., "People, Things, Memory and Human-machine Communication", *International Journal of Media and Cultural Politics*, No. 3, 2014.

Jurgen Habermas, *The Structural Transformation of the Public Sphere: An Inquiry into a Category of Bourgeois Society*, Massachusetts: MIT Press, 1989.

Jurgen Habermas, *The Theory of Communication Action*, Boston: Beacon Press, 1984.

J. Manyika, M. Chui, B. Brown, J. Bughin, R. Dobbs, C. Roxbrugh, A. H. Byers, "Big Data: The Next Frontier for Innovation, Competition and Productivity", *Analytics*, No. 2, 2011.

Kahneman D., *Thinking, Fast and Slow*, New York: Farrar, Straus and Giroux, 2011.

Kanda T., Ishiguro H., *Human – Robot Interaction in Social Robotics*, Boca Raton: CRC Press, 2013, p. 226.

Keysers C., Gazola V., "Integrating Simulation and Theory of Mind: From Self to Social Cognition", *Trends in Cognitive Sciences*, No. 5, 2007.

K. Jaspers, *Origin and Goal of History*, New Haven, Conn: Yale University Press, 1953.

Lea M., Spears R., "Paralanguage and Social Perception in Computer-mediated Communication", *Journal of Organizational Computing*, No. 2, 1992.

Lewis Mumford, *The Myth of the Machine* Ⅱ: *The Pentagon of Power*, New York: Harcourt Brace Jovanovich, 1970.

Mahazarin Banaji, "Implicit Stereotyping in Person Judgment", *Journal of Personality and Social Psychology*, No. 2, 1993.

Moller J., Trilling D., Helberger N., et al, "Do not Blame it on the Algorithm: An Empirical Assessment of Multiple Recommender Systems and Their Impact on Content Diversity", *Information, Communication & Society*, No. 7, 2018.

Nechushtai E., Lewis S. C., "What Kind of News Gatekeepers do we Want Machines to Be? Filter Bubbles, Fragmentation, and the Normative Dimensions of Algorithmic Recommendations", *Computers in Human Behavior*, No. 9, 2019.

Neil Postman, *Technopoly: The Surrender of Culture to Technology*, New York: Vintage Books, 1992.

N. J. Nilsson, *Artificial Intelligence: A New Synthesis*, San Francisco: Morgan Kaufmann Publishers Inc., 1998.

Price, V, Cappella, J. N. & Nir, L., "Does Disagreement Contribute to more Deliberative Opinion?", *Political Communication*, No. 1, 2002.

Robert Weisberg, "Positive Forms of Social Behavior", *Journal of Personality and Social Psychology*, No. 4, 1972.

Ryle G., *The Concept of Mind*, London: Routledge, 2009.

Scott Lash, "Power after Hegemony: Cultural Studies in Mutation?", *Theory, Culture & Society*, No. 3, 2007.

Shannon C. E., Weaver W., *The Mathematical Theory of Communication*, Urbana: University of Illinois Press, 1971.

Smith M. A., Peter K., *Communities in Cyberspace*, London: Routledge, 1999.

Sullivan H. S., *The Interpersonal Theory of Psychiatry*, New York: Norton, 1954.

S. T. Fiske, "Stereotyping, Prejudice, and Discrimination at the Seam Between the Centuries: Evolution, Culture, Mind, and Brain", *European Journal of Social Psychology*, No. 30, 2000.

V. N. Vapnik, *The Nature of Statistical Learning Theory*, Berlin: Springer, 1995.

Y. Chen, S. Alspaugh, R. Katz, "Interactive Analytical Processing in Big Data Systems", *Proceedings of the Vldb Endowment*, No. 12, 2012.

Zuiderveen Borgesius F., Trilling D., Moller J., et al, "Should we Worry about Filter Bubbles?", *Journal on Internet Regulation*, No. 1, 2016.

附 录 一

《自我感知层面的算法新闻价值观传播偏向调查问卷》

问卷说明

1. 以下问卷中，“新闻推荐”包括今日头条、天天快报、一点资讯等应用，“短视频”包括抖音、快手等应用，在发放问卷时会向被试说明。

2. 在发放问卷时，只向被试作简短说明，并未提及问卷用于调查他们的自我感知、环境认知和网络行为，以及测量他们的价值观与社会主义核心价值观的趋近程度，力求被试屏蔽杂念，作答尽可能符合自身情况。

3. 三级主题和价值观的测量选项均作量化处理，属性为定距变量。性别分别赋值 1（男）和 2（女），设为定类变量；教育层次赋值 1（高职）、2（本科）、3（硕士研究生）、4（博士研究生），设为定序变量。

4. 测量三级主题的问题中，选项 A、B、C、D、E 各自的赋分值为 1、2、3、4、5，数值越大，表明该主题的程度越深，如“职业认知”赋分越高，表明该被试对职业的认知越深刻。

5. 测量价值观的选项，选项 A、B、C、D、E 各自的赋分值为 1、2、3、4、5，被试选择的选项数值越大，表明该被试的价值观越趋近社会主义核心价值观。该部分问题的选项在实际问卷中的顺序会被打乱，以避免被试找到规律。

6. 本说明同时适用于附录二《环境认知层面的算法新闻价值观传播偏向调查问卷》和附录三《网络行为层面的算法新闻价值观传播偏向调

查问卷》。

1. 你的性别是:

A. 男　　B. 女

2. 你目前所处的教育层次是:

A. 高职　　B. 本科　　C. 硕士研究生　　D. 博士研究生

(问题3、4测量“职业认知”三级主题,本括号内文字只为说明问题设定的指向,在实际发放的问卷中并不显示,下同)

3. 通过新闻推荐和短视频,你了解了更多自己将来可能从事的职业的信息。

A. 非常不赞同　　B. 比较不赞同　　C. 说不清　　D. 比较赞同

E. 非常赞同

4. 通过新闻推荐和短视频,你更新了对某类职业的看法(或心中更向往,或有更多好感,或更敬佩,或印象变差,等等)。

A. 非常不赞同　　B. 比较不赞同　　C. 说不清　　D. 比较赞同

E. 非常赞同

(问题5、6测量“印象预测”三级主题)

5. 你如果在QQ、朋友圈发布“换脸照”“换装照”,会事先推测别人对你的看法。

A. 非常不赞同　　B. 比较不赞同　　C. 看情况　　D. 比较赞同

E. 非常赞同

6. 你会预测别人可能的想法或回应,再决定是否转发各平台推送的新闻或短视频。

A. 非常不赞同　　B. 比较不赞同　　C. 看情况　　D. 比较赞同

E. 非常赞同

（问题7、8测量“形象差异”三级主题）

7. 你在使用抖音、快手等短视频平台时，有时会发表一些自己在日常生活中不会说出口的话。

A. 非常不赞同　B. 比较不赞同　C. 看情况　D. 比较赞同
E. 非常赞同

8. 你在使用抖音、快手等短视频平台时，会发现自己在某一领域，能力上与他人存在很大差异。

A. 非常不赞同　B. 比较不赞同　C. 说不清　D. 比较赞同
E. 非常赞同

（问题9、10测量“视觉刺激”三级主题）

9. 在浏览新闻时，视频类、图文并茂、有互动功能的作品，你的注意力更容易被吸引。

A. 非常不赞同　B. 比较不赞同　C. 看情况　D. 比较赞同
E. 非常赞同

10. 相比纯文本新闻，在抖音、快手等短视频平台推送新闻的情况下，你的情感更容易产生波动。

A. 非常不赞同　B. 比较不赞同　C. 看情况　D. 比较赞同
E. 非常赞同

（问题11、12测量“效用满足”三级主题）

11. 今日头条、一点资讯、天天快报等智能新闻平台较好地满足了日常你对时事信息的需求。

A. 非常不赞同　B. 比较不赞同　C. 说不清　D. 比较赞同
E. 非常赞同

12. 短视频、聊天机器人等智能应用能够较好地满足你获取信息、生活休闲的需求。

A. 非常不赞同　B. 比较不赞同　C. 说不清　D. 比较赞同

E. 非常赞同

（问题13、14测量“信息真实感”三级主题）

13. 从新闻推荐、短视频平台、微博热搜中获得的新闻对你有较多帮助。

A. 非常不赞同　B. 比较不赞同　C. 看情况　D. 比较赞同

E. 非常赞同

14. 新闻推荐和短视频推荐里的内容是比较真实、客观的。

A. 非常不赞同　B. 比较不赞同　C. 说不清　D. 比较赞同

E. 非常赞同

（问题15、16测量“情感发泄”三级主题）

15. 你如果与聊天机器人对话，非常可能会说出在现实中不太可能用到的释放情感的话语。

A. 非常不赞同　B. 比较不赞同　C. 看情况　D. 比较赞同

E. 非常赞同

16. 在看到推荐的新闻或短视频内容比较令人有所感触时，你会积极评论或转发，表达自己的情感倾向（如愤怒、自豪、高兴等）。

A. 非常不赞同　B. 比较不赞同　C. 看情况　D. 比较赞同

E. 非常赞同

（问题17、18测量“情感转化”三级主题）

17. 浏览短视频、与聊天机器人对话、使用交互式的智能图像应用（如“军装照”“点亮武汉”）之后，大多数情况下你的情绪会有改变（如变得开心或烦闷等）。

A. 非常不赞同　B. 比较不赞同　C. 看情况　D. 比较赞同

E. 非常赞同

18. 在与短视频博主互动的过程中，他（她）们的反馈或其他网友的评论会影响你的情绪。

A. 非常不赞同　　B. 比较不赞同　　C. 看情况　　D. 比较赞同

E. 非常赞同

（问题 19、20 测量“娱乐满足”三级主题）

19. 新闻推荐、短视频、聊天机器人、智能影像等应用是你的娱乐生活的主要部分之一。

A. 非常不赞同　　B. 比较不赞同　　C. 说不清　　D. 比较赞同

E. 非常赞同

20. 在你的智能手机各类程序中，新闻推荐和短视频推荐中很多都是偏休闲、娱乐、游戏、动漫、体育类等的信息。

A. 非常不赞同　　B. 比较不赞同　　C. 说不清　　D. 比较赞同

E. 非常赞同

（问题 21、22 测量“选择自由度”三级主题）

21. 除了新闻推荐和短视频，你还有其他较常用的了解时事新闻的方式（如电视、网站、公众号等）。

A. 非常不赞同　　B. 比较不赞同　　C. 说不清　　D. 比较赞同

E. 非常赞同

22. 如果你觉得目前系统中头条号、抖音号或快手号的推荐内容不符合自己的兴趣，会取消关注，或尝试寻找和关注其他博主。

A. 非常不赞同　　B. 比较不赞同　　C. 说不清　　D. 比较赞同

E. 非常赞同

（问题 23、24 测量“思考成本”三级主题）

23. 相比较其他媒体（如报纸、电视、网站、公众号等），你在看新闻推荐、短视频、聊天机器人等载体的新闻时，愿意花费更多的时间消化新闻中的内容。

A. 非常不赞同　　B. 比较不赞同　　C. 看情况　　D. 比较赞同

E. 非常赞同

24. 你在新闻推荐和短视频平台中没能接收到足够多、有用的时事信息，会去其他平台主动寻找更完整的新闻信息。

A. 非常不赞同　B. 比较不赞同　C. 看情况　D. 比较赞同

E. 非常赞同

以下请凭第一直觉，选出最符合你实际情况的唯一选项：

（问题25—34测量自我感知视角下的核心价值观，均为单选）

（问题25涉及“职业认知”三级主题，“敬业”核心价值观）

25. 在抖音、快手等平台上看到关于各类领域工作者的短视频（如疫情期间医生在隔离区的自拍，学生拍摄老师上课时的情景等），对于其中体现出的职业精神，你的感觉是：

A. 很多是作秀，现实中爱岗的人太少了；

B. 爱岗敬业只能存在于理想状态，在工作中还是要学会伪装自己；

C. 正常现象，没什么特别感觉；

D. 大部分人还是热爱自己的职业的，但不一定会体现在行为上；

E. 会在日常生活中以爱岗精神激励自己的学习。

（问题26涉及“情绪发泄”三级主题，“文明”“平等”“友善”核心价值观）

26. 当使用短视频进行社交，与他人发生观点冲突时，你采用的方式是：

A. 在评论、私信时会使用一些攻击性的语言与他人争吵；

B. 在评论、私信时使用一些隐晦的冷嘲热讽；

C. 置之不理；

D. 以平和的话语据理力争；

E. 以平和的心态和话语应对，能够承受观点的差异。

（问题27涉及“印象预测”三级主题，“爱国”核心价值观）

27. 你如果使用、传播了“军装照”“青年照”“民族装”等智能影像时，可能考虑最多的是：

A. 不会特地去考虑太多，紧跟网络文化潮流就好；

B. 觉得非常有趣和好玩；

C. 多尝试新技术，让自己多一种经历和体验；

D. 能够在他人面前展示自我的良好形象和爱国情怀；

E. 让其他人也能分享和感受正能量。

（问题 28 涉及“娱乐满足”三级主题，“和谐”“友善”核心价值观）

28. 对于手机中新闻推荐和短视频平台推送的娱乐新闻或影视作品，你的主要感受是：

A. 绝大部分是明星八卦和绯闻；

B. 能看到喜欢的明星和影视剧，打发了日常休闲时间；

C. 部分影视作品能够反映现实问题，所以会关注；

D. 能感受到明星或主旋律影视作品带来的正能量；

E. 希望将影视作品传递的健康价值观融入自己的学习、工作和生活。

（问题 29 涉及“形象差异”三级主题，“爱国”“敬业”核心价值观）

29. 对于广西主流媒体在各大平台集中推送黄文秀事迹，你最主要的感受是：

A. 有点过于频繁，有时看到了会比较厌倦；

B. 比较无感，黄文秀是离自己太过于遥远的人物；

C. 看过推送的相关新闻报道，知道她的事迹；

D. 会思考如何将她的精神与自己的工作和学习结合起来；

E. 在现实中的“向黄文秀学习”系列活动中有自己的行动，有一定收获。

（问题 30 涉及“信息真实感”三级主题，“文明”“公正”“诚信”核心价值观）

30. 当偷电瓶的“窃格瓦拉”周某出狱时，各类平台频繁推送相关的新闻、评论，相传某些传媒公司想花巨资将其打造成网红，引发社会关注，你最主要的看法是：

A. 正常，现实世界中“笑贫不笑娼”，流量就是钱；

B. 周某本身带有娱乐性，能给大家带来很多笑点；

C. 对此事无感；

D. 自己不会过多关注他，尽量不助长流量；

E. 可能是假新闻，希望媒体不要再大肆宣扬，还网络空间一片清朗。

（问题31涉及“情绪发泄”三级主题，“文明”“友善”核心价值观）

31. 某人在与聊天机器人对话时，使用了大量不雅话语，发泄自己内心的负面情绪，你认为：

A. 聊天机器人就是“树洞”，完全可以倾诉任何情绪；

B. 可以适当、有节制地发泄，这本来就是聊天机器人的用途之一；

C. 既不支持也不反对，中立；

D. 与正常社交一样对待；

E. 与聊天机器人对话也应友善，话语不能越界。

（问题32涉及“形象差异”三级主题，“公正”“法治”“诚信”核心价值观）

32. 近来各类平台大量推送“高考被顶替”相关新闻，引发全民关注，你最主要的看法是：

A. 社会正常现象，有钱有权的人暗地里都会做类似不公平的事；

B. 理解顶替者的父母，尽管使用违法的手段，也是为了自己的子女；

C. 希望此类事情不要发生在自己的身上；

D. 同情被顶替者，希望她（他）们可以得到应有的赔偿；

E. 希望国家加大力度查处类似事件，完善身份审核机制。

（问题33涉及“选择自由度”三级主题，“平等”“公正”“诚信”核心价值观）

33. 对于机器人新闻可能存在的歧视、失实、误导，你的看法主要是：

A. 正常现象，其他记者创作的新闻也有很多是失实的；

B. 可以接受，技术发展的必经之路；

C. 无明显感受，持中立态度；

D. 机器人新闻尚未能完全信任，需要人工干预；

E. 应追究机器人新闻失实所带来社会失信风险的责任。

（问题34涉及“视觉刺激”“情绪转化”三级主题，“富强”“和谐”“平等”“公正”“法治”核心价值观）

34. 当在推送的短视频中看到社会不公现象（如官员贪腐，贫困家庭因得不到救助而生活艰辛等）时，你的感受主要是：

A. 社会不公是正常的，只能认命；

B. 抱怨富贵和特权阶层可以理解，需要情绪发泄；

C. 心情平静，无波澜，自己努力就好；

D. 社会上的每个人都应得到公正对待；

E. 国家应致力于减少不公现象，支持弱势群体的发展。

附 录二

《环境认知层面的算法新闻价值观传播偏向调查问卷》

1. 你的性别是：

A. 男　　B. 女

2. 你目前所处的教育层次是：

A. 高职　　B. 本科　　C. 硕士研究生　　D. 博士研究生

（问题 3、4 测量“圈层信息”三级主题，）

3. 通过新闻推荐和短视频，你清晰地看到了社会阶层的分化（如职业优劣、贫富差异、身份歧视等）。

A. 非常不赞同　　B. 比较不赞同　　C. 说不清　　D. 比较赞同

E. 非常赞同

4. 从新闻推荐和短视频获知的信息来看，你能较清晰地感受到自身现在或将来可能会处于的圈层。

A. 非常不赞同　　B. 比较不赞同　　C. 说不清　　D. 比较赞同

E. 非常赞同

（问题 5、6 测量“画像偏差”三级主题）

5. 新闻推荐和短视频推荐中展示了社会各种现象，但其中很多内容与现实世界并不相符。

A. 非常不赞同　B. 比较不赞同　C. 看情况　D. 比较赞同
E. 非常赞同

6. 博主在短视频中拍摄的各类段子很多并不是社会行为的常态，并不能反映社会现实。

A. 非常不赞同　B. 比较不赞同　C. 看情况　D. 比较赞同
E. 非常赞同

（问题7、8 测量“群体归属”三级主题）

7. 你在新闻推荐和短视频平台中，经常接收到关于某类具有相似特征、爱好的群体（如游戏爱好者、健身爱好者、Cosplay 爱好者、美食爱好者等）的内容。

A. 非常不符合　B. 比较不符合　C. 说不清　D. 比较符合
E. 非常符合

8. 你认为自己与短视频中许多博主具有相似的兴趣爱好。

A. 非常不赞同　B. 比较不赞同　C. 说不清　D. 比较赞同
E. 非常赞同

（问题9、10 测量“群体差异”三级主题）

9. 新闻和短视频推荐里对某类群体（如教师、医生、公务员、白领、程序员、个体户、小贩、网红、导游、运动员等）的展示，与你对其现实中的形象认知不符。

A. 非常不赞同　B. 比较不赞同　C. 说不清　D. 比较赞同
E. 非常赞同

10. 你在短视频中看到关于某类群体（如警察、医生、老师、父母、同学等）的内容，会产生“又是别人家的”感觉，而身边的老师、父母、同学等达不到自己心中的理想状态。

A. 非常不赞同　B. 比较不赞同　C. 说不清　D. 比较赞同
E. 非常赞同

（问题 11、12 测量“刻板印象威胁”三级主题）

11. 在新闻推荐和短视频平台中的广西，给你的印象是落后、闭塞、行政效率低下、收入低、人民生活水平较低。

A. 非常不赞同　　B. 比较不赞同　　C. 说不清　　D. 比较赞同

E. 非常赞同

12. 经过疫情期间的新闻和短视频推送，你在想到、谈到或遇到湖北人、武汉人时心理感觉会有异样。

A. 非常不赞同　　B. 比较不赞同　　C. 看情况　　D. 比较赞同

E. 非常赞同

（问题 13、14 测量“观点极化”三级主题）

13. 在新闻推送和短视频平台的评论区，你看到的观点交锋，话语通常是针锋相对、咄咄逼人。

A. 非常不赞同　　B. 比较不赞同　　C. 看情况　　D. 比较赞同

E. 非常赞同

14. 在一些突发事件中，在新闻推送平台有时能看到“反转”“再反转”新闻，网民多是一窝蜂偏向某个观点。

A. 非常不赞同　　B. 比较不赞同　　C. 看情况　　D. 比较赞同

E. 非常赞同

（问题 15、16 测量“声像刺激”三级主题）

15. 对于绝大部分新闻事件，相比较纯文字或图文形式，通过短视频、H5、智能影像、直播等形式，你更能清晰地记住新闻的内容。

A. 非常不赞同　　B. 比较不赞同　　C. 看情况　　D. 比较赞同

E. 非常赞同

16. 对于国家时事，相比较纯文字或图文形式，通过短视频、H5 等形式，你对事件的情绪和态度更容易被激发。

A. 非常不赞同　B. 比较不赞同　C. 看情况　D. 比较赞同

E. 非常赞同

（问题 17、18 测量“印象牵引”三级主题）

17. 你会根据新闻推荐、短视频平台、微博的热搜词选择关注的新闻信息。

A. 非常不赞同　B. 比较不赞同　C. 看情况　D. 比较赞同

E. 非常赞同

18. 如果新闻推荐和短视频平台推送的内容已经不能吸引你，在尝试换一种接收内容的时候，你却发现很难调整过来，似乎平台只能推送固定类型的内容。

A. 非常不赞同　B. 比较不赞同　C. 说不清　D. 比较赞同

E. 非常赞同

（问题 19、20 测量“情绪感染”三级主题）

19. 浏览了某些推荐新闻和短视频后，你对社会上的某类事物产生过或喜悦，或愤怒，或厌恶，或惊奇的情绪。

A. 非常不赞同　B. 比较不赞同　C. 说不清　D. 比较赞同

E. 非常赞同

20. 在某些涉及公共事件的推送新闻或短视频中，你发现很多网友在评论中会表达出愤怒、不满的情绪，这种评论还特别容易获得点赞和置顶。

A. 非常不赞同　B. 比较不赞同　C. 说不清　D. 比较赞同

E. 非常赞同

（问题 21、22 测量“焦虑感”三级主题）

21. 在接触推送新闻和短视频的过程中，部分内容让你产生过或职业前途缺乏光明，或自己不如同龄人优秀，或不清楚自己的努力方向在哪里，或担忧家庭生活等焦虑感。

A. 非常不赞同　　B. 比较不赞同　　C. 说不清　　D. 比较赞同
E. 非常赞同

22. 在接触推送新闻和短视频的过程中，你曾体会到在某个方面（知识水平、技能、人际关系、财富、家庭经济水平，等等）要实现一定的目标，自己还要付出巨大的努力，而这是一个长期的过程。

A. 非常不赞同　　B. 比较不赞同　　C. 说不清　　D. 比较赞同
E. 非常赞同

（问题23、24测量“情境归因”三级主题）

23. 你曾经因为他人转发某类新闻、短视频等，而改变对他（她）的印象。

A. 非常不赞同　　B. 比较不赞同　　C. 说不清　　D. 比较赞同
E. 非常赞同

24. 当你看到现实中部分人的行为举止和言语风格，会联想到短视频里也有相似或相同的场景和内容。

A. 非常不赞同　　B. 比较不赞同　　C. 看情况　　D. 比较赞同
E. 非常赞同

（问题25、26测量“自我价值认同”三级主题）

25. 通过短视频，你看到了具有优秀品质或能力的某类群体，并觉得自己通过努力也可以像他（她）们那样，取得一定的成就。

A. 非常不赞同　　B. 比较不赞同　　C. 说不清　　D. 比较赞同
E. 非常赞同

26. 通过新闻推荐、短视频、聊天机器人、智能图像等应用，你确定了一件以上能够提升自我并能坚持做的事情（如读书、锻炼、社团活动、公益等）。

A. 非常不赞同　　B. 比较不赞同　　C. 说不清　　D. 比较赞同
E. 非常赞同

以下请凭第一直觉，选出最符合你实际情况的唯一选项：

（问题27—36测量社会认知视角下的核心价值观，均为单选）

（问题27涉及“圈层信息”三级主题，“富强”“和谐”“平等”“公正”“友善”核心价值观）

27. 如果通过短视频，你发现与其他同龄人处于不同的社会阶层，而你的生活水平并不如意，你的主要想法是：

A. 我的父母没有努力为我创造良好的生活条件；

B. 只能羡慕其他人命好，确实有点嫉妒；

C. 无特别的想法，随其自然；

D. 心态平和，别人有现在的生活，他们的上一辈人自然也有很多付出；

E. 我可以通过努力，争取为自己、家庭创造舒适生活。

（问题28涉及“画像偏差”三级主题，“法治”“敬业”“诚信”核心价值观）

28. 头条号和短视频平台上有很多自媒体积累一定的粉丝后，在做营销（带货）时夸大其词，误导用户，平台却偏偏还会推送他（她）们，你觉得：

A. 整个市场状况就是这样，法不责众；

B. 这是自媒体在市场经济下不得已的行为，否则难以生存；

C. 无所谓，自己不上当就好；

D. 做营销是正常的，但自媒体还是应学会自我约束；诚信对待用户；

E. 国家应出台政策，推动和规范自媒体的诚信运营。

（问题29涉及“群体差异”三级主题，“文明”“和谐”“平等”“爱国”核心价值观）

29. 新闻推荐和短视频平台大量推送美国新冠肺炎疫情期间民众大量聚集抗议种族歧视的新闻，你的感受是：

A. 美国越乱越好，我们国家抗疫时他们就在幸灾乐祸；

B. 他们无视疫情，这样只能自作自受。

C. 保持中立，无特殊感觉；

D. 为其他安分守己的普通民众感到遗憾，病毒是全人类的共同敌人；

E. 为我们国家民众团结一致的抗疫精神感到自豪。

（问题 30 涉及“刻板印象威胁”三级主题，“平等”“友善”核心价值观）

30. 新冠肺炎疫情期间新闻推荐和短视频平台大量推送武汉的新闻，对于武汉人，你的真实想法是：

A. 还是谨慎小心为上，避免与他们交往；

B. 表面不排斥与他们接触，内心还是有芥蒂；

C. 与自己的关系不大；

D. 与其他正常人同样看待；

E. 他们在抗疫中牺牲很大，为全国做出贡献，应尊重和友善对待他们。

（问题 31 涉及“印象牵引”三级主题，“法治”“民主”“诚信”核心价值观）

31. 机器人新闻通过采集用户数据，在 2016 年美国总统选举期间大量生产和传播有利于特朗普的新闻，你的看法是：

A. 为满足宣传的需要，适当削弱人工的舆论监督是可以接受的；

B. 机器可以自由采集用户数据，尽可能满足用户的需求；

C. 说不清利弊，但普遍应用新闻机器人是趋势；

D. 机器人创作的新闻也要基于数据和内容的真实性；

E. 要兼顾市场与规范、法治，保证用户的隐私权和信息的良性传播。

（问题 32 涉及“情绪感染”三级主题，“爱国”“友善”“富强”核心价值观）

32. 在新冠肺炎疫情期间，你通过新闻推荐和短视频看到相关报道，你的情绪主要是：

A. 内心毫无波澜；

B. 感受到新冠肺炎疫情的严重，知道要保护好自己；

C. 担心自己和家人、朋友受到病毒伤害；

D. 希望身边的亲人、朋友和抗疫一线医护人员都平安；

E. 对国家充满信心，万众一心，坚信抗疫必定成功。

（问题 33 涉及“情境归因”“个人价值认同”三级主题，“诚信”“友善”价值观）

33. 你在观看短视频的过程中学习到某位播主的经验，在现实中的某个领域取得了进步（如学习能力、专业知识水平、专业技能、厨艺、运动能力，等等），你会觉得：

A. 完全是由于自己的学习能力超强；

B. 他人起到一定作用，但主要原因还是在于自己；

C. 今后积极向他人学习，可以充分发掘自身的潜力；

D. 他人的帮助对自己至关重要，感谢他们；

E. 如果有合适的方法，自己也愿意在某些方面帮助他人。

（问题 34 涉及“印象牵引”三级主题，“自由”核心价值观）

34. 当你使用新闻推荐和短视频一段时间后，感受到推送的消息千篇一律，你的感受或行动是：

A. 没有特别的感受，不寻求改变；

B. 尽管厌烦，也顺其自然，并未寻求改变；

C. 有过尝试去改变，但不得其法后放弃；

D. 有意去调整自己的喜好，并且情况有所改善；

E. 一直努力尝试其他好的平台和方法，满足自身接收有效信息的需求。

（问题 35 涉及“观点极化”“焦虑感”三级主题，“文明”“公正”“法治”“友善”核心价值观）

35. 当看到新闻推荐和短视频平台推送的涉及妨碍执法、危害公共安全、违法犯罪、暴力行为的新闻时，你的感受是：

A. 对此类事件已是见怪不怪，人心叵测，坏人太多；

B. 与舆论保持一致，对当事一方强烈谴责；

C. 保持中立，先等官方通告；

D. 希望人们客观、理性看待；

E. 希望官方尽快查清真相，满足公众知情权。

（问题36涉及“声像刺激”三级主题，“富强”“爱国”“敬业”核心价值观）

36. 当今年通过短视频平台直播推送经历国庆节70周年阅兵、雷神山火神山云监工、国家测量登山队登珠峰、抗洪抢险等事件时，你的主要感受是：

A. 对此类内容不是很感兴趣，很快就划走了；

B. 会停留看一下，但感觉这些事件离自己都比较遥远；

C. 会停留看一段时间，被视频内容或网友的评论吸引；

D. 为国家强盛而自豪；

E. 感受到自己更是应该奋发图强。

附 录 三

《网络行为层面的算法新闻价值观传播偏向调查问卷》

1. 你的性别是：

A. 男　　B. 女

2. 你目前所处的教育层次是：

A. 高职　　B. 本科　　C. 硕士研究生　　D. 博士研究生

（问题 3、4 测量“情感支持”三级主题）

3. 你是否经常点赞或评论喜欢的短视频？

A. 从来没有点赞或评论　　B. 极少点赞或评论　　C. 说不清

D. 较多点赞或评论，视情况　　E. 经常点赞或评论

4. 你是否以打赏、付费的方式支持头条号和短视频的博主？

A. 从来没有打赏或付费　　B. 极少打赏或付费　　C. 看情况

D. 有时打赏或付费　　E. 经常打赏或付费

（问题 5、6 测量“参与传播”三级主题）

5. 你是否会把自己觉得值得分享的新闻或短视频转发至家庭群、同学群、宿舍群等？

A. 从来没发过　　B. 极少发　　C. 看情况　　D. 比较多会发

E. 经常、频繁地发

6. 如果媒体发布的智能影像应用很有趣，你会在朋友圈、QQ 空间扩散。

A. 非常不赞同　B. 比较不赞同　C. 说不清　D. 比较赞同

E. 非常赞同

（问题 7、8 测量“社会实践”三级主题）

7. 你使用头条号、短视频、H5 等平台发布个性化的信息，用于相关活动的宣传或推广。

A. 非常不符合　B. 比较不符合　C. 看情况　D. 比较符合

E. 非常符合

8. 你乐意于参与头条号、短视频等媒体平台推介的线下活动（如美食活动，动漫展，跑团，读书会等各种活动）。

A. 非常不符合　B. 比较不符合　C. 说不清　D. 比较符合

E. 非常符合

（问题 9、10 测量“身份契合”三级主题）

9. 你转发新闻信息和短视频的标准之一，是要符合自身对外展示的形象（比如，如果你自认为是一个幽默的人，就乐意转发搞笑的内容）。

A. 非常不赞同　B. 比较不赞同　C. 说不清　D. 比较赞同

E. 非常赞同

10. 从其他人朋友圈转发的新闻推荐和短视频来看，整体风格与其现实中的性格和作风是非常吻合的。

A. 非常不赞同　B. 比较不赞同　C. 说不清　D. 比较赞同

E. 非常赞同

（问题 11、12 测量“颠覆自我”三级主题）

11. 在与短视频博主互动时（如评论、私信等），你是否曾使用过挑逗、谩骂、讽刺或讥笑等平时人际交往中很少触及的话语？

A. 从来没有　B. 极少　C. 看情况　D. 偶尔　E. 很频繁

12. 如果你与聊天机器人对话，会使用挑逗、谩骂、讽刺或讥笑等平时人际交往中很少触及的话语。

A. 非常不赞同　B. 比较不赞同　C. 说不清　D. 比较赞同

E. 非常赞同

(问题 13、14 测量“获取赞同”三级主题)

13. 你在平台推送的单条新闻或短视频后评论，想尽快得到博主和其他网友的点赞、肯定性评论或回复。

A. 非常不赞同　B. 比较不赞同　C. 说不清　D. 比较赞同

E. 非常赞同

14. 你在朋友圈转发平台推送的新闻或短视频后，想尽快得到朋友的点赞或评论，自己也愿意与他们互动。

A. 非常不赞同　B. 比较不赞同　C. 看情况　D. 比较赞同

E. 非常赞同

(问题 15、16 测量“聚类交往”三级主题)

15. 从发布的内容来看，你在短视频平台关注的博主与你有较相近的兴趣、观念或行为。

A. 非常不赞同　B. 比较不赞同　C. 看情况　D. 比较赞同

E. 非常赞同

16. 通过在朋友圈转发新闻和短视频后的互动和反馈，你能确认现实中与自身有较相近价值观的朋友（如较多点赞你发布的信息、与你立场一致的多是关系亲近的好友）。

A. 非常不赞同　B. 比较不赞同　C. 说不清　D. 比较赞同

E. 非常赞同

(问题 17、18 测量“交往效能”三级主题)

17. 你通过在 QQ 空间、朋友圈转发新闻推荐和短视频平台推送的内容，能够与身边的朋友创造良好的互动氛围。

A. 非常不赞同　　B. 比较不赞同　　C. 看情况　　D. 比较赞同
E. 非常赞同

18. 你通过与短视频博主的互动，满足了自己某些方面的需要（如获取专业知识，获得关于旅游、美食、娱乐的信息，学得健康知识，等等）。
A. 非常不赞同　　B. 比较不赞同　　C. 说不清　　D. 比较赞同
E. 非常赞同

（问题 19、20 测量“情感充实”三级主题）
19. 你觉得平时刷短视频满足了日常休闲的需要，能够缓解学习和生活中的精神疲劳。
A. 非常不赞同　　B. 比较不赞同　　C. 看情况　　D. 比较赞同
E. 非常赞同

20. 如果你使用聊天机器人，有很大可能是为了诉说心里话、寻求乐趣或与人交流的需要。
A. 非常不赞同　　B. 比较不赞同　　C. 看情况　　D. 比较赞同
E. 非常赞同

（问题 21、22 测量“冲突话语”三级主题）
21. 在公共事件传播中，你在推送的新闻或短视频中看到其他网友的评论，却对该评论极度不认可，从而站在对立立场对其进行驳斥。
A. 从来没有　　B. 极少　　C. 看情况　　D. 较多　　E. 经常

22. 在推送的一些突发公共事件新闻中，容易看到不同观点的相互对立和针锋相对。
A. 非常不赞同　　B. 比较不赞同　　C. 看情况　　D. 比较赞同
E. 非常赞同

（问题 23、24 测量“政见表达”三级主题）
23. 你在推送的新闻或短视频中发表关于公共事件的政治见解。

A. 从来没有 B. 极少 C. 视情况 D. 较多 E. 很频繁

24. 你在平台推送的关于时事政治的新闻或短视频中，在评论区看到了其他网友发表的、自己非常认可的政治见解，会点赞表示支持。

A. 从来没有 B. 极少 C. 看情况 D. 较多 E. 很频繁

（问题 25、26 测量“情感动员”三级主题）

25. 你在推送的新闻或短视频中看到令人感动的正能量新闻，你会或点赞，或评论，或转发至朋友圈，或转发至某个群，借此表达内心的情感。

A. 从来没有 B. 极少 C. 视情况 D. 较多 E. 很频繁

26. 你在推送的新闻或短视频中看到令你义愤填膺的事件（如弱势群体遭到欺凌、富贵阶层人士暴力抗法、官员腐败，等等），你会或点赞，或评论，或转发至朋友圈，或转发至某个群，借此表达内心的情感。

A. 从来没有 B. 极少 C. 视情况 D. 较多 E. 很频繁

（问题 27、28 测量“意见跟随”三级主题）

27. 你在头条号或短视频平台关注了某些领域的名人、专家、网红、明星等，会觉得他们在自媒体上说的话大多数都是有道理和可信的。

A. 非常不赞同 B. 比较不赞同 C. 说不清 D. 比较赞同 E. 非常赞同

28. 各平台推送的时事新闻或短视频评论区中，置顶前几位的评论大多数情况下是比较有道理的，你愿意去支持这些观点。

A. 非常不赞同 B. 比较不赞同 C. 看情况 D. 比较赞同 E. 非常赞同

（问题 29、30 测量“达成共识程序”三级主题）

29. 在你接收到的正能量性质的推送新闻和短视频中，大多数网友的态度和观点是比较统一的。

A. 非常不赞同　B. 比较不赞同　C. 说不清　D. 比较赞同
E. 非常赞同

30. 你比较认可某些推送的时事新闻和短视频的言论、观点或网友评论，会点赞、跟评或转发等，以示支持。

A. 从来没有　B. 极少　C. 视情况　D. 较多　E. 很频繁

以下请凭第一直觉，选出最符合你的实际的选项：

（问题31—40测量网络行为视角下的核心价值观，均为单选）

（涉及“参与传播”“情感支持”三级主题，所有核心价值观）

31. 你通过新闻和短视频推荐，接收到一条充满正能量的新闻，在大多数情况下你会：

A. 并没有什么特别的行动，看过就过了；

B. 会点赞这条新闻或短视频；

C. 先点赞，然后会进评论区看别人的评论，再点赞你认可的热评；

D. 自己也会评论，表达内心的情感；

E. 会将新闻或短视频转发至自己的朋友圈、（微信，QQ）群等平台，与他人分享。

（涉及“社会实践”三级主题，“和谐”“文明”“友善”核心价值观）

32. 你在短视频平台上看到部分人组成了一个团队，经常做慈善活动，并把活动拍成视频，你会觉得：

A. 自媒体的营销手段而已，都是摆拍；

B. 花销太大，没有可持续性；

C. 无反感也不支持；

D. 即使可能是营销，但能坚持做慈善就是一件好事，能激励他人；

E. 希望能够加入适合自己的慈善事业自媒体组织。

（涉及“身份契合”三级主题，“爱国”“友善”核心价值观）

33. 在朋友圈、群（微信，QQ）等情境下，看到其他人发布的充满正能量的智能影像（如军装照、青年照等），你会觉得：

A. 这只是其他人在做形象营销，挺无聊的；

B. 智能影像出来的效果很有趣，我也想尝试；

C. 通过创新的形式，可以展现自己对正确价值观的支持，挺好的；

D. 应该点赞或评论，以示对正能量内容的认可；

E. 以后有类似的智能影像应用，我也会去传播正能量。

（涉及“政见表达”“获取赞同”三级主题，“爱国”“平等”“公正”“法治”核心价值观）

34. 你如果在朋友圈、微信群等社交平台转发推送的正能量新闻、短视频、交互式应用（如智能影像），并配上简要的评论，主要的目的是：

A. 没考虑太多，没有细想就发出去了；

B. 塑造自身的良好形象；

C. 表达自己对于正能量的认同；

D. 希望其他人也一同关注，接触到更多的正能量；

E. 希望其他人也能够加入参与进来。

（涉及“意见跟随”三级主题，“文明”“和谐”“友善”核心价值观）

35. 你非常信任的自媒体博主通过头条号、短视频等平台，发表了在公众看来十分出格、负面影响的言论，你对此位博主会：

A. 继续信任，每个人都有自我表达的自由；

B. 好感度会降低，但仍会关注；

C. 粉转路人（或转黑），不再支持；

D. 留言评论予以反驳，发表自己的见解和立场；

E. 在现实中以此为警示，反思自我，端正价值观。

（涉及“冲突话语”三级主题，“法治”“友善”“文明”“和谐”核心价值观）

36. 在一些突发事件、矛盾事件的新闻推送和短视频中，往往会有不同观点的交锋，有部分还会言辞激烈，你对此的态度主要是：

A. 无特别感受；

B. 依靠经验和直觉，会在心底里支持某一方的观点；

C. 会通过点赞、评论来支持某一方的观点；

D. 希望官方通报赶紧出来，打消各种猜测和疑虑；

E. 希望网民理性、客观看待事件，不要参与网络暴力。

（涉及“聚类交往”“情感充实”“颠覆自我”三级主题，“诚信”“友善”核心价值观）

37. 你在短视频平台关注了很多博主，在与他们互动中你的主要情况是：

A. 偶尔会有不太礼貌的用语，但都是虚拟的交往，影响不大；

B. 满足娱乐和闲暇放松身心的需求，使用的话语大多是玩笑的态度；

C. 将其视作现实中人际关系的延续，平等、友善对待；

D. 会为博主展现的积极一面而点赞、评论或转发视频。

E. 在现实中学习和效仿博主们展现出来的优秀品质。

（涉及“社会实践”三级主题，“爱国”“友善”“敬业”核心价值观）

38. 在新冠肺炎疫情期间，各平台集中推送了大量关于抗疫故事的新闻和短视频，你的情感或行为反馈主要体现在以下哪方面：

A. 情感无明显波动，照顾好自己就是最好的贡献；

B. 感谢一线抗疫人员，尽量照顾好家人；

C. 为抗疫一线医护人员和各行业人员的奉献所感动，内心触动非常大；

D. 通过各种途径贡献自己的力量（如捐款、捐物）；

E. 在力所能及的范围内投入抗疫的一线工作（如帮助基层宣传，帮助发放防疫物资等）。

（涉及“交往效能”“情感充实”三级主题，“平等”“文明”“友善”核心价值观）

39. 你如果使用聊天机器人，最主要的原因是：

A. 把聊天机器人当作“树洞”，可以发泄心中负面情绪；

B. 吐露现实中不太适宜说出的话；

C. 觉得非常有趣，尝试新事物和新功能；

D. 满足对虚拟交往的精神需求；

E. 有效利用的话，能够获取对自己有用的信息（如新闻，预测，办事指南等）。

（涉及“政见表达”三级主题，“民主”“自由”“平等”“公正”“法治”“爱国”核心价值观）

40. 如果官方媒体开通留言问政功能模块，你会：

A. 没有参与积极性，国家决策与普通老百姓关系不大；

B. 不会参加，自己没有献策能力；

C. 有迟疑，怕隐私会被泄露；

D. 看情况，自己熟悉的领域或事关自身利益的话，会留言；

E. 尽自己所能参与，为社会和谐发展献策献力是公民的责任。